困境與改革

當代埃及的經濟發展

黃超 著

開明書店

前　言

埃及在歷史上曾飽受赤字和外債等經濟問題困擾。當代埃及的經濟和債務危機限制了其外交迴旋餘地，損害了其主權獨立性，造成了其國內社會動盪，甚至政權顛覆。經濟改革是修正經濟問題、實現經濟增長的重要途徑，但埃及的經濟改革卻沒有發揮其應有的作用。1952 年以來，埃及歷任總統都根據當時的經濟狀況和自己的政治訴求進行了經濟改革。從納賽爾時期到穆巴拉克時期，埃及經歷了國家資本主義經濟改革、混合經濟改革和自由經濟改革。雖然經濟改革制度一再變遷，從未停止，但是始終沒有避免埃及周期性的經濟和債務危機。從各項經濟指數看，持續的經濟改革不但沒有長久地改善埃及的經濟狀況，反而誘發了經濟的結構性問題，並使之加劇。60 餘年間的四次經濟改革短期效果較好，但都未能實現埃及經濟的長足發展，甚至有時引發並加劇了經濟困境，其中的原因值得研究。

本書聚焦於 1952—2016 年埃及經濟發展的各個側面，首先，梳理了該時間段內埃及經濟發展情況和主要問題、不同時期的經濟改革制度和經濟轉型；其次，以制度變遷理論為主要指導理論，融合公共選擇理論，分析了該時期內推動埃及經濟增長的經濟改革動因、改革邏輯和改革過程，並從中找到導致制度缺陷的因素；最後，通過制度效率範式，評價和反思 1952 年以來埃及政府的經濟治理實踐，分析了經濟治理方式與經濟困境的關係。

本書正文部分共分六章：第一章，當代埃及的經濟表現與困境；第二章，改革中的經濟發展；第三章，當代埃及經濟改革與發展的動因；第四章，政府、社會與經濟改革；第五章，當代埃及經濟改革的決策過程；第六章，當代埃及經濟治理與經濟困境。

第一章結合各項經濟指數，介紹了 1952—2016 年埃及經濟發展情況，並指出存在的經濟問題。第二章梳理了 1952—2016 年改革過程中的經濟發展歷程和經濟轉型歷程，將經濟發展分為國家資本主義經濟轉型、混合經濟轉型、自由經濟轉型、軍人底色的混合經濟轉型四個階段；歸納了實現每個階段轉型的最重要、最具代表性的經濟改革制度安排。第三章闡釋了推動經濟發展的改革的動力。根據制度變遷理論，結合實際，埃及經濟改革的動力一方麵包括三種要素相對價格的變化——維護社會契約的成本升高、與第二行動集團（即幫助政府獲得利益的組織和個人）的政治交易成本增加、國際談判的議價權力減弱；另一方麵包括三種偏好的改變——對美蘇陣營的偏好變化、對營商的偏好轉變、對發展模式的傾向反復。本章證明了政府在經濟改革中沒有絕對的主觀能動性，改革在一定程度上以倒逼的方式展開。第四章運用制度變遷理論下制度變遷路徑的塑造方式範式，闡釋了 1952—2016 年埃及經濟改革制度變遷的方式，指出報酬遞增和路徑依賴都是該時間段內改革制度變遷的方式；結合政府的經濟租增加、第二行動集團的報酬遞增，城市福利制度的延續、農村福利制度的延續、埃及精英階層的經濟特權延續，具體分析了經濟改革制度如何以報酬遞增和路徑依賴兩種方式變遷。本章證明了經濟改革的目標不僅是經濟增長，還要兼顧利益集團的利益，甚至將其放在優先位置。因此，經濟改革和經濟轉型與發展實際上是在政府、社會和經濟三者的互動中完成的。第五章運用制度變遷的廣義理論下制度變遷過程範式，闡述了經濟改革的決策過程，將其分為經濟改革主導權爭奪、改革制度的設計、制度合法化三個階段。埃及經濟改革的第一階段實質上是政權的爭奪，第一行動集團通過傳播新的意識形態和扶植第二行動集團奪取政權，隨後展開經濟改革強化新意識形態並滿足第二行動集團的訴求。第二階段的改革制度設計是在政府和國內外勢力的博弈中完成的。第三階段則是在制度產出後接受檢驗。新制度能否合法化取決於是否能驅動經濟增長，能否增加社會福利。本章證明了政治和社會的力量在新改革制度塑造中發揮了巨大的作用。第六章運用制度變遷理論下制度效率範式，從信息反饋過程、制度下交易成本和制度構建的激勵機制三方面分析了政府和第二行動集團的行為對經濟改革制度效率的影響，指出埃及經濟治理效率低下。此外本章還分析了經濟改革制度低效與經濟困境及其加劇的關係，指出低效的舊制度穩定，相對高效的新制度形成緩慢，因此舊制度長期破壞埃及經濟健康而得不到有效修正，從而導致並加劇了國家的經濟困境。

總而言之，1952—2016 年埃及經歷了四次經濟改革，其制度變遷的動力、方式和經濟改革的決策過程都存在缺陷，產出的改革制度摻雜了意識形態、政治鬥爭、利益平衡等非經濟因素的考量，導致改革本末倒置、效率低下。低效改革制度造成了國家財政支出大於財政收入的經濟結構性問題。由於高、低效經濟改革制度更替緩慢，埃及經濟的結構性問題一直得不到修正，政府被迫不斷通過國際借款填補財政赤字。為儘量維持財政平衡和清償到期債務，政府只能削減驅動經濟增長的投資支出，導致經濟增長乏力，更加無法擺脫赤字和債務困境，經濟陷入惡性循環。

由於作者的理論水平和對史料的掌握有限，即便付出巨大努力，也難免出現錯誤與不足，歡迎讀者批評指正。此外，本書以新政治經濟學為理論框架進行研究，所得結論或有一定局限性，因此埃及經濟發展之困境的根源仍需不斷研究與探尋。

目　錄

緒　論

一、問題起源

當代埃及一直飽受經濟問題困擾，經濟困境不僅影響了國家的民生水平，還影響了政權的穩定、縮小了外交的迴旋餘地。納賽爾時期，由於修建阿斯旺大壩的資金不足，政府被迫向受西方控制的世界銀行借貸。但世界銀行條件苛刻，政府以沒收境內西方資產作為回應，最著名的就是將蘇伊士運河公司收歸國有，繼而引發了蘇伊士運河戰爭。戰爭迫使埃及轉換國際陣營，轉向蘇聯。薩達特時期開始，為擺脫經濟危機，埃及政府重返西方陣營。為獲得經濟援助，埃及政府被迫在國際事務方面多次選擇有悖於其他阿拉伯國家的立場，如 1978 年簽訂《戴維營協議》，1991 年在海灣戰爭中加入西方陣營等。這不僅損害了阿拉伯國家的團結，而且讓埃及多次受到其他阿拉伯國家的孤立和抵制。經濟困境還使得埃及在一定程度上讓渡主權，給予西方國家干預埃及內政的機會。如在薩達特和穆巴拉克時期，埃及政府為獲得西方的經濟援助而接受了其附加的政治條件，那就是按照西方模式及意願對埃及實施經濟改革。國際貨幣基金組織主導設計的經濟改革制度先後引發了 1977 年的「麵包革命」和 2011 年顛覆政權的埃及劇變。經濟疲軟的長期困境影響埃及的主權獨立和政治社會穩定，如何使經濟健康發展是埃及面臨的首要任務。

自從 1952 年自由軍官通過政變上台後，埃及就進行了經濟改革。此後，每任總統都在任期內展開了經濟改革，塞西總統也不例外。戰爭消耗、人口問題、經濟結構問題等共同造成了當代埃及的經濟困境，而改革僅短期地改善了經濟狀況，卻未能實現長期的經濟發展。這說明改革沒有有效地修正埃及存在的經濟問題。在當代世界，埃及是較早進行經濟改革的發展中國家。20 世紀 50 年代，埃及經濟在發展中國家處於領先地位，但到了 20 世紀 80 年代卻失去了這一領先地位。按 1974 年美元不變價法計算，1950 年埃及的人均收入為 203 美元，韓國為 146 美元；1980 年埃及的人均收入為 480 美元，而韓國為 1553 美元；其間，埃及的年增長率為 2.9%，而韓國為 8.2%[1]。埃及經濟改革起步早於亞洲的韓國和新加坡，卻被後者反超，儘管在這 30 年間埃及進行了兩輪經濟改革，卻仍然未能搭上經濟高速增長的列車。2011 年穆巴拉克政府的倒台可歸因於自由經濟改革催生的社會問題，如分配不公加劇、生活成本提高等。可以說，埃及歷史上的幾次經濟改革，不但沒有實現經濟長足發展，反而在一定程度上阻礙了經濟發展。當代埃及改革起步早、頻率高，每次改革都實現了經濟制度的轉變，但最終都未能實現經濟的長久增長，這背後的原因值得分析與研究。

雖然埃及經濟改革值得研究，但從目前所掌握的資料來看，國內學者對該問題的研究尚不足，目前國內沒有該領域的專著，相關的研究僅散見於學術論文和專著中的某章節。雖然楊灝城研究員、戴曉琦教授、陳天社教授、王泰教授、畢健康研究員對埃及經濟有較為深入的研究，但從整體來看，我國對於該問題的研究數量和規模相較於西方仍顯不足。此外，國內學者的研究多採用政治學視角，導致對埃及經濟困境的制度原因分析不足。因此，本書以政治經濟學視角，運用制度變遷和公共選擇等政治經濟學理論，較全面地分析埃及經濟改革變遷過程中出現的制度缺陷及其對經濟發展的阻礙作用，以探究埃及經濟困境的制度原因。需要指出的是，制度變遷理論雖然是交叉學科理論，但落腳點為政治學，雖然在政治和經濟交叉領域的問題研究上比傳統政治學理論更具有說服力，但該理論視角下的研究仍屬於政治學研究範疇。

1　Khalid Ikram, *The Political Economy of Reforms in Egypt: Issues and Policymaking since 1952*, The American University in Cairo Press, 2018, pp. 332-333.

二、理論框架

本書以新政治經濟學（new political economy）中的模型和理論範式為框架展開研究。新政治經濟學是近年來在西方興起的，是與近代政治經濟學不同的政治學與經濟學交叉的學科，「其學科更偏向於政治學，因而被稱為『新政治經濟學』」[1]。它不是一個嚴格意義上的經濟學流派，而是一種研究取向，範圍包括「公共選擇、調節的政治經濟學、法學與經濟學或法律的經濟分析、產權經濟學、新制度經濟學、新經濟史學」[2]。新政治經濟學的核心是新制度主義和公共選擇理論。[3]

新政治經濟學「新」在兩點。第一，新政治經濟學有別於古典政治經濟學和新古典經濟學。從蒙克萊田的《獻給國王和王太后的政治經濟學》，到亞當．斯密的《國富論》、大衛．李嘉圖的《政治經濟學及賦稅原理》，到約翰．繆勒的《政治經濟學原理及其在社會哲學上的若干應用》；「政治經濟學」都體現了經濟學沒有被從政治學中剝離，經濟學是政治力量影響的結果，政治是決定因素。新政治經濟學有別於古典政治經濟學，因為它否認經濟是屈從於政治的，而強調兩者的互動性。邊際革命後，經濟學家們建立了擺脫政治因素的「純經濟」學科——新古典經濟學，將政治、制度因素抽象化，強調理性選擇、偏好穩定，強調消費者和生產者利益最大化。新政治經濟學有別於新古典政治經濟學，因為它強調交易成本的存在，認為經濟以外的政治因素也影響經濟行為。第二，新政治經濟學有別於馬克思主義政治經濟學。從內容上看，馬克思主義政治經濟學是對資本主義制度的批評，強調資本主義必然滅亡、社會主義必然勝利；而新政治經濟學是對資本主義國家內部經濟政策、制度、法律等的分析，突出「為什麼會這樣」。從方法論的角度看，

---

1 楊龍：《新政治經濟學導論》，1 頁，北京，中國人民大學出版社，2010。

2 布坎南：《市場社會與公共秩序》，338 頁，北京，生活．讀書．新知三聯書店，1996。

3 楊龍：《新政治經濟學導論》，2 頁，北京，中國人民大學出版社，2010。

馬克思主義政治經濟學主要是規範分析，而新政治經濟學主要是實證分析。目前，新政治經濟學是西方學者研究國別區域問題常用的理論，不少學者在使用時，直接採用「政治經濟學（political economy）」的表述，而省略了「新（new）」。

「（新）政治經濟學是一個研究政治與經濟關係的學科。具體地說，是研究政治因素、系統、力量與經濟因素、系統、力量的相互作用的學科。政治經濟學其實就是為了回答國家怎樣管理經濟事務這個問題而對國家、社會與經濟的關係進行的探討。」[1]在研究過程中，研究者一方面要把握三者的互動關係；另一方面，除了經濟改革制度和經濟外，還要重視社會行動者這一要素。因為無論是國家還是經濟，基礎都是人，而「國家管理經濟事務不意味着國家一定有主觀能動性，關鍵看它和社會、經濟的關係」[2]。根據新政治經濟學的基本觀點，英國學者阿蘭·理查斯（Alan Richards）、約翰·瓦特伯瑞（John Waterbury）、莫拉尼·卡邁特（Melani Camett）、伊斯哈格·迪萬（Ishac Diwan）在 2011 年出版的《中東政治經濟》中提出了政治經濟學模型（再版中對此經濟模型進行了修訂，但是核心框架、邏輯沒有改變），用於分析中東國家「政治、經濟、社會」的互動過程。

（一）政治經濟學模型

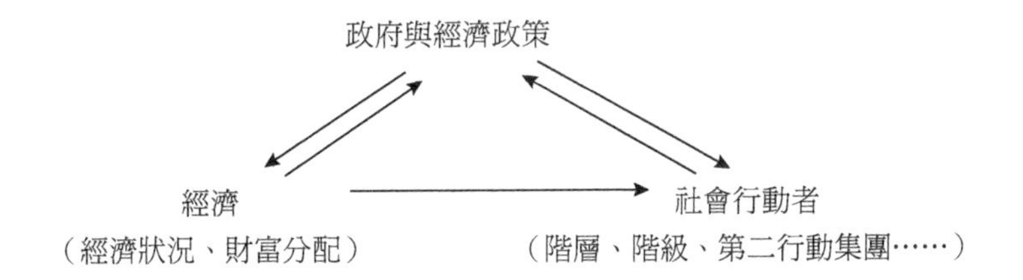

阿蘭·理查斯等人提出的政治經濟學模型圖示如上，該「三角」模型的三個頂點分別代表政治、經濟、社會，而三邊代表三者的互動關係，具體互

1 朱天飆:《比較政治經濟學》，3~5 頁，北京，北京大學出版社，2016。

2 朱天飆:《比較政治經濟學》，4 頁，北京，北京大學出版社，2016。

動原則及註釋如下。

第一，在大部分資產階級社會，政治精英、執政意識形態和第二行動集團共同制定經濟政策。每任政府成立後，都會有意識地團結一部分人作為自己的支持者，如穆罕默德·納吉布時期的農民階層、納賽爾和薩達特時期的國有企事業單位員工和官僚、穆巴拉克時期的裙帶資本家、塞西時期的軍人階層等。政府在制定經濟政策之時，一方面要考慮他們的利益，另一方面也受到他們意志的影響。此外，經濟政策往往和執政意識形態相輔相成，成為貫徹執政意識形態的具體實踐，如納賽爾時期的社會主義思想及與之對應的國家資本主義經濟制度，穆巴拉克時期的自由主義思想及與之對應的自由經濟制度等都說明了該問題。總之，經濟政策由執政者、執政意識形態和第二行動集團共同制定。

第二，經濟政策必然影響經濟結構、增長方式和速度。經濟政策，作為制度的一種形式，是一種人為設計的、形塑人們互動關係的約束。它建構了經濟領域裏交換的激勵機制，從而通過鼓勵一些領域的經濟行為並約束另一些領域的經濟行為來實現經濟結構和增長方式的轉型，最終影響經濟績效。

第三，國家創造社會行動者。在大部分資產階級社會，一部分社會行動者是被政府（或國家）有意或無意地創造出來的。如國家中產階層、公務員、國企員工等，是國家通過健全政府體系和國有化境內企業，有意識地創造出的社會行動者，他們至今仍然是政府執政的根基與後盾。而裙帶資本家、經濟開放政策下的投機商人階層則不是國家下意識創造的，他們的出現有賴於經濟開放政策和私有化政策下的制度安排的外部性。

第四，社會行動者根據自身利益推動經濟政策修訂（經濟改革）。社會行動者可以通過院外遊說、政治參與甚至是遊行抗議的方式影響決策集團，推動甚至迫使他們制定對某些社會行動者更加有利的經濟政策或改革對其不利的既有經濟政策。

第五，經濟轉型具有外部性。外部性指一個人或一群人的行為和決策使另一個人或一群人受損或受益的情況。由於外部性的存在，經濟轉型可能在實現其目標的同時，損害了部分社會行動者的利益，影響了某些經濟部門的增長。因此，經濟改革並非一勞永逸，需要根據實際情況不斷調整。

第六，經濟轉型塑造社會行動者。經濟轉型是經濟制度改變的結果，而每一種制度矩陣下都會產生特定的既得利益團體，制度的變遷導致新的既得利益集團出現。前文中談到政府無意識地創造社會行動時，已經提供了經濟轉型塑造社會行動者的案例。但此處還要補充強調，經濟轉型也會消除一部分社會行動者，如自由經濟轉型後，國家實際意義上的中產階級數量急劇減少，這是因為該制度矩陣下產生的裙帶資本家階層不斷瓜分原來屬於中產階級的利益。

第七，國際經濟形勢與國際力量影響國內經濟。國際經濟形勢對國內經濟的影響不言而喻，最典型的案例就是國際油價對產油國經濟的深刻影響。而國際力量也會影響國內經濟狀況。因為國家經濟轉型、國際援助的湧入等，都會影響政府在經濟決策中的選擇。如美國以援助為由，要求埃及政府經濟改革，這是埃及實現兩次經濟轉型——混合經濟轉型、自由經濟轉型——的關鍵動力。而以國際援助形式湧入的戰略資金，淡化了政府的經濟憂患意識，又導致政府放緩甚至停止改革步伐。綜上，國際力量通過影響國家經濟治理行為來影響國內經濟。

（二）制度變遷理論

「制度變遷理論」聚焦論述制度產生的原因和前提，制度變遷的主體、動力和阻力，政治制度對經濟績效的影響因素。目前有多種制度變遷理論，某些理論只是解決制度變遷的一兩個階段的某些機制問題，其他現有理論解釋制度變遷某階段的某些特定因素或方面。[1]道格拉斯·C. 諾斯則側重闡釋制度變遷的動力、路徑塑造方式和制度效率；唐世平的制度變遷廣義理論則涵蓋

1 唐世平:《制度變遷的廣義理論》，84~85 頁，北京，北京大學出版社，2016。

制度變遷所有可能的階段的闡釋。因此，在研究過程中我們將結合上述兩種制度變遷理論，綜合解釋埃及經濟變遷的動力、方式、過程並分析不同時期的制度效率。我們擬選用理論中的如下範式。

第一，制度變遷的動力。制度變遷的動力是打破舊制度經濟，讓制度開始變遷的力量。制度變遷的源泉是相對價格的變化和偏好。

研究將根據制度變遷的動力範式，確定埃及經濟改革制度變遷的動力：維護社會契約的成本提高、與第二行動集團的政治交易成本增加、國際談判的議價權力減弱三種要素的相對價格變化，和對美蘇陣營的偏好變化、對營商的偏好轉變、對發展模式的傾向反復三種偏好的改變。結合範式闡釋它們是如何推動經濟改革制度變遷的。

第二，制度變遷路徑的塑造。報酬遞增和路徑依賴是塑造制度變遷路徑的兩種方式。前者認為，「在報酬遞增的情況下，制度是舉足輕重的。它塑造了經濟的長期路徑」[1]。制度框架總受制於報酬遞增的條件，因此對於那些為了獲得有制度框架所提供的各種機會而創立的組織總在漸進調整制度，推進它緩慢演化，以獲得制度所界定的機會。後者認為，現有的制度影響有關未來制度的觀念的產生，它限制行為體進入制度變遷的過程，並影響新制度的合法化與合理化。[2]制度變遷的路徑塑造包括五個階段。第一個階段是產生關於特定制度安排的新觀念；第二個階段是政治動員；第三個階段是爭奪設計和強行規定特定制度安排的權力；第四個階段是制定規則；第五個階段是合法化、穩定化以及複製。[3]

本書根據經濟改革路徑塑造的方式範式，指出制度變遷的兩種方式，即報酬遞增和路徑依賴。政府的經濟租增加、第二行動集團的報酬遞增，城市福利制度的延續、農村福利制度的延續、埃及精英階層的經濟特權延續，都是制度變遷的方式。本書又結合史實，闡釋報酬遞增和路徑依賴如何導致埃

1 道格拉斯．C. 諾斯：《經濟史上的結構與變遷》，112 頁，北京，商務印書館，1992。
2 唐世平：《制度變遷的廣義理論》，81~83 頁，北京，北京大學出版社，2016。
3 唐世平：《制度變遷的廣義理論》，60~65 頁，北京，北京大學出版社，2016。

及經濟改革制度變遷。

本書根據經濟改革路徑塑造的過程範式，結合埃及實際情況，將範式中的前三個階段合併成一個階段，並將埃及經濟改革的決策過程歸納為經濟改革主導權爭奪、改革制度的設計、制度合法化三個階段。結合這三個階段，詳細闡釋經濟改革的決策過程。

第三，制度效率評價。制度是決定經濟發展長期效率的關鍵，政府必須主動制定正確的制度，服務經濟增長目的。首先，足量、正確的信息是制定正確制度的基礎，因此信息反饋質量是制度效率的重要影響因素。其次，交易成本影響制度效率。經濟制度的不完善導致執行困難、沒有保障會導致交易成本升高，因此社會行動者無動於衷，或只有通過官員尋租的方式才能從制度中獲益。最後，激勵機制影響制度效率。諾斯和埃格特森都認為，制度的作用之一是提供激勵機制。能否產出有效的激勵機制，決定了制度的效率。在激勵制度方面，諾斯提出了「兩率接近論」，即個人收益率(private rate of return)與社會收益率(social rate of return)趨於接近時，社會經濟效益才能達到最高。「所謂個人收益率接近社會收益率，實質上是使經濟主體所付出的成本與所得的收益真正掛鉤，防止別人『搭便車』或不勞而獲。」[1]其實現方法是明晰產權，保護個人的專有權，避免個人的勞動成果被他人無償佔為己有。

本書將根據制度效率評價範式，從信息反饋過程、制度下交易成本和制度構建的激勵機制三方面評價埃及歷次經濟改革的制度效率。

（三）公共選擇理論

公共選擇理論在英文文獻裏通常稱作 public choice（公共選擇），是一門介於經濟學和政治學之間的新的交叉學科。它以微觀經濟學的基本假設、

1 孔現翔:《西方新制度經濟學》，56 頁，北京，中國發展出版社，2003。

原理和方法作為分析工具，來研究和刻畫政治市場上的主體的行為和政治市場的運行。我們擬運用該理論論證政府在部分決策行為的必然性，分析埃及政府在改革提出和制度安排上的政治和利益交換角度的考量；闡釋改革變遷路徑的合理性和必然性，為研究指出的經濟改革變遷路徑的正確性提供理論依據。

第一章

當代埃及的經濟表現與困境

1952—2016 年埃及經濟增長分為若干階段。20 世紀 50 年代中期國家資本主義改革後，埃及經濟開始高速增長，到 60 年代末至 70 年代初增長乏力；從 1974 年實施經濟開放政策後在僑匯和外商投資刺激下經濟迅猛增長，到 20 世紀 80 年代中後期世界石油大跌後經濟蕭條；從 1991 年啟動經濟改革與結構性調整計劃（Economic Reform and Structure Adjustment Program）後經濟逐步回穩向好，到 2011 年埃及劇變席捲埃及後多年的經濟發展停滯與動盪，再到 2013 年塞西總統上台後經濟的緩慢復蘇，當代埃及的經濟在起伏中艱難發展。

經濟指標的波動是經濟內在問題的表現，指證了經濟的結構性問題。改革是修正經濟問題，促進經濟發展的途徑；經濟問題是經濟改革的前提與對象，擺脫經濟困境則是改革的目標；經濟困境和經濟改革相伴而生，共同塑造當代埃及經濟發展的路徑。

本章將分析 1952—2016 年埃及總體經濟表現，隨後分析對總體經濟表現影響較大的具體經濟指標，如公共財政、對外部門、外債、就業與收入分配等，通過數據客觀地反映埃及經濟的發展狀況和經濟問題的所在之處。之所以將上述因素納入考量，是因為良好的經濟治理能夠強化政權的合法性。而良好的經濟治理重要的目標就是提高人民的生活水平，降低國家經濟受到外部壓力的風險。為了實現上述目的，決策者應該讓國家增強提供商品和服務的能力，即提高國內生產總值（GDP），並將外債控制在合理範圍內。同時還要考慮就業和分配平均問題。綜上，本章是以經濟治理的目標為量表，從整體和不同側面考察當代埃及經濟發展情況。

第一節　總體經濟表現

一、國內生產總值（GDP）

1947—1952 年，埃及經濟從第二次世界大戰的影響中緩慢復蘇，據估計，那一時期的平均 GDP 增速為 5% 左右。[1] 考慮到通貨膨脹因素，按照 1954 年美元的不變價格計算，1914 年和 1952 年埃及的人均 GDP 持平，即為 45 埃鎊[2]，這說明當代首輪經濟改革前，GDP 的增速和人口增速幾乎持平，人民生活水平沒有得到改善。1952—1955 年經濟增速放緩，年均增長率下降到 2% 左右。1965 年蘇伊士運河戰爭後，國家採取了擴張性金融貨幣政策，GDP 增速上升到 6%。1965—2016 年，以 2005 年美元的不變價格計算，埃及的 GDP 從 130 億美元上升到 1400 億美元，年均增速超過 4.7%，但是年度差異較大，變異系數可達 57.9%。[3]

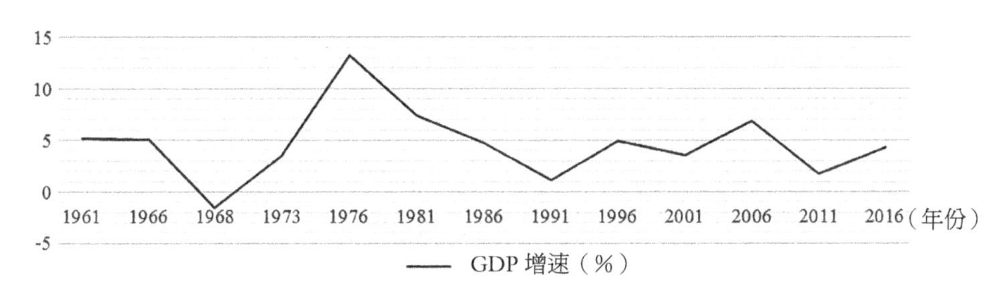

圖 1-1　GDP 增速發展趨勢

數據來源：世界銀行數據庫[4]

1　Hansen, B., and K. Nashashibi, *Foreign Trade Regimes and Economic Development: Egypt*, New York, National Bureau of Economic Research, 1975, pp.11-15.

2　Hansen, B., and G. Marzouk, *Development and Economic Policy in the UAR (Egypt)*, Amsterdam, North-Holland, 1965, p.3.

3　埃及 GDP（現價美元），世界銀行數據庫，網址：https://data.worldbank.org.cn/indicator/NY.GDP.MKTP.CD?end=2019&locations=EG&start=2010，訪問時間 2022-01-20。

4　https://data.worldbank.org.cn/indicator/NY.GDP.MKTP.KD.ZG?end=2019&locations=EG&start=1961，訪問時間 2022-01-20。

從供給側增長分析，埃及經濟部門供給的產品多為低附加值的內銷品。最有活力的部門是非貿易部門而不是製造業。各部門投資分配差異較大，建造業獲得投資多，發展迅速。世界銀行指出：「埃及的投資主要流向新樓盤，而不是更新、升級機械設備與生產設施。」[1]

人均 GDP 也是經濟狀況和人民生活水平的一個重要量表。人均 GDP 受到 GDP 和人口數量兩個變量影響。1947 年至 1952 年，埃及人均 GDP 年增速約為 3%；1950 年至 1962 年，該指標的增速略微下降；1957 年至 1964 年增速約為 3.0% 至 3.5%。[2]1965 年至 2016 年，以 2005 年美元的不變價格計算，人均 GDP 由 406 美元上升到 1630 美元。該數值已經考慮了通貨膨脹和人口增長的因素。事實上，1966 年、1967 年、1973 年、1991 年埃及人均 GDP 出現負增長。整體而言，1965 年至 2016 年，埃及人均 GDP 的變異系數為 97.6%，遠高於 GDP 數據序列的變異系數。

二、經濟結構

GDP 的增長伴隨着經濟結構轉型，這是 50 多年來埃及經濟以不同增速上漲導致的必然結果。1952 年至 2016 年，埃及經濟結構最大的改變是農業在 GDP 中的佔比由 29% 下降到 15%，同時工業的比重由 27% 上升到 39%。工業在 GDP 中的比重上升部分歸因於石油行業的增長。服務業在 GDP 中的比重浮動不大，浮動區間為 45% 至 52%，2016 年幾乎回歸到 1952 年水平。服務業比重高於印尼（21%）、越南（16%）等發展中國家，遠高於美國（9%）等發達國家。[3]服務業比重高從一個角度說明了經濟疲軟，創造就業的能力較

1 World Bank,「Egypt: Social and Structural Review,」Washington, DC, World Bank, p.11.

2 Hansen, B., and K. Nashashibi, *Foreign Trade Regimes and Economic Development: Egypt*, New York, National Bureau of Economic Research, 1975, p.14.

3 Alan Richards and John Waterbury and Melani Cammett and Ishac Diwan, *A Political Economy of The Middle East*, Boulder, Westview Press, 2015, p.58.

差，無法就業的勞動力不得不選擇門檻相對較低的服務業。

三、投資與儲蓄

投資是經濟增長的主要動力之一，來源是國內儲蓄。1947 年至 1957 年，埃及的固定資產投資總額較低，僅佔 GDP 的 12% 至 13%。而 1957 年至 1964 年攀升至約 19%。但 1964 年以後，國家財政赤字和外債壓力不斷增加，政府必須通過削減開支來抑制通貨膨脹、恢復財政平衡。再加上 1967 年 6 月第三次中東戰爭的打響，投資在 GDP 中佔比持續下降，幾乎下降到 1947 年的水平。[1]在 1965 年至 2016 年的 51 年中 70% 的時間，埃及的投資在 GDP 中佔比低於 20%，遠低於同期快速增長的亞洲經濟體保持了 30 多年的投資率。從數據看，韓國、馬來西亞、新加坡在經濟快速增長的 10 年中，投資在 GDP 中佔比保持在 35%；而中國大陸的該數值達到 40%~45%。除了投資率偏低，投資資金使用效率也偏低，投資缺陷成為阻礙當代埃及經濟增長的桎梏。

如何保持投資，對於決策者來講是一個難題，因為國內儲蓄持續走低，政府經常需要通過削減投資來維持財政平衡。在 1965 年至 2016 年，投資在 GDP 中的平均比重為 20.2%，而儲蓄在 GDP 中的佔比為 13%。當然，此處需要說明，埃及收入的一大來源是僑匯收入，因此該國的國民儲蓄大於國內儲蓄。但即便如此，儲蓄仍不能滿足投資需求。此外，僑匯很容易受到政治因素影響，如勞工遣返等，導致該項儲蓄餘額十分不穩定。事實上，1977 年在薩達特總統訪問以色列、埃及和利比亞發生衝突後，20 世紀 80 年代中期石油價格下跌時期，1991 年海灣戰爭時期，2003 年伊拉克戰爭時期，2010 年「埃及劇變」爆發之時，2020 年初新冠疫情的爆發都導致了埃及勞工因主觀或客

1　Hansen, B., and K. Nashashibi, *Foreign Trade Regimes and Economic Development: Egypt*, New York, National Bureau of Economic Research, 1975, p.14.

觀原因被遣返，或因航路阻斷無法返回務工國等。

儲蓄和投資之間的缺口總是由國際援助和國際商業貸款填補的。商業貸款和非贈款性質的國際援助讓國家外債壓力巨大。由於沒有可動員的充足的國內儲蓄，埃及經濟增長的動力實際來源於國際機構和捐贈國、援助國的投資意願。結果是政府需要大量的外匯來償還到期債務，外匯儲備持續不足，甚至無法滿足最基本的進口需求，經濟增長陷入惡性循環。

第二節　公共財政

一、公共財政總覽

埃及的公共財政問題值得我們關注。第一，1965—2016 年埃及令人擔憂的儲蓄表現主要歸因於財政收支失衡，財政赤字佔 GDP 的 11%。公共儲蓄不足導致家庭儲蓄和商業儲蓄在龐大的開支面前顯得杯水車薪。第二，預算的不足迫使政府向國際索要援助，使其承擔更大的外部政治壓力。要知道，援助並不都是無償的，因此當到期債務無法償還時，援助國傾向於直接干預埃及經濟政策，造成政治風險。第三，預算是經濟活動的指向標，是引導經濟活動的信號。預算不僅是數字，還是對收入和開銷共同提出的要求與目標，對政治經濟產出起決定作用。埃及的「軟預算制約」使得很多政策在實施後不了了之，無法實現既定目標，解決問題。

1965—2016 年，埃及中央財政一直保持赤字，赤字最高超過 GDP 總值的 20%。平均赤字率為 11.5%；1975 年達到峰值 22.6%；1995 年最低，為 1.6%；2016 年接近 12%。50 餘年間，埃及平均的財政支出在 GDP 中佔比 37.5%，財政收入在 GDP 中佔比 20%。國際基金組織認為埃及的財政問題在於「『攝氏』的收入和『華氏』的開銷。（earning in Centigrade and spending in Fahrenheit）」。

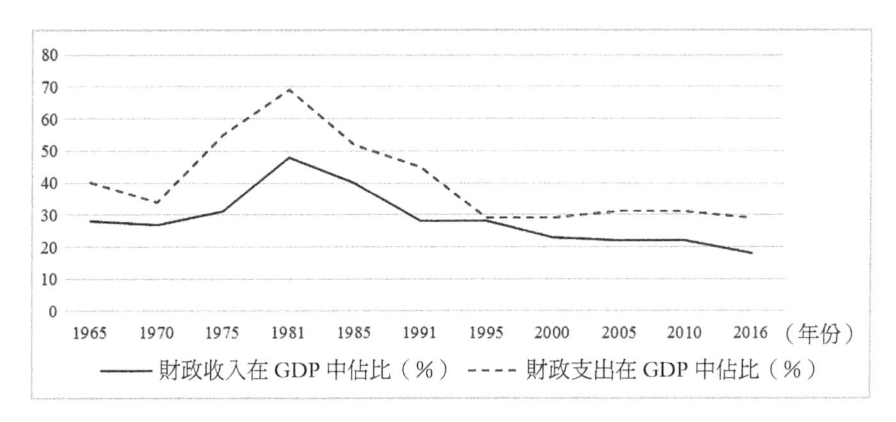

圖 1-2　財政收入和支出發展趨勢

數據來源：世界銀行數據庫[1]，*The Political Economy of Reforms in Egypt*[2]

財政收入長久的缺口導致政府的外債不停增長。外債使埃及的生存問題得以緩解，但對消費的限制更大了，因為國家必須拿出更多的財政收入償還債務。經歷幾次債務減免和重新安排，據 2016 年 6 月 30 日的統計，埃及的債務達到了當年 GDP 的 95%。

直到 20 世紀 70 年代末，埃及財政支出保持着兩大趨勢。第一，埃及從 1948 年起一直保持着龐大的軍費開支。第二，1962 年埃及頒佈的《憲法》規定了「阿拉伯社會主義」，使得經濟發展有了新目標。其中最核心的目標是要實現分配和消費能力平等，提高國家製造業生產率。在國家對經濟的絕對控制下，被用作投資的公共資源越來越多。這兩種因素對開銷影響的權重隨時間而變化。1960 年，軍費開支佔 GDP 的 5%，1970 年佔 16%，1978 年佔 9%。要指出的是，這是編制在預算中的軍費開銷，還有很大一部分軍費開銷不在預算內，因而無法統計。當埃及和以色列簽署「和平協定」和《戴維營協議》後，埃及獲得了 13 億美元的軍費資助，此後，預算中的軍費開支下降，2016

1　埃及財政收入，世界銀行數據庫，https://data.worldbank.org/indicator/GC.REV.XGRT.GD.ZS?locations=EG，訪問時間 2022-01-20。
埃及財政支出，世界銀行數據庫，https://data.worldbank.org/indicator/GC.XPN.TOTL.GD.ZS?locations=EG，訪問時間 2022-01-20。

2　Khalid Ikram, *The Political Economy of Reforms in Egypt*, The American University Press, 2018, p.106.

年為 GDP 的 1.7%。然而，公佈出來的軍費開支往往是被低估的。

國防和行政開支是消耗財政輸入最大的項目，因此公共投資只能利用剩餘資源。埃及私人投資熱情不高，公共投資在總投資中佔比高達 80%。如果公共投資偏低，總投資量必然偏低。事實上，埃及的情況正是如此。1960 年公共投資佔 GDP 比重 11%，1964 年上升至 19%，1970 年下跌至 12%，1978 年回升到 27%，此後保持下行趨勢，2000 年降至 10%，2016 年僅為 5%。與此同時，私人投資並沒有增加來填補公共投資的缺口，一直保持在 GDP 總量的 10% 至 12% 左右。[1]在私人投資保持不變的情況下，公共投資下降導致總投資下降。此外，佔比本就不高的公共投資還摻雜「水分」。埃及經濟部指出，一些支出項目也被定義為「投資」，[2]但其他國家一般將這些項目定義為「維修」或「更新」。因此，本不高的投資率也被高估了。

從薩達特時期起，低投資率在政策的引導下成為新常態。1973 年，埃及和以色列關係緩和後，薩達特為了讓人民享受「和平紅利」以提高自己的聲望，開始了「消費性開放」。在進口物資豐富的同時，很多消費品也獲得了補貼。日用品補貼成為預算中重要的一項，也是主要的開支項目。1973 年之前國防軍費開支擠佔投資在 GDP 中的佔比，而 1973 年後，逐漸減少的軍費開支被不斷攀升的補貼開支取代。補貼在 GDP 中佔比由 1971 年的 2% 上升到 1973 年的 5% 和 1978 年的 10%，此後不斷升高，直到 1991 年「經濟改革與穩定計劃」後逐漸下降，但截至 2016 年仍佔 GDP 的 9%。其中最大的補貼項目是能源補貼，佔 GDP 總量的 7%，比醫療、教育、公共投資的總額還多。補貼開支不但龐大，而且浪費，缺乏針對性，佔埃及總人口 20% 的、最富有的那部分人，消費了 60% 的各項能源補貼開支。

---

1 Khalid Ikram, *The Political Economy of Reforms in Egypt: Issues and Policymaking since 1952*, The American University in Cairo Press, 2018, p.95.

2 Ministry of Economy, *A Review of Development in the Egyptian Economy*, Cairo, Ministry of Economy, 1981.

二、財政收入及其結構性問題

當代埃及的財政收入一直無法滿足其開支需求，這很大程度上可歸結於政府的主觀因素，即在國內資本動員上做得不足。從 1965 年至 2016 年，國家的年均赤字率保持在 11%，公共儲蓄始終處於較低水平，導致資源無法滿足社會需求。在一定時期內，埃及從阿拉伯聯盟國家那裏獲得了大量贈款。如 2014 年贈款規模達 GDP 的 5%，相當於政府自身動員的國內資產的 20%。

主觀的動力不足導致埃及收支機構出現嚴重問題。1965—2011 年赤字率的浮動正反映了這個結構性不足。因為開支受到國內因素影響，而收入受到國際因素影響，政府的自主性很低。消費補助、公共部門工資和轉移支付開銷，加上不斷擴大的公共部門規模，開銷不斷增長。但國際援助規模顯然不會超過國內需求，最終導致儲蓄不斷下降。

國際援助導致埃及的預算過度依賴「經濟租」，也就是國際援助和贈款。世界銀行把它稱為「域外資源（exogenous resource）」，因為埃及的這部分收入與它國內的勞動生產幾乎沒有關係。從 1974 年起，世界銀行和國際貨幣基金組織就將埃及定義為「食利國（rentier state）」。這是由於埃及的租金主要來源於蘇伊士運河收費、石油出口、旅遊收入和國際援助。埃及是少有的可以不向人民收稅就能擴張其公共服務的國家，因為租金主要來自外國人，而非本國人。由於埃及較強的「尋租」能力，它可以在不減損人民利益的情況下獲得資源。但這也帶來了收入的結構性問題，也就是收入不受埃及的決策者控制。如蘇伊士運河收費總額受到世界經濟狀況影響。新冠疫情導致全球供應鏈受阻，海運船隻數量受到影響。但國際海事組織（IMO）的 2020 年硫排放上限推高了船用燃料成本，刺激更多船隻選擇較短的航線以節約運輸成本，使得選擇蘇伊士運河航線的船隻比例增加，抵消了部分影響。由此可見，政府無法控制其經濟租金收入。旅遊是一項奢侈消費，這項收入取決於遊客國的經濟情況和埃及的安全局勢。石油收入受到國際油價影響。僑匯收入取決於務工國的經濟狀況及其與埃及的關係，因為這些決定了務工人員的報酬和數量。這些因素的域外性和不確定性，導致資本動員的不確定性很大。

埃及的「最小化向國內索取」的導向限制了可動員的公共部門儲蓄。世界銀行將埃及的財政政策比喻為「對外國人徵稅」。由於財政預算受到收入和開支兩側的波動影響，且一側不定性較大，政府的短期經濟治理遭遇挑戰。雖然支出遠高於收入，但決策者不願意向國內索取更多。經濟事務前副總統阿卜杜勒·馬吉德（Abdel Meguid）和財政部前部長薩拉赫·哈瑪德（Salah Hamed）指出，議會在研究預算問題時，傾向於考慮開支側，而忽視收入側。在一次阿卜杜勒·馬吉德與世界銀行的討論中，他坦誠地指出，國家的兩個政治經濟目標——不向國內索取更多和擺脫國外資源的壓力——是相互矛盾的。前者要求不動員國內資源，後者要求必須動員國內資源。最終，埃及選擇了「第三條道路」，即尋求國際援助，但又最小限度地執行其附加條件，因為部長們更加考慮民生因素，選擇更加關注開支側。這樣的思路導致了後期經濟改革遲緩、經濟結構持續被破壞，加上「捐贈者疲勞」，國家經濟狀況持續惡化。

稅收問題也是導致收入結構性問題的因素。政府不願意向國內索取，所以對稅收很敏感。國際貨幣基金組織曾多次提出，徵收增值稅（VAT）是增加財政收入最有效的途徑，但是卻被埃及政府拒絕。財政部長表示，反對的壓力絕大部分來自新商人階層（New Business Stratum），他們是能夠參與國家政治的商人，能左右政府的決策。實際上，他們反對的主要原因是不希望按照增值稅報稅要求公開自己的賬目信息，這樣將會暴露他們逃稅的事實。直到 2016 年，作為國際貨幣基金組織提供的 120 億美元展期資金貸款（extended fund facility）的條件，徵收增值稅才被政府接受。

稅收無力導致了財政收入困境。據統計，埃及的個人所得稅僅佔總稅收的 7%，這意味着個人漏稅問題嚴重，也反映了政府不願向國內索取的主觀意向，因此對該行為不置可否。此外，稅收還引發了社會公平問題。判斷一個國家的稅務體系是否合理，要考慮稅負橫向公平和稅負垂直公平，前者指同等經濟狀況下的納稅人被給予相同待遇，後者指經濟能力或納稅能力不同的人要繳納數額不同的稅。但是研究表明，埃及的稅負橫向公平不是以經濟狀況為依據，而是以收入來源為依據。[1]具體而言就是「勞動所得（工資收入等）」的稅率高於「非勞動所得（分紅、獎金等）」。此外，政府通過各種理由免稅，如鼓勵私人投資等。免稅和逃稅疊加，導致稅收的再分配功能銳減，對特定人群的生活狀況造成很大影響。稅負垂直公平也無法很好體現。首先是因為逃稅嚴重，1965—2016 年埃及的個人所得稅在總稅收中的佔比低於 7%。其次是因為高收入的群體往往能符合政府各種免稅條件，不用交稅。

稅負公平被「通脹稅」和「農業稅」進一步破壞。「通脹稅」是指政府增加貨幣發行量，造成通貨膨脹，以此降低國內債務負擔，這一舉動可被理解為變相徵稅。而農業稅是對務農者統一徵收的稅。上述兩種稅項都不考慮納稅人的經濟能力，無差別徵收。由於通脹稅是一種隱性稅收，在不引起察覺的情況下暗中徵稅可以最大化減小政治阻力。1975 年至 1991 年通脹率保持在 18%，埃及的通脹稅累計稅收佔 GDP 總量的 4%，佔財政收入總額的 20% 左右。[2]保持高水平通脹率會給經濟帶來危害，這使得實際利率變成負值。這是因為政府為了用較低的成本向社會融資來填補財政赤字，所以低名義利率在高通脹率的影響下成為負值。這樣一來，一方面，社會不願意往銀行存款；另一方面，通脹只影響國內貨幣賬戶，國內美元化情況嚴重，1990 年起，50% 的貨幣或准貨幣都是以美元形式儲備的。農業是埃及的重要收入來源，農業收入佔 GDP 總量的 20%，但對稅收的貢獻十分有限。務農人員中文盲比例大，對其直接徵收個人所得稅幾乎不可行，而富農和地主都在地方有較強的政治影響力，他們抵觸納稅。最終，農業稅以「土地稅」的方式徵收，但效果十分不理想，該稅項總額僅佔總稅收的 1%。此外，農業用水是免費的，政府曾考慮過通過收取土地租金一定比例的稅來負擔水費，但由於租金太低，且租金和用水量的關係不顯著，該稅收政策就不了了之了。

1 Ahmed, S.「Public Finance in Egypt」, Staff Working Paper 639, Washington, DC, World bank, pp.36-37.

2 Khalid Ikram, *The Political Economy of Reforms in Egypt: Issues and Policymaking since 1952*, The American University in Cairo Press, 2018, p.95.

三、開支問題

1965—2016 年財政支出一直保持較高水平，在 GDP 總量中平均佔比 37.5%，峰值可以達到 50%。從支出結構看，經常開支佔 2/3，主要是部委和國家企事業單位的工資支出。該時間段內，近 1/3 的埃及勞動力都供職於中央或地方政府及其服務機構，他們的工資支出佔財政支出總額的 28%。

在這 50 多年中平均補貼支出佔預算支出總額的 12%，在某些年份中，該比例可能更高。如 1975—1981 年，該平均值達到 22%。1977 年起補貼支出隨着補貼項目的減少而縮減，到 2016 年補貼項目只剩下 4 個。1965—1990 年是補貼逐漸增長的時期，補貼支出在預算支出總額中佔比平均值為 18%，1991 年起，隨着要求嚴控支出的「穩定計劃」出台，1991—2000 年補貼支出在預算支出總額佔比平均值下降到 7%。1991 年後，「穩定計劃」成為經濟政策制定的基礎，旨在最大限度地減少財政赤字。為了滿足計劃要求，支出增長速度要低於 GDP 增長速度。財政支出總額在 GDP 中的佔比由 1990 年的 38% 下降到 1995 年的 29%。但是政府為了削減開支，做出了「飲鴆止渴」的決定，即主要通過削減投資來削減開支總額。1965 年投資在財政支出總額中佔比 32%，1990 年達到峰值 39%；「穩定計劃」和私有制改革實施後，公共投資支出持續降低，2016 年降至 9%。

50 多年間，財政支出結構也發生了改變。行政開支雖然相較於 20 世紀 60 年代有所下降，但截至 2016 年仍佔總開支的 48%。另一個顯著的變化是，政府債務利息償還開支不斷擴大，2016 年已經達到總財政支出的 11%，其中 70% 都是由國內債務產生的。20 世紀 80 年代末到 90 年代初，為了填補財政赤字，國內債務存量快速上升。2002 年後財政赤字再次出現，2011—2016 年赤字率高達 10%，赤字使得存量債務總額再度攀升。從外債的角度看，1991—1996 年，由於埃及加入西方陣營參與了「沙漠風暴」行動，獲得了大量債務減免與重新安排。但多數債務仍為優惠性質貸款，而非贈款；其他債務在重新安排後延期，但仍需償還。內外債務累加使得埃及政府必須通過削減其他開支以保證到期債務能按時償還。

縱觀 1965—2016 年，在經濟增長的帶動下，埃及的支出增長始終高於收入的增長，這反映了預算的結構性問題。

第三節　創匯與國際援助

一、出口創匯

（一）總體發展情況

阻礙當代埃及經濟增長的重要因素有兩個。其中一個影響因素在之前的小節裏已經提及，就是投資和儲蓄的差距。另一個影響因素就是創匯與需求的差距。

自 1950 年起，埃及的收支一直失衡，「二戰」期間商品貿易賬戶一直是赤字。當時船隻都被用來運送軍需品，出口貿易受阻，但進口量卻很大。因為國家需要更多的進口物資供給駐紮在埃及的盟軍使用。戰爭期間，埃及的商品貿易賬戶赤字約 1 億埃鎊，即便如此，戰後埃及仍有折合 4.4 億埃鎊的英鎊結存，相當於 1945 年 GDP 的 80% 以上。20 世紀 50 年代末，儲蓄因為彌補赤字而被耗竭。這些儲蓄的存在讓決策者錯失了發展出口貿易的機會。

1965—2016 年，埃及政府總是致力於實現國內平衡（在可接受的通脹情況下國內供給與需求的平衡）和國際平衡（經常項目赤字能持續被填補），但如下面進出口總額增長趨勢圖表顯示，埃及的商品貿易賬戶一直都是赤字。決策者在實現平衡時，總是遇到「時機」和「數量」上的困境。從時機上看，進口是發展民族工業的基礎，是日後出口的必要條件，因此外匯需要先支出再收入。從數量上看，起步階段無論是資本產品、原材料或中間產品，都需要花費大量外匯。但幼稚產業往往需要較長的周期來回本盈利，前期投入遠大於回報。支出的上限不能大於收入和外源融資的總和，因此決策者選擇限制進口，但這樣做既導致資本存量不能完全被利用，又導致較高的失業率。收支失衡問題一直是埃及經濟發展的桎梏。

1965—2016 年，埃及通過貨物或服務出口賺取的外匯始終無法滿足進口需求，儘管後者已經被限制。出口創匯僅能滿足 73% 的進口需求，其餘部分則通過國際援助、僑匯、舉債、動用外匯儲備等方法填補。

20 世紀 60 年代限制埃及出口貿易發展的主要因素是產品單一，即僅出口棉花。1907—1909 年棉花出口額佔出口總和的 95% 左右；1950 年為 85%；1970 年為 45%。這樣的出口商品集中程度導致單一出口商品極易受到供需關係的影響，造成價格波動，直接影響外貿總額。20 世紀 60 年代末，其他出口商品，如棉紡織品、大米、水果、蔬菜和其他製造品才開始受到重視。西奈油田和蘇伊士海峽油田恢復後，石油出口成為出口創匯的主力軍。然而埃及的出口特徵仍是商品出口僅佔總創匯量的 30%~40%，而其餘部分是由蘇伊士運河收費、旅遊、僑匯和投資收入填補。

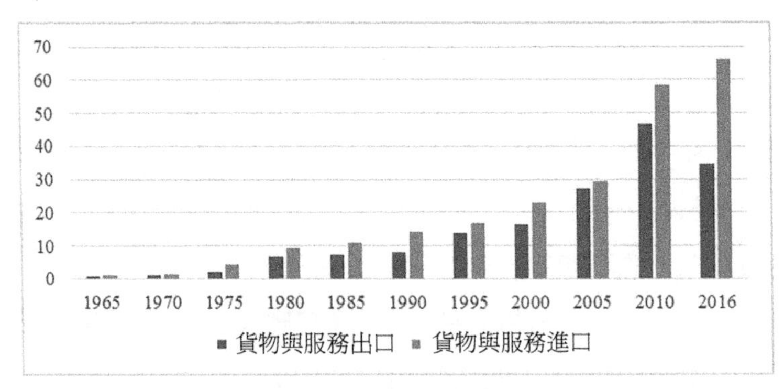

圖 1-3　進出口總額增長趨勢（單位：10 億美元）

數據來源：世界銀行數據庫[1]

1　貨物與服務進口（不變價美元法），世界銀行數據庫，https://data.worldbank.org/indicator/NE.EXP.GNFS.CD?locations=EG，訪問時間 2022-01-20。
貨物與服務出口（不變價美元法），世界銀行數據庫 https://data.worldbank.org/indicator/NE.IMP.GNFS.CD?locations=EG，訪問時間 2022-01-20。

（二）發展的制約因素

埃及的國際收支失衡與不利於出口的激勵結構有關。1952 年至 2016 年，支持進口的利益集團一直遊說政府，使政策傾向於進口而不鼓勵出口。其中主要的阻礙機制包括：頻繁高估的匯率，這相當於給出口商品徵稅，更加鼓勵商人內銷其產品；非關稅措施，如海關抽檢、質量標準等，煩瑣的出口流程使商人更傾向於內銷商品；無效的關稅體系和暫准進口許可等，增加了出口貿易的交易成本，使出口製造商無法及時以國家價格獲得進口生產原料。

以下三種因素正向強化了「反出口」激勵機制。

第一，埃及政府對現代經濟中出口增長的基礎理解存在偏差。埃及決策者認為，出口貿易需要以本國的資源為基礎。因此，棉花及棉紡織品壟斷埃及出口行業的情況持續了一個多世紀。此後隨着石油價格上漲，1981 年石油出口佔總出口額的 75%，直到 2013 年，石油出口仍佔總貨物出口額的 50% 左右，石油出口創匯僅佔創匯總量的 25%。

事實上，亞洲國家的經驗告訴世界，出口貿易可以以進口為驅動。反觀部分亞洲國家——韓國、新加坡，它們的自然資源都較為匱乏，然而它們都進口原料或半成品，通過受教育勞動力和先進的技術為其附加價值，並通過有競爭力的匯率出口。這些是埃及完全有能力做到的。

作為出口商品單一化的結果，埃及的出口商品在國際市場中所佔份額越來越少。研究表明，埃及的出口貿易不但無法滿足快速增長的世界市場需求，而且在傳統產品上也丟失了市場份額。[1]研究進一步指出，即便在埃及試圖實現出口多樣化時，其產品也很少能滿足快速增長的市場需求。1997 年的世界銀行報告《埃及：經濟可持續發展》[2]顯示，如果埃及的出口增速能趕上世界平均增速，那麼 1983—1993 年的出口額理論上可達 63 億美元，但該數

1　Kouame, A. T.,「Egypt: Export Competitiveness Analysis」, Washington, DC, World Bank, MENA Region, 2000.

2　*Arabic Republic of Egypt: Egypt: Issues in Sustaining Economic Growth*, 4 vols, Washington, DC, World Bank, 1997.

值實際為 31 億美元。「差距」可歸因於：沒有瞄準快速增長的市場（損失 700 萬美元），沒有瞄準需求量快速增長的產品（損失 23 億美元），產品國際競爭力不足（損失 200 萬美元）。從結果看，1950 年每 100 美元的世界出口額中，埃及出口佔 1 美元，1965 年埃及只佔 37 美分，而 2016 年跌至 14 美分。國際出口貿易不斷發展，但埃及出口卻持續倒退，出口貿易的缺陷導致國家外匯儲備持續不足。

第二，進口關稅和非關稅保護嚴重。由於埃及進口替代了工業化的需求，國家為了保護民族工業興起，對進口商品實施了關稅保護。關稅保護政策具有其外部性，即保證國內相同或相似商品的製造商，可以以高於國際市場價格的價格在國內銷售其產品。長此以往，製造商即便不提高技術、升級設備，也可以保證盈利，因為他們把相對較高的生產成本轉嫁給了消費者。因此，他們既沒有出口產品的動力，也沒有能力，因為相對落後的工藝導致產品的國際市場競爭力弱。內森組織（Nathan Associates）研究估計，對進口商品徵收 31% 的關稅相當於對出口商品徵收 19.4% 的「出口稅」。事實上，進口關稅讓國內製造商養成了「少勞多得」的習慣，其出口產品成本必然相對升高，相當於包含了「出口稅」，市場競爭力低。此外，非關稅保護也同樣使得國內生產商不思進取，該問題在本書第六章會具體介紹。

第三，忽視匯率對出口貿易的刺激作用。埃及決策者在考察埃及的匯率出口彈性時認為它和馬歇爾 - 勒納條件（Marshall-Lerner condition）不相符。哈立德・艾克拉姆在其著作《埃及經濟：表現、政策與問題（1952—2000）》[1]中指出了政府對匯率出口彈性的計算存在偏差，內森組織於 1999 年指出，如果計算正確，結果和馬歇爾 - 勒納條件相符。事實上，21 世紀初期的匯率低估確實促進了出口增長。1990—2000 年，埃及年均出口增長率為 5.6%；匯率調整後，2000—2010 年，年均出口增速為 11%，翻了一倍左右。

1　Khalid Ikram, *The Egyptian Economy, 1952-2000: Performance, Policies, and issues*, London, Routledge, 2006, pp.135-139.

一些發達國家的經驗表明，快速增長的出口會導致實際匯率上升，這也讓埃及政府對匯率手段持謹慎態度。亞洲快速增長的經濟體（日本、中國、韓國、泰國、馬來西亞、新加坡）都致力於低估匯率。但是埃及政府沒有考慮到的是，埃及的通貨膨脹率比那些國家嚴重，導致實際匯率上升。1980—2000 年埃及的實際匯率穩定上升；更糟糕的是，1997 年東亞金融危機後，埃及的實際匯率漲幅比部分亞洲國家（韓國、泰國、印度尼西亞、馬來西亞）高出 40%。

事實上，埃及的出口貿易受匯率出口彈性影響。如旅遊業、僑匯和其他服務，對匯率的變化都很敏感。但是政府在制定政策時不考慮實際匯率，因為控制被通脹抬高的實際匯率需要降低名義匯率，但這樣會打擊投資者信心，使資金外逃。然而保持名義匯率不利於出口發展，最終埃及央行外匯儲備不足，匯率依舊下跌，出現資金外逃。其中最顯著的例子是 2010—2012 年，埃及的外匯儲備從 2010 年的 360 億美元下降到 2012 年 12 月的 1500 萬美元，換言之，每月下降 10 億美元。據埃及政府統計，共有 128 億美元從短期國債市場、股票市場、銀行系統撤出。[1]不現實的匯率讓進口商受益，而國家是損失的承擔者。

二、國際援助

如果一個國家的收入的外匯不足以滿足進口需求，就需要通過吸引外商投資、國際援助甚至國際貸款來填補缺口，這三種手段都曾被埃及用來填補國際收支赤字。其中最值得一提的是國際援助，因為國際援助是埃及特有的，其利用「冷戰」時期的地緣優勢，在美蘇博弈下，通過在區域問題中採取特定的立場獲得西方的有償和無償援助。如 1973 年第四次戰爭的打響、1977 年薩達特的耶路撒冷之行及和平協議的簽訂、1991 年在沙漠風暴行動中加入歐美陣營，都是獲得國際援助的契機。

1　Government of Egypt, *Strat_EGT: FY14/15-FY18/19*, Egypt Economic Development Conference, Sharm al-Sheikh, March 13-15, Cairo, Government of Egypt, 2015, p.18.

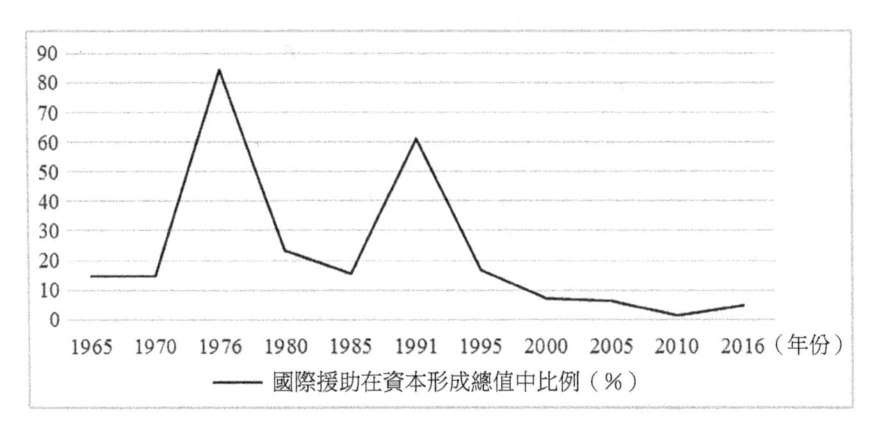

圖 1-4　國際援助在資本形成總值中比例發展趨勢

數據來源：世界銀行數據庫[1]

由上面圖表可知，1971—1996 年國際援助在資本形成總值中佔比平均超過 20%。峰值出現在 1976 年，達到 84.47%。但是過度地依賴國際援助存在風險，主要有以下兩方面：第一，1965—2016 年埃及經常項目赤字在 GDP 佔比 11%，然而具體援助數額則不受控制，完全由援助國決定。第二，援助很有可能附加政治條件。如世界銀行和國際貨幣基金組織等，每次給予埃及援助時都敦促其進行經濟改革，而迫於壓力的改革會造成社會動盪，影響國家穩定，比如 1977 年的「麵包革命」和 2011 年的埃及劇變，都直接或間接與改革有關，因此接受援助可能要面臨更大的政治風險。

下面來分析國際援助對埃及經濟增長的作用。1965—2016 年資本形成總值在 GDP 中佔比的平均值為 20%，GDP 年均增速 4.7%，資本產值係數為 4.25。國際援助在 GDP 中的佔比為 5.2% 左右。如果失去了援助，其他條件不變，投資率為 15% 左右，GDP 增速為 3.5% 左右。這就是說，由於國際援助的存在，50 餘年間，埃及 GDP 的平均增速上漲了 1.2% 左右，這導致的結果就是，在有無國際援助的不同情況下，GDP 增速差距達 40%。

國際援助的存在對埃及來說也是一種「詛咒」，這意味着其 GDP 增長

1　國際援助在資本形成總值中比例，世界銀行數據庫，https://data.worldbank.org/indicator/NE.EXP.GNFS.CD?locations=EG，訪問時間 2022-01-20。

和消費水平都受到國外因素控制。如果長期存在的國際援助被削減，這也是1995年以後的現實，GDP增速會受到影響，失業率會增加，人民的生活水平和收入都會降低。國家採取銀根緊縮的財政政策並限制消費會引起社會動盪，「麵包革命」就是典型的案例。因此，埃及政府必須要清醒地認識到國際援助對經濟的影響及其給國家帶來的政治風險，以便更好地處理這些資金的流入。

第四節　外債與債務危機

外債問題是當代埃及經濟發展歷程中不可回避的重要問題。國際貸款和援助是埃及經濟戰略中重要的支柱。外債頻繁造成國內經濟危機，且外債的存在掩蓋了出口不足和消費過多等經濟結構性問題，使之沒有獲得決策者應有的重視。

一、埃及外債的歷史起源

埃及借貸的主要目的是填補經常項目赤字。外債問題一直是埃及歷史上重要而又沉重的話題。1876年埃及曾因為無法償還貸款，被迫接受債權國直接控制國家經濟，經濟政策一直向債權國傾斜，導致國家資源和主權獨立不斷受到蠶食。從1882年起，一直到1954年英國撤出埃及，埃及一直處於經濟附庸狀態。

穆罕默德・阿里王朝的創立者、現代化埃及的締造者——穆罕默德・阿里於1849年離世時，埃及沒有外債。他確實貸過款，但是是從當地商人和與國外資本有聯繫的亞歷山大商號中借貸，且金額相對較小。上述貸款屬於國內貸款，因為得不到奧斯曼帝國君主的允許，他無權向國外借貸。其繼任者阿巴斯一世離世時留下了270萬埃鎊債務，也是國內債務，主要是未支付的官員工資和建造商項目餘款。然而，他也留下了80萬埃鎊的土地稅款，其繼任者可以徵收抵債。

事實上，賽義德帕夏於 1862 年簽訂了第一份國家貸款協議，主要用於修建蘇伊士運河。賽義德帕夏以運河的開鑿權和經營權抵債，埃及以 20 英鎊每股的價格購買了 182023 股蘇伊士運河公司股份（共 40 萬股），支出 3640460 英鎊。[1]蘇伊士運河的修建給國家的政治和經濟帶來了深遠的影響。國家揹負了沉重的債務負擔，需要定期清償。修建運河的周期長達 10 年，在此期間，埃及無法從運河獲得任何收入。最重要的是，修建運河讓埃及浪費了巨大的機會成本。因為根據協議，埃及必須派出免費勞動力修建運河，施工期間，每年共有 72 萬人次參與勞動，那時埃及總人口近 400 萬人。高峰時同時有 6 萬多名農民在開鑿運河。[2]然而，當埃及投入巨大人力從事運河修建工作時，美國內戰導致世界棉花價格達到最高點，埃及卻無暇顧及農業。由於人手短缺，埃及一年損失 3600 萬法郎農業收入。[3]

蘇伊士運河的修建給當時的埃及帶來的損失不僅限於經濟。運河的建造讓埃及陷入英國的殖民。賽義德帕夏的繼任者伊斯瑪儀接過債務，1875 年他由於無法償還到期債務份額，被迫向英國政府出售 400 萬英鎊的蘇伊士運河公司股份，繼而英國在同年 11 月成為大股東，持有 44% 的股權。大量股權掌握在外國人手中導致運河收入難以被埃及控制，直到 1956 年因蘇伊士運河國有化而發動了蘇伊士運河戰爭。

二、當代外債問題

20 世紀 50 年代，政府能保持收支平衡，如果出現赤字，則用外匯儲備填補。1955 年年初，幾乎所有的埃及外債都轉為國內債務，或通過 1943 年的「債務調換計劃」清償。但納賽爾時期，外債困境又現端倪。20 世紀 60 年代

1 Hamza, A. M., The Public Debt of Egypt, 1854-1976, Cairo: Government Press. 1944, p.263.
2 Karabell, Z., Parting the Desert: The Creation of the Suez Canal, New York: Knopf, 2003, p.170.
3 Karabell, Z., Parting the Desert: The Creation of the Suez Canal, New York: Knopf, 2003, p.200.

開始，國家經濟局面被三種因素塑造。第一，進口替代工業化，這是一種進口密集型工業化，因為前期國家需要大量進口工業化設備、生產原材料等。直到工業能夠正式運作前，只有投入，沒有產出。此外，由於幼稚產業需要保護，產品享有價格補貼。綜上，進口替代工業化前期對投入要求很高，因此經濟規模小的阿拉伯國家沒有選擇和埃及一樣走上工業化道路，伊朗、突尼斯、阿爾及利亞、伊拉克等效仿土耳其模式，走上該道路。第二，納賽爾時期國家的反西方政策一方面切斷了援助的重要來源，因為在自由軍官發動「土地改革」運動時，受到了美國的支持。另一方面，該政策讓埃及無法進入世界最大的資本市場。政策導致埃及賺取西方國家外匯的能力十分有限，而英鎊、歐元、美元等貨幣是外債的結算貨幣，最終自身創匯能力不足加上賺取西方國家外匯的能力太低，導致埃及債務清償乏力，赤字缺口擴大，外匯儲備不斷下降。第三，埃及和社會主義國家商貿往來頻繁，但是繁榮背後也存在兩個問題。一是東方國家的貨幣無法直接用於外債清償結算；二是東方國家的技術相對落後於西方，因此進口來的設備生產效率相對較低。但埃及與東方國家進行進出口貿易，和西方國家只進行進口貿易，主要進口食品，這導致埃及和西方國家有較大的貿易逆差，進一步導致外匯不足，償債困難。

第一個五年計劃期間（1960—1965 年），由於進口替代工業化進程加速，外債問題愈發嚴重。工業化的進口需求超出了國家的支付能力，約 30% 的資金需要舉債獲得。但因為蘇伊士運河戰爭導致埃及與英、法關係破裂，以援助的方式獲得長期貸款已經不可能，只能從銀行申請條件嚴格且利率較高的短期商業貸款。截至 1965 年年底，埃及累積外債總額（含清償與未清償債務）達 15.16 億美元，銀行短期貸款達 1.03 億美元。[1]不斷增長的外債和信用貸款導致了巨大的財政壓力，1966 年政府與銀行協商重新安排債務，1968 年與法國、意大利、德國、瑞士、瑞典政府及其他機構債券方協商重新安排債務，

1　Khalid Ikram, *Egypt: Economic Management in a period of Transition*, Baltimore and London: Johns Hopkins University Press. 1980, pp.356-357.

1969 年與墨西哥、日本、英國債券方協商重新安排債務。銀行短期貸款債務期限緊，造成很多償付逾期。債務「紮堆」導致 1969—1974 年，政府需要償付總債務額的 74%。[1]

1974 年經濟開放政策施行後，政府以「消費性開放」為主線，放開了此前對進口的約束。1975 年進口額是 1973 年（經濟開放政策實施前一年）的 2.5 倍，進口開支在 GDP 總量中的佔比由之前的 19.2% 上升到 41.3%，進口的主要是消費品。儘管薩達特通過修復與西方的關係獲得了大額的國際援助，緩解了財政壓力，但支出也快速增長。1975—1980 年，外債總額不降反升，從 63 億美元增長到 190 億美元。後者約合當年 GDP 的 80%，是當年貨物與服務貿易出口總額的 2.7 倍。[2]國際貨幣基金組織將外債陡增的原因歸結於「以喝啤酒的收入水平喝香檳（maintaining champagne tastes on a beer income）」。

債務不斷累積，到了 1977 年中期，光是短期商業貸款額就已高達近 10 億美元，面對巨大的財政災難，埃及根本無法內生地找到出路，唯有大量的現金流入能立竿見影地解決問題。為此，海灣國家於 1977 年成了海灣埃及發展組織（Gulf Organization for the Development of Egypt），沙特、科威特、阿聯酋阿布紮比酋長國、卡塔爾是創始國（地區）。在該組織的幫扶下，埃及有能力償付到期債務了。但從 20 世紀 80 年代開始，埃及又不斷借貸。儘管都是優惠性質貸款，但由於出口貿易持續表現不佳，給債務危機埋下了隱患。事實上，埃及在外貿領域對石油出口的依賴程度很高。1986 年國際油價大跌後到 1991 年之前，埃及一直是世界上負債率最高國家之一，債務與國民生產總值（GNP）的整體介於 100%～150%，其中 1988 年達到 175%。償付引起流動性問題，1986 年償付額（含拖欠債務）超過了當年經常項目總收入的 100%。

1987 年埃及尋求重新安排債務，同年 5 月，有 69 億美元的逾期債務被重

1 Khalid Ikram, *The Egyptian Economy, 1952-2000: Performance, Policies, and issues*, London, Routledge, 2006, p.212.

2 Khalid Ikram, *The Political Economy of Reforms in Egypt*, The American University Press, 2018, p.126.

新安排。此外還重新安排了 1988 年 6 月到期貸款，其中包括中、長期公債，算上利息一共 44 億美元。長期疲軟的出口表現加上寬鬆的財政政策（1991 年財政赤字在 GDP 總額中佔比 17%。）最終導致了 1991 年的債務危機。然而，債權方肯定了埃及在海灣戰爭中發揮的作用，給予埃及大量的債務減免和重新安排，減免延期政策共涵蓋了 280 億美元債務，獎勵埃及加入西方陣營。截至 1991 年，埃及不斷利用自己的地緣戰略優勢擺脫經濟危機，幫助埃及的不是經濟善治而是政治權重。

整體而言，1970—2015 年埃及的年均外債增長率為 8.1%，整體走勢可被分為兩個階段。第一個階段是 1970—1989 年，外債年均增長率達 22%，主要歸因於消費品進口激增。第二階段是 1990—2005 年，國家通過金融財政手段可以降低負債率，減少新的外債，外債的年均增長率為 1.5%。對於可能流入的資金，政府更加強調希望獲得贈款和軟貸款。外債中優惠性質貸款的比例快速上升，從 1990 年的 40% 上升到 2015 年的近 60%，1997—2004 年最高時可超過 70%。國際對埃及債務慷慨的重新安排和政府自身更加小心處理債務的態度使得外債壓力有了不小的緩解。

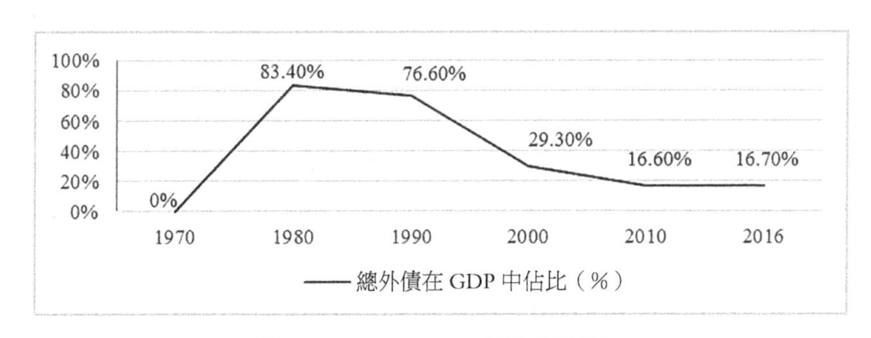

圖 1-5　1970—2010 外債發展趨勢

數據來源：*The Egypt of Nasser and Sadat: The Political Economy of Two Regimes*[1]，FOCUSECONOMICS[2]

1　John Waterbury, *The Egypt of Nasser and Sadat: The Political Economy of Two Regimes*, Princeton Univ. Press, 1983, p.114.

2　https://www.focus-economics.com/country-indicator/egypt/external-debt，訪問時間 2022-01-20。

三、外債攀升背後的原因

埃及的外債長期保持，周期性上升，陷入困境。其原因可歸結於以下五個方面。

第一，埃及沒有發展非石油製造業，導致其失去了原有的外貿市場份額，最終導致外匯持續減少，無法滿足其進口和償付需求。第二，埃及的經濟增長戰略依賴進口替代工業化。如上文所述，進口替代工業前期需要密集地進口原材料和資本商品，正式投產後，還要補貼產品價格，相當耗費財力。第三，1973 年後，埃及大量進口設備，更新戰爭損耗或破壞的基礎設施。第四，埃及人口不斷增加，而耕地面積又十分有限。這就意味着必須通過進口解決糧食缺口，有時候，即便在國際援助的情況下，外匯也不足以支付糧食進口費用，最終國家要訴諸借貸。

除了上述的客觀原因之外，還有一點是主觀原因，這也是造成債務危機愈演愈烈的關鍵因素——一些利益集團希望債務長期存在。事實上，在埃及能夠享受到債務紅利的人和那些為債務買單的人，並不是同一批人。具體而言，就是「債務對精英階層和普通人的影響不同；對從額外資源中受益的人和那些為其買單的人影響不同」[1]。

首先，從貸款協議中受益的往往是埃及的精英階層，債務對他們生活的影響相對較小。所謂埃及的精英階層就是高度參與政治的階層，他們可以左右政策的制定，使之符合自己的利益。精英階層人數很少，易於動員並為共同的利益行動。而那些普通大眾，無法對統治者施加影響力，且他們數量龐大不易於動員，很難有組織地爭取自己的利益。精英階層希望政府借貸使國家財政狀況更加寬鬆，以便維持他們的經濟福利，如非生活必需品的補貼、能源補貼、稅收減免等。此外，他們可以讓國家根據他們的偏好進口物資。而上述政策的後果是由普通大眾承擔的，由於財政赤字擴大和償付壓力增加，政府降

1 Sherani, S., *Pakistan' s Debt Dynamics*, *Dawm*, 16 October, 2015.

低了民生補貼力度和公共服務水平，對大眾的生活水平造成了很大衝擊。

其次，借貸和償付不在同一個時間維度，即借貸在先，償付在後，且兩者很有可能不在同一屆政府的任內。一屆政府通過借貸滿足國內的消費需求，實施較為寬鬆的財政政策，往往能換取社會穩定。而還債的往往是下一屆政府，因為埃及總理更換頻繁，執政周期很短。而還債往往需要實施銀根緊縮的財政政策，這會導致社會動盪。在納賽爾和薩達特時期，由於總統孤膽決策的風格，總理常因為治理不力而被撤換。因此，為了保住自己的位置，他們傾向於短視地避免還債帶來的國內社會壓力，選擇在任期內借貸，把還債壓力留給下屆政府。長此以往，國際舉債成為埃及動員資本的常用手段。

事實上，主觀因素是埃及長期外債累加的重要誘因。如果政府足夠重視，且發揮足夠的主觀能動性，完全可以擺脫債務困境。縱向比較，從穆巴拉克時期起，政府被迫實施了改革，負債率明顯下降。橫向比較，20 世紀 60 年代的韓國經濟狀況不如埃及，它同樣也更傾向於國際貸款，而不是外商直接投資。這導致 80 年代時，韓國成為負債率最高的國家之一。但此後韓國改變政策，激勵投資、儲蓄、出口，從 1995 年開始能為其他國家提供大量發展援助，21 世紀初韓國進入了發達國家行列。由此可見政府主觀能動性的重要性。

第五節　就業與貧困問題

一、就業問題

（一）失業率與就業質量

1960 年至 2016 年埃及人口大幅增長，從 2600 萬人增長到 9000 萬人，年均增長率達到 2.3%。勞動力人口由 1960 年的 780 萬人增長到 2016 年的 2300 萬人。主要勞動力人口為男性，年齡在 15 至 64 歲區間段中的男性佔 75%，女性只有 25%。

雖然最早的失業率統計始於 1960 年，且數據不斷更新、校正，但是「早年數據的可靠性受到質疑，國際金融機構（IFIs）使用的數據主要以 20 世紀 90 年代為起點」[1]。具體失業率統計見以下圖表。從圖表中可看出，1991 年至 2016 年平均失業率為 10.3%。其中經歷了三次失業率上升，分別是 1992 年至 1995 年，失業率由 8.92% 上升至 11.04%；1999 年至 2005 年，失業率從 7.95% 上升到 11.2%；2010 年至 2013 年，失業率從 8.75% 上升到 13.16%。

但要注意，失業率的上升和 GDP 的發展趨勢不總相符，尤其是 1992 年至 1995 年，埃及 GDP 增長率呈上升趨勢。因此，失業率不能完全反映經濟狀況。該時期內的失業率上升主要歸因於 1991 年開展的經濟改革與結構性調整計劃。一方面，計劃要求削減國有制企業人數，通過精簡國家企事業人員數量的方式降低財政開支；另一方面，計劃的重要改革措施是私有化，即將之前的國有企業以股權收購的方式變成私有企業。被私有化的企業進一步精簡其歸屬國家時期尾大不掉的員工隊伍。兩次裁員造成了該區間段的失業率上升。1999 年至 2005 年的失業率上升一方面歸因於私有化改革深化，中小型企業被裙帶資本家經營的大型政治聯結公司擠出市場，他們對市場的壟斷愈發加深。政治聯結公司利用特權在市場競爭中獲得近乎絕對的優勢，因此即便擁有較小的員工規模也可以不斷盈利，私營企業對就創造就業的貢獻越來越小。另一方面 2000 年的金融危機造成了埃及經濟衰退，也引起了失業率上升；海灣國家經濟受到牽連，對埃及的勞工需求降低，返回埃及的勞工也加劇了國內就業壓力。而 2010 年至 2013 年的失業率上升則歸因於埃及劇變後的經濟發展停滯。埃及的失業問題不能完全歸因於經濟狀況，還受到決策影響。這從一個側面解釋了為什麼埃及的革命在適度的經濟增速中爆發，也解釋了人民對政府不滿的原因。

1 Khalid Ikram, *The Political Economy of Reforms in Egypt: Issues and Policymaking since 1952*, The American University in Cairo Press, 2018, p.90.

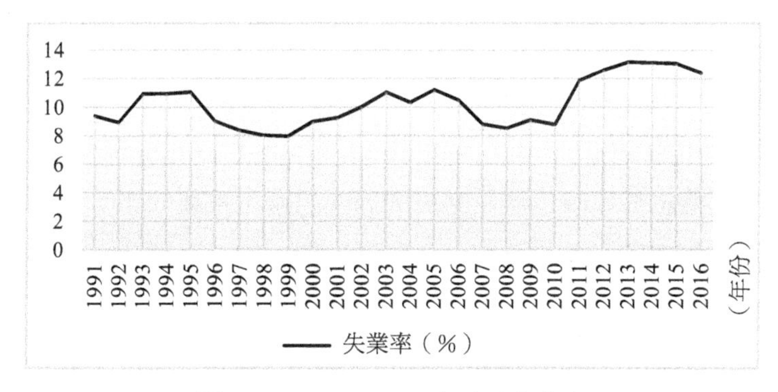

圖 1-6　1991—2016 年埃及失業率

數據來源：世界銀行數據庫[1]

另一點要注意的是，就業率的高低不能直接反映人民的生活水平，與就業率同等重要的是就業質量。研究指出，初次就業且希望在正規部門（Formal Sector）工作的受教育年輕人是失業人口的主力軍[2]，因為他們認為自己較高的學歷理當找到一份政府或國家企事業單位的工作。因此在如願以償之前，他們寧願保持失業狀態。而那些貧窮、受教育程度低的勞動力，則不排斥在非正規部門尋求工作機會。這也就是說，就業勞動力人口中有很大一部分容易受到經濟下行的壓力影響，工作不能夠完全保障其生活。自從 20 世紀 80 年代開始，對於初入職場的埃及青年來講，第一份工作很多是非正式部門的非固定工作，按照工作時長領取勞動報酬，而非按月發放工資。[3]不穩定加上低水平就業應該引起政府的足夠重視。失業問題和低質量就業共同造成了埃及政治經濟隱患。

（二）就業結構

埃及的就業結構隨經濟結構變化。農業就業人員在勞動力人口中的佔比從 1960 年的 54% 下降到 1980 年的 42%，2016 年佔比降至 28%。工業就業人

1　https://data.worldbank.org.cn/indicator/SL.UEM.TOTL.ZS?locations=EG，訪問時間 2022-01-20。

2　Krafft, C., and R. Assaad,「Why the Unemployment Rate is a Misleading Indicator of Labor Market Health in Egypt」, *Policy Perspective*, No. 14. Cairo, Economic Research Forum, 2014, p.1.

3　Krafft, C., and R. Assaad,「The Structure and Evolution of Employment in Egypt: 1998-2012」, Working Paper No. 806, Cairo, Econimic Research Forum. p.2.

員在勞動力人口中的佔比從 1960 年的 10% 上升到 2016 年的 25%。服務業就業人員在勞動力人口中的佔比從 1960 年的 36% 上升到 2016 年的 47%，增長較為迅速。[1]

這樣的就業結構反映出埃及經濟發展中的兩個重要問題：工業化不充分和非正式部門就業人員數目龐大。從穆罕默德·阿里時期埃及就走上了工業化道路，納賽爾時期工業化曾一度被當作經濟發展和改革重要目標。但隨着 60 年代中後期政府財政失衡嚴重，無力繼續扶植民族工業，工業化被暫時擱淺。薩達特上台後，雖然鼓勵發展工業，希望通過「經濟開放」政策吸引外資和先進技術，但結果事與願違，便利的進出口貿易環境導致國內的消費品更加依賴進口，造成了埃及「去工業化」勢頭。歷史原因導致埃及對工業化道路淺嘗輒止。但服務業無法取代製造業成為經濟發展的根本動力，因為製造業具有更長的產業鏈，製造業的發展可以帶動上下游產業發展，對經濟的促進作用強於服務業。此外，埃及的服務業工作多數門檻較低，具有不穩定性，總體質量較差。貧困和自我雇用及在非正式部門就業關係緊密。勞動收入仍是絕對貧困人口或相對貧困人口的第一收入來源。勞動報酬是農村和城市窮人最重要的工作收入形式。因此，低質量服務業就業人員佔比高，而工業、製造業就業人員佔比低，反映了經濟的結構性問題。

二、貧困問題

在討論貧困問題前，必須要界定貧困線。按照《埃及：貧困問題（2008—2009）》，2009 年埃及極端貧困線為 1656 埃鎊 / 年，絕對貧困線為 2216 埃鎊 / 年，相對貧困線為 2806 埃鎊 / 年。[2]在這種標準下，21.6% 的埃及人處於「絕

---

1 Khalid Ikram, *The Political Economy of Reforms in Egypt: Issues and Policymaking since 1952*, The American University in Cairo Press, 2018, p.91.

2 *Arab Republic of Egypt: Poverty in Egypt 2008-2009: withstanding the Global Economic Crisis*, Washington, DC, World Bank, 2011, p.4.

對貧困」，6.7% 的埃及人處於「極端貧困」，19.2% 的埃及人處於「相對貧困」。

此前，埃及政府、世界銀行、智庫和獨立研究員，對 1959 年至 2000 年不同時期埃及的城市和農村貧困率做過調查，雖然每份調查都較為客觀地反映了埃及的貧困情況，但由於它們對貧困線界定不一，數據無法用於對比。埃及學者哈立德·艾克拉姆（خالد أكرم）以上述貧困線為基礎，通過不變價美元法，推算出 1982 年至 2015 年的埃及貧困率。

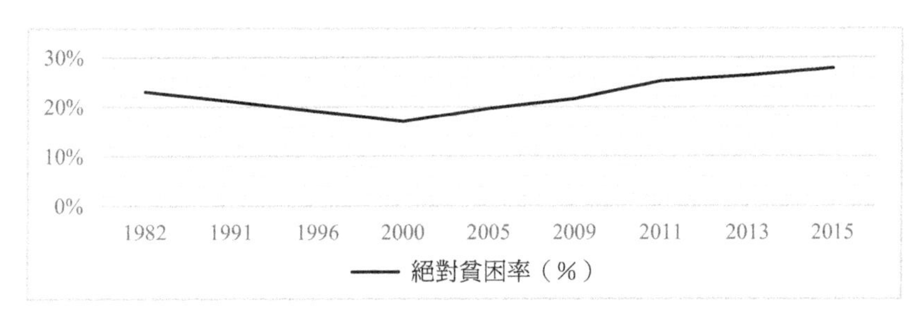

圖 1-7　埃及絕對貧困率發展趨勢

數據來源：*The Political Economy of Reforms in Egypt*[1]

總體而言，1982—2015 年埃及的貧困率有所增加。1982 年至 1991 年貧困率下降，此後開始快速上升。1982 年至 2015 年的貧困率由降轉升反映了國家經濟增長趨勢。因為 1981 年起國際油價下跌，加上埃及既有的外債和財政赤字，國家進入經濟寒冬。而 1991 年起，穆巴拉克順應世界銀行、國際貨幣基金組織的要求，開展了自由經濟改革，有效地減輕了國家的負債率，又獲得了大量的經濟援助、債務減免或重新安排，國家經濟恢復。2000 年以後經濟增速放緩，貧困率在 2005 年後又開始上升。

2005 年至 2009 年的貧困率上升主要受到經濟增速和經濟結構的雙重影響。從經濟形勢看，2004 年至 2008 年埃及經濟穩定增長，這使得很多貧困家庭能夠脫貧。從經濟結構看，更多的窮人沒有享受到經濟平穩較快增長的果實。因為私有化改革後，很多蓬勃發展的大型私企並未創造很多就業機會，

1　Khalid Ikram, *The Political Economy of Reforms in Egypt*, The American University Press, 2018, p.106.

且增長迅速的行業多數是窮人們無法參與的行業，如進出口貿易、房地產等行業。此外，金融危機和伊拉克戰爭等因素導致海外務工人員被遣返，失去實收。上述因素疊加影響了該時間段內的貧困率。

2008 年至 2009 年埃及國內通貨膨脹嚴重，以食品價格上升為驅動的消費者價格指數（CPI）上漲，綜合因素導致居民購買力下降，不少居民的收入甚至無法滿足基本食品需求，國家極端貧困發生率上升。2004—2009 年，消費者價格指數上升了 47%，食品價格指數上升了 64%。眾所周知，市場菜籃法是確定貧困線的傳統方法，食品價格在菜籃子中的比重為 74%。食品價格上漲導致城市極端貧困發生率上升了 10 個百分點。據統計，2009 年的貧困率從 2005 年的 19.6% 上升到 21.6%。據世界銀行估算，2009 年 510 萬埃及人無法承擔基本的食品消費開支[1]，與 2005 年比增長了一倍。2008—2009 年的金融危機導致了家庭失業率升高，據訪談調查，1/3 的受訪家庭在金融危機後處於極端貧困線之下。

2011 年埃及劇變爆發後，政局不穩導致 GDP 增速下降，隨之而來的是就業崗位減少。因為 GDP 每增長 1% 就能創造 100 萬左右的就業崗位，埃及如果想實現較為充分的就業，GDP 增速必須在 7% 以上，2000 年以後，僅 2007 年和 2008 年 GDP 增速超過 7%，分別為 7.1%、7.2%。2011 年後埃及全國失業人口率為 25.2%。世界銀行報告指出，官方數據顯示，按照極端貧困線計算，2013 年埃及貧困人口佔人口總數的 26.3%，約為 2200 萬人。[2]持續下行的經濟使得更多的人陷入極端貧困，2013 年埃及全國人口貧困率為 25.2%，2015 年增長到 27.8%，貧困人口達 2500 萬人。

貧困率背後暗藏風險。由於「貧困」的定義相對模糊，貧困線標準較多。很多家庭都處於貧困線邊緣，貧困標準微弱地改變都會將更多人推向貧困線

1 *Arab Republic of Egypt: Poverty in Egypt 2008-2009: withstanding the Global Economic Crisis*, Washington, DC, World Bank, 2011, pp. i-iii.

2 *Egypt: Promoting Poverty Reduction and Shared Prosperity: A Systematic Country Diagnostic*, Middle East and North Africa Region, Washington, DC, p.41.

之下。而突然發生的經濟危機很可能使埃及的貧困率大幅度上升。如 2009 年由於食品價格大幅攀升，幾個月內 2005 年至 2008 年由經濟快速增長而實現的減貧成績付諸東流。經濟快速增長是唯一可持續脫貧的道路。據世界銀行統計，2005—2008 年，儘管通貨膨脹率較高，但是多數家庭仍可借助經濟快速發展脫貧。[1]

埃及的貧困發生率在城鄉和區域間存在差異。從城鄉差異看，貧困更多發生在農村，目前有一半以上農村居民處於絕對貧困或相對貧困狀態。農村地區貧困原因主要是不佔有生產資料，尤其是耕地、農機和相關基礎設施與服務。離鄉務工人員的匯款是農村居民收入的重要來源。從區域差異看，上埃及的貧困發生率總高於下埃及。近些年，上埃及的城鎮貧困發生率明顯下降，而鄉村則改善不大。根據聯合國統計，上埃及鄉村的極端貧困人口佔全國極端貧困人口總數的 72%，絕對貧困人口佔全國絕對貧困人口總數的 56%，相對貧困人口佔全國相對貧困人口總數的 33%，然而該地區人口僅佔全國總人口的 27%。[2]埃及 1/3 貧困人口都來自上埃及的三個省份：明亞省、艾斯尤特省和索哈傑省。[3]

食品補貼是埃及提高人民生活質量、降低貧困率的有效手段。據世界銀行估測，如果沒有食品補貼，2005 年埃及貧困人口將增加 7%，2009 年貧困人口數會上升 1/3，比例從 22% 上升到 31%。事實上，1982—2016 年，埃及人民的生活水平狀況基本保持不變，貧困人口中，一般人始終貧困或近乎始終貧困，因此食品補貼能發揮兜底作用，保障始終貧困人口的生活。

---

1 *Arab Republic of Egypt: Poverty in Egypt 2008-2009: Withstanding the Global Economic Crisis*, Washington, DC, World Bank, 2011, pp.33-34.

2 *Arab Republic of Egypt: Poverty in Egypt 2008-2009: Withstanding the Global Economic Crisis*, Washington, DC, World Bank, 2011, p.4.

3 *Arab Republic of Egypt: Upper Egypt: Pathways to Shared Growth*, Washington, DC, World Bank, 2009, p.23.

本章小結

當代埃及的經濟面臨着巨大的結構性問題。從財政平和的角度看，埃及長期保持不小的財政赤字和外債。財政平和可從收入和支出兩個側面分析。在收入方面，國家始終沒有擺脫出口產品單一的桎梏，主要依賴石油、棉花出口，而附加價值較高製造業產品生產技術落後，無法滿足國際市場需求，埃及商品在國際市場的份額越來越少。出口收入是國家能直接控制的收入，出口表現不佳導致埃及主要的收入來源轉向旅遊收入、蘇伊士運河收費、僑匯收入和國際援助與貸款，但這些都極易受到政治和國際經濟形勢影響，使經濟陷入巨大的不穩定之中。在支出方面，支出的增長總是「勢不可當」，從第一個五年計劃的項目投資到幾次中東戰爭的開銷再到消費性開放後激增的進口支出，都頻頻讓國家入不敷出。另外還有日益擴大的公務員和國家企事業單位的工資支出和社會福利開支、糧食進口開支，這些開支牽連着國家政權的根基，是維護社會穩定的「社會契約」支出，很難削減。長期的財政失衡迫使政府通過國際舉債的方式填補資金缺口，外債數量不斷攀升。從經濟增長的引擎看，投資是經濟增長的重要動力，但國家為了儘量保持收支平衡、償付到期債務，只能擠壓投資支出，此外，還縮減了教育投入。但教育也是影響生產率的重要因素，勞動力素質差、受教育程度低導致全要素生產率低下，經濟增長緩慢問題在最後一章將詳細說明。

財政失衡、外債累積、經濟負增長形成了惡性循環。財政失衡導致外債不斷累加，而外債的存在迫使國家減少支出以償付，但國家縮減的恰恰是對經濟增長最為關鍵的有形資產和人力資源投資，這導致經濟增長引擎受損，償付愈發無力，赤字不斷擴大。如果不展開切實有效的經濟改革，那麼國家經濟很可能被拖垮。

綜上，改革是埃及擺脫經濟困境、修正經濟結構的重要途徑，也是促進當代埃及經濟發展的指引。不同時期的主要經濟政策就是針對當時或歷史遺留問題的改革政策，二者幾乎可以等同。當代埃及的經濟發展也是改革下的發展。

第二章

改革中的經濟發展

1952 年至 2016 年埃及共經歷了六任總統的執政，他們分別是納吉布、納賽爾、薩達特、穆巴拉克、穆爾希和塞西。除了執政時間較短的納吉布和穆爾希總統之外，其他每任總統都根據任期內的現實情況和特定的政治、經濟、社會目標展開了具有時代特色的經濟改革。每次經濟改革都意味着一次經濟的轉型和經濟制度的變遷。

第一節　納賽爾時期：國家資本主義經濟轉型

1952 年 7 月 22 日晚，自由軍官發動了「七月革命」，並於 23 日早晨控制了開羅和亞歷山大絕大多數重要部門，革命成功推翻了法魯克王朝對埃及的統治。早在 1952 年 9 月，即納賽爾掌握埃及政權之前，革命指導委員會就展開了以消除大地主階級為目的的土地革命。1954 年 3 月末，「革命委員會宣佈自己掌權，而且議會選舉不會舉行」[1]。同年 11 月，納賽爾剝奪了時任總統納吉布的政權，成為代理總統，進而在民族主義的激勵下，實施了一系列改革。

目前學界對納賽爾時期經濟制度的界定有兩種主流觀點：社會主義經濟和國家資本主義經濟。我們更傾向於國家資本主義經濟，該概念由列寧提出，指資本主義發展過程中隨着國家作用的不斷增強而產生的經濟制度。採用這種界定有三個原因。第一，改革不是在社會主義意識形態指導下開始的。1961 年前，國家未明確提出社會主義意識形態，改革的前半程沒有明確

1　[美] 詹森・湯普森：《埃及史》，296 頁，北京，商務印書館，2014。

的意識形態指導。「建立革命指導委員會的自由軍官們，他們沒有改革的意識形態，也沒有任何指導的『哲學思想』。領導政變的軍隊聲稱代表埃及人民，而不是代表某個黨派或某種意識形態」[1]。國家指導部長也強調，埃及人不是社會主義者，經濟只有在自由企業活動下才能繁榮。因此儘管土地改革、蘇伊士運河國有化、第一個五年計劃都具有較強的社會主義底色，但都早於1961年7月《社會主義宣言》(《1961年7月宣言》)的頒佈。第二，國家提出社會主義並非旨在指導經濟改革，而出於其他政治目的。1961年以後雖然國家經濟改革明確地出現了社會主義意識形態，但此舉也並非完全出於經濟原因，還旨在向蘇聯靠攏和對抗阿卜杜勒·哈利姆·阿米爾（عبد الحليم عامر）勢力集團。1967年政治對手被打倒後，社會主義改革措施隨即止步。第三，改革的出發點和歸宿都是實現國家對經濟的控制，但未完成社會主義經濟改造。納賽爾時期經濟改革的出發點之一就是削弱大地主階級、大資產階級等阻礙新政權建立的階級勢力，並控制國家經濟，以此建立並鞏固政權。《社會主義宣言》頒佈後，經濟改革的主要制度安排是國有化和沒收資產，以此界定和明晰政府對境內資產的產權，這仍是國家加強對經濟的控制，改革的出發點始終沒變。但從社會主義的提出到1967年改革止步，時長不到5年，不足以將埃及經濟改造為社會主義經濟，而事實也如此。綜上，本書傾向於使用「國家資本主義」界定納賽爾時期的經濟改革，因為改革的初衷和歸宿是加強國家對境內資產的控制，而社會主義意識形態是改革使用的手段，以促進改革制度安排被強化。納賽爾也曾指出：「社會主義不僅僅是國有化工廠，而是讓政治權利服務勞動人民。」[2]因此，國有化改革等，無法反映社會主義經濟。此外，伊斯瑪夷·薩博里·阿蔔杜拉（إسماعيل صبري عبد الله）也指出，「有一些國家，政權仍被國家資產階級（البرجوازية الوطنية）獨佔。這樣的國家也有公共部門、經濟計劃、國家指導經濟發展，但經濟體系內絕大多數的生產資

1　Hopwood, D., *Egypt: Politics and Society*, 1945-1990, London, HarperCollins, 1991, p.38.

2　إسماعيل صبري عبد الله، ثورة يوليو\ تموز والتنمية المستقلة، ((ثورة 23 يوليو\ تموز: قضايا الحاضر وتحديات المستقبل))، القاهرة، دار المستقبل العربي، عام 2009، ص 262.

料都是資本主義所有制。這就是所謂的『國家資本主義』，但這些國家的國家資本主義在發展經濟、擺脫經濟附庸和落後上發揮了巨大作用」[1]。

納齊赫・納綏夫・艾尤比（نزيه الأيوبي）將這一時期的埃及稱為「沒有社會主義者的社會主義」國家，因為「經理和技術官僚因社會主義而與眾不同，但之後卻否定社會主義，並支持經濟開放，期望改革帶領他們進一步走向資本主義」[2]。納賽爾時期的經濟制度是國家資本主義，即「雇主和處於上等階層的國家官員構成一個階級，他們本身不掌握生產資料，所以無法創造剩餘價值。但是在他們的經濟行為中，國家按照資本主義行事，如投資收益最大化，這樣無法避免剝削」[3]。

一、農業改革

納賽爾執政後便開始進行經濟改革，最先展開的改革是土地改革，目的是加強國家對農業和土地的控制。雖然土地改革有助於土地分配更加均等，但是「土地改革法的分配目標是重要的，也是次要的」[4]。其更加核心的目的是打倒反對自由軍官統治的利益集團——大地主階級並獲得農民階級的支持，以鞏固革命果實；並將農業資產向工業轉移，以建立強大的民族工業，因為「工業規劃確實需要儘可能地將資源集中到國家手中」[5]。最終，國家通過消除地主階級與再分配土地、建立農村合作社與集中管理生產資料，實現對土地的控制。

---

1 إسماعيل صبري عبد الله، ثورة يوليو\ تموز والتنمية المستقلة، ((ثورة 23 يوليو\ تموز: قضايا الحاضر وتحديات المستقبل))، القاهرة، دار المستقبل العربي، عام 2009، ص 263-262.

2 نزيه نصيف الأيوبي، ((الدولة المركزية في مصر))، بيروت، مركز دواسات الوحدة المربية، عام 1989، ص 104.

3 John Waterbury, *The Egypt of Nasser and Sadat: The Political Economy of Two Regimes*, Princeton Univ Press, 1983, p.17.

4 Khalid Ikram, *The Political Economy of Reforms in Egypt, Issue and Policymaking since 1952*, Cairo, American University in Cairo Press, 2018, p.146.

5 إسماعيل صبري عبد الله، ثورة يوليو\ تموز والتنمية المستقلة، ((ثورة 23 يوليو\ تموز: قضايا الحاضر وتحديات المستقبل))، القاهرة، دار المستقبل العربي، عام 2009، ص 260.

（一）耕地再分配

1952 年 9 月 7 日革命指導委員會頒佈了《土地改革法》（الإصلاح الزراعي قانون）。「《土地改革法》根本目標是通過土地再分配，實現最低程度的社會公正，在政治和社會上削弱大地主勢力。」[1]第一版《土地改革法》規定：每人擁有土地的最高限額為 200 費丹（1 費丹 ≈5.29 平方米），土地所有者可以將 100 費丹土地轉移至其子女名下，每個子女最多可擁有 50 費丹土地；超出部分將由政府統一分配給擁有土地小於 5 費丹的貧農。1961 年 7 月修訂後的《土地改革法》規定，每人擁有土地的上限為 100 費丹。1969 年 8 月再次修訂後的《土地改革法》規定，每人擁有土地的上限為 50 費丹。此外，法律還包含了對承租農有利的條款，如要求租賃雙方必須存在書面租約；土地只能租賃給本人耕作的農民；最小租期從 1 年提高至 3 年；土地租金最多不超過土地稅的 7 倍等。

革命指導委員會在革命勝利後兩個月就急於展開土地改革，其政治目的是鮮明的。因為 1952 年改革前，「不足 1% 的大地主擁有埃及 34% 的耕地；而近 95% 的農民僅持有 35% 的埃及田地」[2]。這些大地主階級多為政要，在原則上反對自由軍官運動。土地改革以平分土地為契機，試圖讓貧農階級參與革命，與自由軍官組織一起打倒法魯克王朝的殘餘政要。通過下表 1952 年和 1961 年農村各階層土地佔有情況對比可知，改革對農村中產階級幾乎沒有影響，但對貧農階級和大地主階級影響很大。貧農階級擁有的土地面積在總耕地面積中的佔比從 35.4% 提高到 52.1%, 大地主階級的土地佔有率從 33.1% 驟降到 15.3%。貧民階級獲得了實惠，而大地主階級的經濟實力被大大削弱，足見改革的政治意圖。

1 مصطفى الجبلي، ثورة يوليو\ تموز والتنمية الزراعية، ((ثورة 23 يوليو\ تموز: قضايا الحاضر وتحديات المستقبل))، القاهرة، دار المستقبل العربي، عام 2009، ص 363.

2 Robert Mabro, *The Egyptian Economy, 1952-1972*. Oxford, Oxford University Press, 1974, p.61.

表 2-1　1952 年埃及農村各階層土地佔有情況[1]

階層（按擁有土地面積）	0~5 費丹	6~10 費丹	11~50 費丹	51 費丹以上
在農村總人口中的比例	94.3%	2.8%	2.5%	0.4%
在總耕地面積中的比例	36.4%	8.7%	21.8%	33.1%

表 2-2　1961 年埃及農村各階層土地佔有情況[2]

階層（按擁有土地面積）	0~5 費丹	6~10 費丹	11~50 費丹	51 費丹以上
在農村總人口中的比例	94.1%	2.6%	2.9%	0.4%
在總耕地面積中的比例	52.1%	8.6%	24.0%	15.3%

截至 1964 年，94% 的農民擁有了 55% 的土地，而最頂端的 0.3% 的地主所持有的土地下降到 13%。1952 年前那些擁有 20% 土地的大地產擁有者全部消失了。據統計限制租賃價格的法律出台後，大地主們的租賃收入降到了之前的 1/6。經濟上的弱勢使得大地主階級在政治上也變弱。土地改革既是一個政治改革又是一個經濟改革，它的政治成績斐然，「改革讓自由軍官組織第一次與農民階級聯繫在一起」[3]。它將自由軍官運動從一場單純的政變轉變成一場真正的革命。

土地改革就像是「打着經濟改革旗號的政治改革」，從結果來看，其政治目標——打倒大地主階級，爭取貧農階級——實現了；但改善貧農民生、將農業資產向工業轉移的經濟目標卻沒有實現。據瓦特巴利（Waterbury）估算，改革僅涉及了 16% 的埃及耕地，將 13% 的土地分配給 10% 的家庭，「埃及的改革對收入分配的改善有限」[4]。此外，平均分配土地的目標本身就沒有實現，

1 數據來源：John Waterbury, *The Egypt of Nasser and Sadat: The Political Economy of Two Regimes*, Princeton Univ Press, 1983, p.268.

2 數據來源：John Waterbury, *The Egypt of Nasser and Sadat: The Political Economy of Two Regimes*, Princeton Univ Press, 1983, p.268.

3 Vatikiotis, P. J., *The Egyptian Army in Politics*, Bloomington, Indiana University Press, 1961, p.75.

4 Raymond William Baker, *Egypt's uncertain Revolution under Nasser and Sadat*, Cambridge, MA, Harvard University Press, 1978, p.205.

按照 1969 年埃及的人口數量平均分配後，人均耕地面積約為 1.8 費丹，無法滿足農戶生活需求。另外，土地改革阻礙了農業資本向工業轉移，因為據統計，那些被打倒的、擁有 50% 土地的 12000 戶大地主階級中，有 11000 戶擁有 40% 的公私合營製造業企業。也就是說，工業企業家多數是大地主階級，他們通過土地收入向工業投資。因此，土地改革切斷了他們用於投資工業的資金來源。「他們害怕國家也會沒收他們的產業」[1]，所以他們將資金轉投到高檔房地產行業。據統計，被轉移的 4500 萬埃鎊農業資本僅有 600 萬轉移到了工業，其餘的都轉移到了房地產行業。[2]農業改革實際上阻礙了埃及的工業化進程。

（二）建立農村合作社

事實上，20 世紀初農村合作社思想在埃及就廣為人知，並被實踐。國家曾頒佈 1944 年 58 號法，以立法的形式保障這一制度。自由軍官在《土地改革法》的第二章中「重申 1944 年 58 號法有效，規定獲地小農和佔地不足 5 費丹的農民須加入政府新建的合作社，合作社事務由社會事務部部長委任官員進行監管」[3]。農村合作社的建立是對土地改革的深化，革命指導委員會已經通過平分土地的政策打倒了大地主階級，且初步爭取了貧農階級。建立農村合作社與集中管理生產資料的目的在於通過強制手段控制、約束農民行為，並從農業部門攫取資產，補貼工業。

農村合作社集中控制農業生產所需的種子、化肥、殺蟲劑、農機、農業貸款等生產要素。農民必須成為合作社成員才能獲得上述生產要素。但他們也必須遵守一定的規則，如按照政府要求種植一定規模的指定作物（如棉花），低於市場價格向政府出售。政府以市場價賣出採購作物，並利用自身的

1　Issawi, C., *Egypt in Revolution: An Economic Analysis*, London, Oxford University Press for the Royal Institute of International Affairs, 1963, p.163.

2　Farah, N. R., *Egypt's Political Economy*, Cairo, American University in Cairo Press, 2009, p.31.

3　王志華:《中外比較視域下埃及農業合作社的百年嬗變(1910—2011 年)》,載《農業世界》2018(6)。

進口壟斷權購買生產資料，分配或租賃給農民使用。

如果說平分土地是通過直接激勵的方式讓農民服從國家的改革，那麼農村合作社制度是在激勵不足或無效的狀態下，通過強制手段迫使農民服從國家安排。該制度使得政府能夠隱形地徵收大量農業稅，達到以農養工的目的。同時，該制度也是埃及固定價格機制的開端。

給予農民一定量的土地和必要的生產資料，使部分農民的生活水平大幅提高，政府有效地爭取到農民階級支持革命。當代埃及首任總統穆罕默德・納吉布（محمد نجيب）曾這樣評價該舉措：「有土地的農民就是在必要時刻甚至能夠用生命捍衛他們土地的人。而沒有地的農民和有地的農民的區別就是『兩條腿的動物』和人的區別。這些年來，很多埃及農民都淪為『兩條腿的動物』，而振興埃及需要依靠人，土地改革正是幫我們創造『人』。」[1]

二、國有化改革

埃及政府通過對外資企業和國內私營企業國有化的手段實現對國內資本的控制。對埃及境內的外資和私營企業的國有化實施經濟改革政策，其動力是政治，目標是服務國家現代化工業的建設。

（一）外資企業國有化

外資企業國有化是由政治衝突演變而來的經濟改革，旨在將埃及境內的英、法等國企業通過股權收購的方式國有化，其中最重要的是蘇伊士運河集團。

蘇伊士運河集團的國有化僅為開端，根據 1957 年 1 月第 22、23、24 號法，埃及政府國有化所有外資銀行、保險公司、商業公司和外貿公司；英國巴克萊銀行、法國里昂信貸銀行等 9 所銀行被埃及國有銀行收購；近 200 個

1 Muhammad Naguib, *Egypt's Destiny: A personal Statement*, New York, Doubleday, 1955, p.148.

外資保險公司被埃及 3 個新成立的保險公司收購；其他的英法資產則被埃及新成立的國有集團經濟組織控制。被國有化的外商資質總額難以評估，因為在最終的賠償協議中，資產的價值被低估了。「埃及同意就蘇伊士運河集團向法國賠償 2700 萬埃鎊，就資產國有化向英國賠償 2500 萬埃鎊。」[1]但國有化的實際外資價值遠高於此。

外資國有化是納賽爾時期埃及的重要經濟改革政策之一，但外資國有化的直接原因卻是政治的，因此它是一場由政治衝突演變而來的經濟改革。從結果看，它使得埃及進一步擺脫了英法的經濟殖民，埃及的國有資產存量也因此增加；但巨大的對外賠款使得埃及外匯長期不足，導致埃及日後的經濟發展反復受到外匯不足的限制。

（二）私營企業國有化

私營企業國有化是納賽爾時期的重要經濟改革政策，但其直接原因也是政治的，即保障中央經濟計劃實施。國有化的目的是更好地動員國內投資，將其引導向工業，尤其是重工業。

1956 年埃及工業部成立，其存在的目的就是設法接管私有部門，從而推動工業發展。1957 年第一任工業部部長阿齊茲・綏德基（عزيز صدقي）制訂了一個五年工業計劃，起初他將希望寄託在私有部門之上，工業計劃總投資額為 1.14 億埃鎊，其中 79% 來自私有部門投資。隨後綏德基意識到私有部門不會在國家亟須發展的重工業上投資。原因有二：一是重工業所需要的投資相對較高，對私有部門來說負擔較大；二是重工業行業中的絕大多數企業為國有企業，私營企業沒有競爭優勢，不易盈利。1958 年 12 月，納賽爾將五年工業計劃壓縮為三年，而重工業所需的投資更容易被政府動員。1960 年政府開始制訂首個五年計劃，廣泛的中央經濟計劃再次要求政府重新審視公有部門和私營部門的關係，限制私有部門能夠減少計劃實施的阻力。因此，1961 年

1　John Waterbury, *The Egypt of Nasser and Sadat, Princeton*, Princeton University Press, 1983, pp.68-69.

起大規模國有化在埃及展開，「其中最重要的是 1961 年 7 月、1963 年 8 月和 1964 年 3 月的三次國有化運動」[1]。

1961 年 7 月起，政府出台了第 117、118、119 號法，將相當一部分非農業部門經濟收歸國有。1961 年第 117 號法規定國有化所有現存的私有銀行、保險公司、50 家船舶公司、重工業和基礎工業企業。國有化通過股權轉讓的方式完成，這些公司和企業的股權變成了 15 年到期、利率 4% 的政府債券。1961 年第 118 號法規定另 83 家公司向國有企業出售 50% 及以上股份。1961 年第 118 號法涉及 147 個中型企業，規定國家將收購超過一萬埃鎊股權股東的全部股權；國家通過該法收購了這些企業 62% 的股份。同時，國有化還涉及部分私有外貿企業，如亞歷山大棉花出口公司等，使得外貿成為國家壟斷行業。「受到 117 至 119 號法影響的私有企業股價總市值約為 2.58 億埃鎊，其中國家收購額為 1.24 億埃鎊。」[2]1961 年後，國有化範圍擴大，制藥業和建築業也納入了國有化範圍。1963—1964 年，大多數私人手中的股份轉移到政府手中。

埃及境內的私營企業國有化是政治和經濟目標相互交織產生的，國有化的目的是納賽爾加速推進工業化，以便動員資本流向工業部門。但政策實施過程中，摻雜了打擊大企業家、非埃、非穆斯林企業家的政治目標。改革的經濟和政治目標都較好地實現了，但制度不利於長期的經濟發展。一方面，經濟治理經驗不足的年輕埃及政府接管具有豐富管理經驗的私有企業；另一方面，「『埃及化』和公有部門擴展導致忽視了常規性工業升級，更不用說擴建和投資新工程」[3]；這兩方面因素都影響了經濟效率。「1967—1971 年，工業產值平均增長 3.2%，1968 年呈負增長」[4]，相較於 1960—1964 年 8.5% 的增長率，工業生產增長速度下降了不少。政策的外部性也影響了埃及未來的經濟發展。

---

1 إسماعيل صبري عبد الله، ثورة يوليو\ تموز والتنمية المستقلة، ((ثورة 23 يوليو\ تموز: قضايا الحاضر وتحديات المستقبل))، القاهرة، دار المستقبل العربي، عام 2009، ص 260.

2 Issawi, Charles, *Egypt in Revolution: An economic Analysis*, London, Oxford University Press, 1963, p.60.

3 إسماعيل صبري عبد الله، ثورة يوليو\ تموز والتنمية المستقلة، ((ثورة 23 يوليو\ تموز: قضايا الحاضر وتحديات المستقبل))، القاهرة، دار المستقبل العربي، عام 2009، ص 259.

4 楊灝城，江淳：《納賽爾和薩達特時代的埃及》，北京，商務印書館，1997，109 頁。

三、加速工業化

早在七月革命當年，國家就通過了 1952 年第 213 號法令建立了國家生產發展常設委員會（PCDNP），旨在研究投資項目，統籌國家經濟發展。該委員會地位很高，直屬於內閣，受總理直接領導。該委員會致力於經濟轉型，引導投資進入資本品、中間產品產業；促進建設新的石油精煉廠；推動新工業，如橡膠、鋼鐵等產業發展；加速推進發電站建設等。國家主導經濟發展的目的就是為了將資本向工業領域流轉，從而實現現代化工業改革。

「國有化是納賽爾總統建立其權力的行動。」[1] 他的目的是打倒反對集團，將更多的權力轉移到自己手中。埃及的國有化和集權管理也可以使埃及完成納賽爾希望的那種工業化。建立工業化強國的政治理念對埃及經濟產生了深遠影響，直到 21 世紀，這種理念仍影響着公有制工業部門。

（一）發展民族工業

鑒於持續增長的人口和土地之間的矛盾不斷升級，農業部門無法保障經濟快速發展並提供足夠的就業崗位，因此埃及必須盡快完成工業化，為了獲得足夠的國際競爭力，政府也必須將已有的工業進行現代化更新。在革命政府的眼中，「現代化工業」很大程度上意味着重工業。既然私有部門拒絕發展現代化工業，那麼公有部門將接手私有部門的大型企業發展重工業，現代工業化改革就是阿拉伯社會主義改革的開端。

發展民族工業是國家主導經濟發展的重要體現，從自由軍官執政伊始，政府就在為此做鋪墊，土地改革和國有化改革為其鋪平道路。1957 年埃及政府建立了國家計劃委員會和工業部。同年委員會聘請了本國和外國專家共同起草經濟社會發展的長期規劃。1957 年夏天，工業部制訂了第一個五年工業

1　Robert Mabro, Smir Radwan, *The Industrialization of Egypt 1939–1973: Policy and Performance*, New York, Oxford University Press, 1976, p.128.

計劃，旨在擴大進口替代工業。「計劃投資 33000 萬鎊，61% 由國家撥款，39% 由私人承擔。新建項目 502 個，其中製造業（主要是化工、食品、工程和紡織業）有 456 個，石油業 14 個，採礦業 14 個，訓練中心 18 個。」[1]此外，第一個五年計劃也涉及了工業發展的相關內容。根據第一個五年計劃，工業投資 44470 萬鎊，「投資重點在石油、化工和醫藥業，其次是工程、冶金、紡織和採礦業。計劃完成 230 個項目」[2]。20 世紀 60 年代公有化改革完成後，隨着國有工業部門的發展與壯大，國企工人的福利制度相伴而生。國有企業逐漸成為埃及政府向工人提供福利以增加社會公平性的保障行業。工業部門是吸納就業和發放福利的主體，福利政策又能有效調動工人們的工作積極性，並使其服從政府治理。

在實際經濟增長率面前，工業化取得的其他成就都顯得黯然失色。國家過於樂觀地估計了進口替代工業設施的成本回收周期，導致在工業計劃的實施過程中出現了嚴重的失誤，那就是消費大於累積。據估測，1965 年埃及工業可以回收全部的進口成本並產生四千萬埃鎊（在 GDP 中佔比 2%）的利潤，但事實上，1965 年工業設施沒能收回成本，反而保持着 7600 萬埃鎊赤字（在 GDP 中佔比 4%）[3]。讓問題更加棘手的是，經濟效益不佳，政府只得動用其他財政預算同時彌補工業部門的損失和社會福利的缺口。在這種情況下，為了保持社會福利，政府只能擴大國內和國際收支赤字，經濟增速由於投資不足放緩，埃及對國外壓力的抵禦能力愈發不足。

（二）發展工業配套設施

修建阿斯旺大壩雖然出於農業目的，但實際上阿斯旺大壩服務於工業，是重要的工業配套設施。

大壩一期的建設旨在擴大埃及可耕種土地的面積，因為政府既然可以從

1 楊灝城、江淳：《納賽爾和薩達特時代的埃及》，103 頁，北京，商務印書館，1997。
2 楊灝城、江淳：《納賽爾和薩達特時代的埃及》，109 頁，北京，商務印書館，1997。
3 الدسوقي عاصم أحمد، نحو فهم تاريخ مصر الاقتصادي الاجتماعي، القاهرة، دار الكتاب الجامعي، عام 1981، ص 172.

可耕種土地中攫取資本，即隱性的農業稅，那麼擴大耕地面積則可以擴大稅收。從另一個角度講，擴大耕地面積也是使更多人分得土地，解決不斷增長的埃及人口的溫飽問題的必然要求。1958 年大壩建設前，由於水源問題，國家無法有效利用其能夠控制的土地，當時由國家控制的耕地面積為 7.7 萬費丹；1960—1965 年大壩建設期間，由國家控制的可耕土地面積為 60 萬費丹，幾乎相當於埃及總耕地面積的 1/10。1972 年大壩建成後，由政府控制的可耕種土地達 92 萬費丹。

大壩工程的二期是建造一座裝機量 100 億千瓦的水電站，旨在為發展埃及製造業提供廉價的電能。阿斯旺大壩發電站在工業發展中的作用是巨大的。1950 年中期在阿斯旺建造的基瑪（kima）化肥廠幾乎消耗了老阿斯旺大壩全部的發電量，電力成為工業化發展的桎梏。大壩發電站建成後，被擱置的哈勒旺（Helwan）電解鋁廠項目也開始重啟，該工廠的年均鋁產量可達 30 萬噸。它的落成一方面可以有效利用阿斯旺地區的礦產；另一方面可以給進口的可樂製作鋁罐。由於基瑪化肥廠和哈勒旺電解鋁廠等進口替代工業項目多為國有資本和外商資本合營的企業，「大壩對進口替代工業化的成功十分關鍵，因為通過它，國家取代了私營部門，創造了關鍵的『後向關聯』」[1]。即國家可以向進口替代工業提供部分原料，從而降低總投入和生產成本，保證產業的資金鏈更加安全，也削減了工業品售價。

「阿斯旺大壩象徵了理性管理資源，國家主權與威嚴，國家通過技術手段在解決社會經濟困境中發揮主導作用。」[2]但大壩也給埃及帶來了沉重的債務負擔，是埃及日後債務危機的誘因之一。籌建大壩引發了埃及歷史上著名的「蘇伊士運河戰爭」，導致埃及轉換了國際陣營，縮小了其外交迴旋餘地。因此也有人質疑它是否是解決儲水問題的最佳選擇。阿斯旺大壩服務了耕地擴張的經濟目的，但與它給埃及未來帶來的改變和不定因素相比，它更像是政

1　John Waterbury, *The Egypt of Nasser and Sadat*, Princeton, Princeton University Press, 1983, p.66.

2　John Waterbury, *The Egypt of Nasser and Sadat*, Princeton, Princeton University Press, 1983, p.64.

治的象徵，而不是純粹的經濟改革項目，因為它消耗了國家大量外匯，削弱了埃及進口技術和原料進口能力，阻礙了經濟發展。但即便如此，政府仍堅持完成該項目以彰顯其政治意義。在埃及的歷史上，當政治和經濟目標相互競爭時，經濟往往屈從於政治，正如著名經濟學家托馬斯·索維爾（Thomas Sowell）所言：「經濟學的第一課是稀缺性，即我們沒有足夠的資源來完全滿足所有人的願望。而政治學的第一課，是無視經濟學的第一課。」[1]

1970 年納賽爾時期結束時，國家的經濟狀況已經無法支持其國內和國際抱負。埃及不能再繼續與以色列無休止的戰爭，也不能再繼續對抗沙特的也門戰爭，因為沙特是埃及潛在的經濟援助國。埃及需要放棄成為不結盟組織國家的首領，領導非洲國家反殖民運動的想法，更不能一邊與資金充沛、技術發達的國際金融機構和資本主義國家為敵，一邊又大力推廣就業保障、免費醫療與教育和養老金等福利制度。「20 世紀 60 年代開始，非洲國家相繼獨立，世界颳起了改變非洲的風潮；到了 70 年代，非洲夢變成了非洲的悲傷，埃及退出了塑造歷史的進程……」[2]納賽爾時期的經濟改革目標過於宏大，超出了國家當時的經濟能力，國家經濟狀況無法支撐改革所需的投資，因此戰爭的消耗和經濟改革的投入使埃及陷入了赤字和外債的困境。納賽爾的繼任者需要改變經濟改革思路，使國家擺脫之前的困境。

第二節　薩達特時期：混合經濟轉型

由於埃及的經濟危機，薩達特希望通過打破阿拉伯—以色列僵局的方式吸引美國的注意，從而獲得經濟援助。薩達特認為，如果 1972 年尼克松和勃列日涅夫的會見結果良好，那麼阿以衝突問題很可能被暫時擱置，埃及也失

1 https://www.brainyquote.com/quotes/thomas_sowell_371242，訪問時間 2022-01-20。

2 محمد حسنين هيكل، ((مبارك وزمانه: ماذا جرى في مصر ولها؟))، القاهرة، دار الشروق، عام 2013، ص 273.

去了其在美蘇中東政策中的地緣戰略意義。這與薩達特依靠美國的援助使埃及擺脫經濟危機的設想不符，他認為「俄羅斯人只能給你武器，只有美國才能給你一個解決方案」[1]。他巧妙地利用了十月戰爭實現這一目的，「用引起足夠危機的戰火告訴美國，區域問題懸而不決是極其危險的」[2]。十月戰爭後，埃及通過向美國展示自己的地緣戰略意義，吸引美國同埃及合作實施經濟開放政策，並走上西方資本主義國家指導下的改革之路。

混合經濟改革就是減少政府對經濟的干預，讓埃及經濟向更加自由化的方向發展的改革，是國家資本主義經濟向自由經濟轉型的中間狀態，即該時期的經濟中，自由主義的成分比納賽爾時期更多。經濟開放政策是推動混合經濟改革的主要政策，於 1973 年在《十月宣言》中被提出，1974 年 5 月由人民議會通過。根據經濟開放政策，混合經濟改革包括去國有化、引進外資和促進私有制經濟發展三個重點。其目的是減少政府對國民經濟的控制，並讓私有制經濟和外資與公有制經濟一同成為國民經濟增長的動力。

一、去國有化

「去國有化」不是「私有化」，而是減少政府在國民經濟中發揮的作用。一方面，政府通過鼓勵私人資本和外商資本入股國有制企業的方式，將國有制企業轉化為混合所有制企業，從而降低國有經濟在國民經濟的比例。另一方面，政府通過削減民生補貼的方式減少政府的經濟職能。

（一）國有企業改革

1975 年國家頒佈了第 111 號法，要求企業嚴格秉持注重經營效益的原則，要想實現這一目的，就要讓企業的自主權最大化，因此國家決定撤銷管

1　Douglas A. Phillips, *America's Role in A Changing World*, New York, Chelsea House, 2010, p.56.

2　Kandil Haleem, *Soldiers, Spies, and Statesmen: Egypt's Road to Revolt*, London, Verso, 2012, p.129.

理 300 個國有企業的 35 個行業管理組織。1980 年起內閣通過決議，將企業的預算從國家預算中分離，但國家仍負責填補企業預算不足部分。與此同時，國家要求企業通過金融渠道籌措投資資金，也就是從 1978 年成立、1980 年投入運營的國家投資銀行獲得貸款。國家投資銀行幾乎接手了原行業管理組織的所有職能，如根據計劃向國企發放貸款，動員國內資產，簽訂國外貸款，同時國家投資銀行在能夠保證持續資本收益的經濟原則下與企業合作。因此，如果國企不能證明其投資的可行性或者其償債能力，將無法得到貸款。

然而這樣的措施並沒有真正地放鬆國家對國有企業的管理，主要原因有兩個。第一，儘管實施了改革，但棉花、電力等生產要素仍由國家定價，化肥、肥皂、火柴等產品仍按國家定價出售；同樣地，一些重點戰略性企業，如哈勒瓦鋼鐵公司等，也不用接受國家投資銀行管理。因此這樣的改革還遠不足以讓國企走向市場化運營。第二，政策並沒有真正增加國企的自主權，因為長期管理國企的部委出於對自身利益的考慮，不願讓國企真正「自由化」。1977 年工業部部長以撒・沙辛（عيسى الشحي）下發文件解聘了 73 所直屬企業的 21 名董事會主席和 95 名委員，其中包括高管，如基瑪化肥集團董事長塔哈・紮基（طه زكي），「解聘原因不明，僅能解釋為出於個人為加強對企業和勢力範圍的控制」[1]。此外，國家投資銀行也是由經濟部長阿卜杜勒・馬吉德・阿卜杜勒・拉紮格（عبد المجيد عبد الرزاق）創建，由規劃部管理，國企的發展戰略仍然掌握在部委手中。雖然政府給予國企更多自主權，但其在較大程度上仍受到政府的干預，因此薩達特時期的自由化被稱為「被控制的自由化」。

（二）消費補貼改革

1974 年世界銀行改善了同埃及政府的關係，並通過其軟貸款附屬機

1 John Waterbury, *The Egypt of Nasser and Sadat*, Princeton, Princeton University Press, 1983, p.120.

構——國際開發協會向埃及提供優惠貸款。貸款沒有利息，僅有 0.75% 的管理費；借款期為 40 年，且有 10 年寬限期；綜合而言，贈予成分佔 88%。世界銀行的貸款 80% 集中在項目上，如農業、水利、交通、教育、衞生等，但條件是國家必須有能力償還貸款。如果無法保證收支平衡，貸款就無法償還，世界銀行就絕不會放貸。世界銀行的業務聚焦於實體經濟，而國家宏觀經濟問題則由世界貨幣基金組織（國際貨幣基金組織）管理。從 20 世紀 70 年代初開始，埃及財政預算中的赤字巨大，預算由三方面組成：軍費、工資與退休金、消費補助。由於前兩者不可觸及，世界貨幣基金組織要求埃及削減佔預算總額 25% 的消費補貼，以此作為放貸條件。1977 年 1 月 17 日政府公佈預算，消費補貼削減，消費商品價格上漲。據統計，大米價格上漲 16%，汽油價格上漲升 31%，煙草價格上漲 12%，家用瓦斯價格上漲 46%，糖價格上漲 3.3%。「補貼削減導致一般收入人群生活成本提高 15%。」[1]群眾的反應迅速而凶猛，埃及人民於 1977 年 1 月 18、19 日發動了「麵包革命」，暴動「規模之大，來勢之猛，是 1919 年反英起義以來所未有的」[2]。

「麵包革命」是納賽爾時期以來埃及發生的第一場革命，也是國際貨幣基金組織改革方案失敗的表現。但這也是埃及第一次真正意義上將經濟目的淩駕於政治目的之上的改革。本次改革的失敗歸因於步伐過大，且國際貨幣基金組織的改革方案不合理。埃及政府由於政治上的不作為，如消極維護政治穩定，不願削減補貼，不願給公務員和國企員工降薪，也不願自己提出更為可行的方案，僅無限期拖延改革，錯失了修正改革方案的最佳時機。最終 1976 年經濟狀況惡化後，埃及政府儘管預料到了國際貨幣基金組織的改革方案可能會引發社會動盪，但仍被迫匆忙執行，因為改革是從國際貨幣基金組織獲得貸款的必要條件。改革最終還是引發了「麵包革命」。

1　Mark N. Cooper, *The Transformation of Egypt*, Baltimore, MD, Johns Hopkins University Press, 1982, p.236.

2　楊灝城、江淳:《納賽爾和薩達特時代的埃及》，408 頁，北京，商務印書館，1997。

二、引進外資

1974 年內閣通過了 1974 年第 43 號《外商投資法》，標誌着經濟開放政策獲得了立法層面的保障。吸引外資是經濟開放政策中最重要的一個環節，阿卜杜勒．阿齊茲．西賈茲（عبد العزيز حجازي）指出「經濟開放政策與其說是未來自由經濟的規劃藍圖，不如說是一個投資促進項目」[1]。世界銀行也認為埃及政府在經濟開放政策中過度依靠國外資源而忽略了提高國內生產率。

1974 年第 43 號法指出了優先考慮的投資項目主要是「生產出口商品或進口替代品、發展旅遊業以及需要先進技術的項目」[2]。法律取消了 1962 年起對外商投資的領域限制，外商可以從基礎材料、礦業、化工、紡織業等從前被工業制經濟壟斷的行業中盈利；法律首次向外商開放了銀行領域。外商投資項目被劃分成兩類，一類是一般地區項目，另一類是自貿區項目，後者無須納稅，但每年需要繳納產品總額 1% 的年金。1977 年第 32 號法規定外資企業可按當時最高匯率將離岸利潤匯回本國。外資企業可以埃鎊購買外匯，可在埃及境內通過銷售產品獲得外匯，可在「平行外匯市場（parallel exchange market）」購買外匯。第 32 號法還擴大了允許投資的領域，海外資本可以在埃及境內所有領域投資。

根據法律規定，外商必須通過合資的方式參與企業經營，最多持有 49% 的股權，其餘部分由埃及合作夥伴持有，但無論其合作夥伴是國企還是私企，合資企業都被定性為私企。這樣的好處在於，合資企業不用接受勞動法的約束，不用像國有企業那樣執行利潤分配和工資上限的限制。由於外資企業實力雄厚，且合資企業待遇好，很多埃及民族工業企業樂於與外資企業組成合資企業。如米其林輪胎和固特異輪胎紛紛想通過合資的方式進入埃及市場，於是分別和埃及納賽爾輪胎公司組成合資公司，並在市場上展開競爭，

---

1 Khalid Ikram, *The Political Economy of Reforms in Egypt*, Issue and Policymaking since 1952, Cairo, American University in Cairo Press, 2018, p.214.

2 حسين عادل، الاقتصاد المصري من الاستقلال إلى التبعية، 1974-1979، القاهرة، دار المستقبل العربي. عام 1982، ص 36.

而納賽爾輪胎公司則名存實亡。納賽爾汽車公司分別和菲亞特公司、福特公司、卡特彼勒公司合資成立了汽車公司、卡車引擎公司和拖拉機公司。因此，經濟開放政策從某種程度上說，沒有達到吸引先進技術的目的，反而導致公有制企業和民族工業被蠶食，導致了「去工業化」傾向。

從吸引外資的效果看，經濟開放政策未能很好地實現這一目標，「從 1974 年第 43 號法頒佈到薩達特遇刺，其間吸引的投資不足固定資產投資總額的 10%……截至 1985 年，開放政策實行 10 年後，2/3 的外資集中在服務業，而農業、製造業、交通運輸業、通信業獲得的外商投資不足投資總額的 1/3」[1]。但投資不會因為總統和內閣讓它來它就會來，由於經濟開放政策沒有具體的實施方案，加上埃及國內營商環境不佳，外商投資主要集中在成本低、回報率高的行業，如消費品行業、服務業、金融業等；而需要巨大前期投入的行業則很難吸引到外資。雖然政府保證外資企業不會被國有化，但該承諾無法保證外籍投資商的收益。

以銀行業為首的外資企業利潤匯回導致資本外流現象嚴重。從薩達特時期開始，埃及允許外國銀行在其境內從事外匯業務。因為國外銀行利率普遍比埃及國內銀行高，所以吸納外匯儲蓄能力強，這些銀行可將其外匯儲蓄資源轉移到國外總行。此外，開羅的外資銀行將投資業務作為其銀行業務的重心，銀行也將大量投資收益遣返國外總行，導致國家資本外流。自埃及允許外企全額遣返利潤後，埃及境內外企利潤匯回總額巨大。按現價美元計算，1977 年埃及外資企業利潤匯回額為 1800 萬美元，同年國外直接投資流入額為 1.05 億美元；2010 年利潤匯回額上升至 52.68 億美元，同年國外直接投資流入額為 63.28 億美元[2]；可見國外投資額的增長被利潤匯回額抵消，國家資本存量增長速度逐步放緩。

1　Khalid Ikram, *The Political Economy of Reforms in Egypt*, Issue and Policymaking since 1952, Cairo, American University in Cairo Press, 2018, p.224.

2　http://databank.shihang.org/data/reports.aspx?source=2&country=EGY#，訪問時間 2022-01-20。

三、鼓勵私有制經濟發展

薩達特上任後不久就展開了「修正革命」（ثورة التصحيح）。此後政府釋放了大批資產階級的「政治犯」，並退還了部分沒收資產，同時政府宣佈拋棄社會主義，轉而鼓勵私有制經濟和私企發展。

（一）放鬆私人商業活動限制

為了鼓勵私營企業自主經營，政府取消了部分之前阻礙私人商業活動的限制。納賽爾時期，政府幾乎壟斷了國家的進出口貿易行業。因為當時的進口替代工業化需要大量外匯來進口原材料，限制進口、鼓勵出口能讓國家保持較為充裕的外匯，滿足工業原料的進口需求。但限制進口的同時阻斷了私企生產活動的原料來源，這對私企的發展造成了巨大的打擊。可以說，限制進口是埃及私企發展的一大桎梏。因此，政府減少了對私有企業進出口貿易活動的限制，以解決私企在工業生產中原料不足的問題。國家還免徵基礎商品（部分製造加工的原材料和中間材料）的進口關稅，降低企業負擔。但該時期對私企發展的鼓勵僅限於減少限制，而幾乎沒有對民營產業發展的直接激勵。因此「經濟開放」在私營行業的體現就是向西方市場敞開進口的大門，因為政府對私企的鼓勵政策全都聚焦於進出口貿易活動的合法化。在這種情況下，經濟開放政策實際上催生了三個利益集團：開放者（منفتح）、承包商（مقاول）、建築商（بيومي）。

開放者是經濟開放政策的先驅，他們主要是投機商人。政府的激勵政策不足，很多私企便從事進出口貿易活動，即從國外進口消費品，在國內倒賣。因此在國家對進出口貿易的壟斷被打破後，埃及出現了大批「皮包商人」（تجار الشنطات），他們從利比亞、沙特、黎巴嫩購買針織衫、收音機、汽車零部件等消費品，然後走私回埃及，賺取差價。從利比亞走私貨物利潤很高，因為商人們可以坐出租車直接駛入埃及境內，更有甚者將利比亞的出租車駛入開羅或者亞歷山大，將車上所有配件和輪胎更換後再駛回利比亞，以此走私零件。還有部分企業將免稅進口的基礎商品和糧食直接出售給國內市場，而不用於加工生產。政策激勵的錯位，導致私有企業沒有在最能拉動國家經濟發展的工業領域投資，而是專做投機倒把生意，這也導致了國家外匯大量流失。據統計，1975 年埃及自籌外匯進口額為 1.77 億埃鎊，而 1979 年該數字上升至 9.738 億埃鎊。投機商人還從事外匯黑市交易，在黑市上以高價購買僑匯。由於官價和黑市價相去甚遠，埃及僑民更樂意在黑市上出售自己的外匯，「其數額一年不少於 20 億美元」[1]，導致埃及境內大量外匯流通不受埃及央行監管，央行對國家境內外匯的控制能力下降。

承包商是依託經濟開放政策發展起來的一個群體，它的出現標誌着當代埃及政府和社會資本合作的起點，經濟開放政策為政府壟斷部門的「委託—代理」恢復了合法性。從 1961 年起，政府開始擴大普通布料產量，國有製衣廠負責製衣，最後以補貼價格向大眾出售成衣。1975 年國企需要縫製 4 億米布料的成衣，但國企效率低、經驗不足，這樣的工程利潤極低，因此國企將製衣的工作外包給若干私企，僅保留了生產內銷或出口布料的工作。20 世紀 70 年代，私企年均獲得 1 億米布料的製衣訂單，1974 年共計生產 2.02 億米布料成衣，1977 年該數字上升到 4.005 億米。承包商能以補貼價格獲得棉花，導致了生產原料黑市交易的出現。有些工廠直接倒賣以補貼價格買入的棉花，而不將其用於生產。類似的承包生意和問題也出現在其他領域。

建築商也是在經濟改革政策下發展起來的團體。自 20 世紀 60 年代初，國有建築公司負責建築廉價住宅以滿足大眾需求，這種住宅佔年均需求 12000 套住房的 10% 左右，而私營建築企業則負責建造中高檔住房。從 1977 年開始，私有企業可以進口免稅的建築材料，因此私營建築業發展蓬勃。但建材的進口量總不足，私企在原材料獲得方面總受國企打壓，建材不足，導致了生產成本增加。由於國家對房子的限價規定，私企只能通過虛報建築面積、收取預付款等方式，非法攫取超額利潤，最終導致房價上漲。同時，也有承

1　楊灝城、江淳:《納賽爾和薩達特時代的埃及》，103 頁，北京，商務印書館，1997。

包商在黑市裏倒賣免稅建材。

鼓勵私營企業發展並未使私有制經濟取代公有制經濟的主導地位，「在經濟改革開始後的 20 年中，公有制經濟仍在國民經濟中佔主導地位，它們的地位矮化了私有企業在製造業、石油生產、進出口貿易和基礎設施建設中的地位。私有企業在經濟分配和服務業中也無足輕重」[1]。這是因為經濟開放政策僅給私有企業提供了經營的基本條件，但沒有提供任何保障和激勵措施。政策不但沒有達到其既定目的，還導致了嚴重的社會問題——收入分配不公加劇。因此，埃及人認為「『封閉』時期的生活比『開放』時期的生活幸福」[2]。

（二）鬆綁貿易外匯管理

正如上文所述，政府開放了之前對私有企業從事進出口貿易活動的限制。此後，外匯來源成為私有企業從事進出口貿易的難題。為解決此問題，政府於 1973 年 9 月宣佈建立「平行外匯市場」以滿足私營企業對外匯的需求。該市場由政府主導，央行按照高於國際匯率的價格買入外匯，再少許提價後賣給商業銀行，供企業兌換。平行外匯市場的資金來源主要依靠旅遊收入、蘇伊士運河收入和僑匯。政府於 1974 年宣佈出台「自籌外匯法」，允許進口商不通過中央銀行，自行獲得外匯。無論作為中間商還是最終用戶，進口商都能以略高於平行外匯市場的價格直接從海外勞工手中購買外匯。1976 年第 97 號法規定海外銀行和合資銀行可從事外匯業務，可直接吸納埃及公民存款，並將外匯轉移至海外。

作為鼓勵民營企業發展和外商投資的輔助政策，開放外匯和金融市場的做法是必要的，因為它為外資企業與民營企業在埃及境內的運營提供了外匯基礎；由於金融市場的開放，埃及對外資的吸引力進一步擴大。「平行外匯市場」作為直接融資平台，它的作用也是顯著的。據統計，1973 年政府吸納僑

1 Khalid Ikram, *The Political Economy of Reforms in Egypt*, Issue and Policymaking since 1952, Cairo, American University in Cairo Press, 2018, p.210.

2 محمد حسنين هيكل، ((مبارك وزمانه: ماذا جرى في مصر ولها؟))، القاهرة، دار الشروق، عام 2013، ص 272.

匯和旅遊業外匯收入 1.097 億埃鎊，佔平行外匯市場總額的 77.2%；1975 年上升至 1.757 億埃鎊，佔比 74.6%；1977 年上升至 4.325 億埃鎊，佔比 69.8%。[1] 由於平行外匯市場的建立，民間外匯可以轉入國家外匯儲備，國家外匯收入增加。

外匯管制的鬆綁給埃及經濟造成假繁榮的景象。因為平行外匯市場的匯率具有競爭力，所以在市場開放後吸引了大量僑匯和旅遊業賺取的外匯。由下表可見，僑匯和旅遊收入幾乎佔薩達特時期外匯收入的 75%。這也就意味着，政策本身沒為埃及吸引太多外商投資，而僑民因為平行市場上匯率好，願意賣出自己的美元。假繁榮下大量的資金流入讓埃及政府忽視了吸引外資的失敗，也讓政府停下了進一步改革的腳步。

表 2-3　1973—1977 年平行外匯市場的外匯來源結構[2]

（單位：百分比）

	1973	1975	1977
旅遊收入	26.2%	30.4%	38.6%
非傳統出口收入	17.2%	19.1%	21.8%
僑匯收入	51.1%	44.7%	31.2%
其他收入	5.5%	5.8%	8.4%

第三節　穆巴拉克時期：自由經濟轉型

1981 年後國家外債急速攀升引起財政嚴重失衡，經濟困境倒逼穆巴拉克政府再次展開經濟改革。當時缺乏經濟增長動力的埃及必須通過獲得經濟援助的權宜之計緩解眼下的經濟危機。1991 年的海灣戰爭恰好給予埃及籌碼，

1　John Waterbury, *The Egypt of Nasser and Sadat: The Political Economy of Two Regimes*, Princeton: Princeton University Press, 1983, p.61.

2　數據來源：埃及中央銀行，1977 年年度報告，表格 23。

再次獲得以美國為首的西方國家的援助，而作為援助條件，埃及必須根據「華盛頓共識」實施經濟改革。「華盛頓共識」是穆巴拉克時期經濟改革的指導思想，聚焦於通過金融改革、農業改革、私有化改革等方式，降低政府財政負擔、盤活私有制經濟、以出口拉動經濟增長等，保證埃及未來的償債能力和經濟可持續發展能力。因此，本時期的經濟改革並非由政府主動提出，而是作為援助的附加政治條件被施行的。這就導致了政府的改革目標和捐贈國的目標存在差距，即前者為了獲得援助，後者則為實現「華盛頓共識」的目標。在這一時期，穆巴拉克以「越慢越好」作為改革哲學，因為「可以逐漸拓寬改革領域，如果人民反對，則可以停止被反對的改革，而其他改革仍可繼續」[1]。

1991 年 5 月埃及和國際貨幣基金組織簽署了備用撥款協議，同年 11 月與世界銀行簽署了結構性調整貸款協議，這標誌着穆巴拉克時期改革的開始。國際貨幣基金組織的制度安排目標是通過控制通貨膨脹、取消銀行利率上限、放鬆外匯市場管制、減少財政赤字的方式恢復宏觀經濟穩定並推進經濟結構改革。結構性調整貸款要求政府在金融和貿易部門進行改革，並實施經濟私有化。

一、埃及的經濟自由化

埃及的經濟自由化主要包括埃及金融業自由化和埃及農業經濟自由化。前者是經濟穩定計劃中的主要制度安排，它配合財政改革一起實施，旨在恢復國家財政平衡；後者則通過作物選擇、定價和地租自由化的形式，復蘇蕭條的農業經濟。

---

1 Khalid Ikram, *The Political Economy of Reforms in Egypt*, Issue and Policymaking since 1952, Cairo, American University in Cairo Press, 2018, p.275.

（一）埃及金融自由化

金融自由化是經濟穩定計劃中的重要組成部分，它配合財政改革共同恢復政府財政平衡。金融自由化不但本身能促進國際收支平衡，而且是財政改革的重要手段。經濟穩定計劃關注對外賬戶赤字和國內預算赤字，尤其重視兩者的聯繫。計劃試圖通過矯正匯率和匯率並軌的方式穩定對外賬戶，這樣一來進口商品的價格將上升，從而獲得更高的關稅。與此同時，要削減政府開支，不僅要縮小預算赤字，還要減少進口，使國際貿易趨於平衡。債權國的外債減免也起到了同樣的作用，一方面能降低政府對外匯的需求，推動對外賬戶趨於平衡；另一方面能減少預算中用於償債的份額，有助於推動預算平衡。

經濟穩定計劃的制度安排包括四個方面。第一，需求管理政策。如通過金融政策擴大營業稅應徵範圍，減少政府投資支出等；通過貨幣政策提高名義利率，使之超過 20%，從而讓實際利率為正值。第二，支出轉移政策。通過調整匯率，使支出從海外市場重新回流到國內市場。第三，金融政策。通過明顯高於美國國庫債券和歐洲市場債券的利率，吸引國外資產流入埃及。第四，結構性措施，主要旨在提高生產率。改革實施過程中，國際貨幣基金組織的措施着眼於控制通脹和穩定外匯。世界銀行的措施則聚焦宏觀經濟改革，通過價格鬆綁和貿易自由化等政策提高儲蓄和投資來平衡預算、改善對外貿易狀況，通過金融部門改革和私有化改革來恢復銀行償債能力，並約束企業硬預算。

金融自由化讓經濟穩定計劃取得了成功。首先是財政赤字銳減。這意味着經濟穩定計劃達到了其目標，財政赤字從 1991 年 GDP 總量的 15.3% 下降到 1997 年的 0.9%，其中稅收增加和財政支出減少共同發揮作用。外匯貶值使得以埃鎊結算的進口關稅、石油公司利潤和蘇伊士運河收費提高。據統計「1992—1997 年，石油公司和蘇伊士運河收入增長佔當年 GDP 的 2%，而關稅收入增長佔當年 GDP 的 1%。營業稅的應徵範圍擴大又為 GDP 增長貢獻了

1.4 個百分點」[1]。1992—1997 年，財政支出在 GDP 佔比下降了 7.5%。財政支出削減最大的項目是投資支出，從 GDP 總額的 11.5% 下降到 5.4%，這有賴於私營部門投資的上升。在這一時間段內，政府向私營部門開放了之前限制投資的領域，如基礎設施領域等。另一個削減較大的項目是補貼支出，補貼支出從 20 世紀 80 年代佔 GDP 總量的 5.2% 下降到 1.6% 左右[2]，受補貼商品也從 18 種降至 4 種，僅剩大餅、麵粉、糖和食用油。

金融貨幣政策手段更加靈活，改革符合援助國要求。政府取消了一批破壞資本市場的政策，如匯率上限政策、高流動性比率政策等；通過國有銀行資產重組的方式加強金融系統；開發公債券市場，一方面使其成為國庫債券重要的替代，另一方面也使其成為貨幣調控的新手段，使銀行系統能夠實施更加靈活的貨幣政策。由於埃及完成了與國際貨幣基金組織簽署的協議目標，巴黎俱樂部和非巴黎俱樂部債權國都給埃及政府減免了一定量的外債。1991 年 5 月，埃及和巴黎俱樂部簽署了協議，如果完成國際貨幣基金組織的要求，即可獲得當下和未來的債務減免、債務重新安排。協議涉及金額 196 億美元，分三個階段執行。前兩個階段各減免淨現值的 15%，分別於 1991 年 7 月和 1993 年 10 月執行完畢；第三個階段減免淨現值的 20%，於 1996 年執行完畢。上述債務安排涉及債務淨現值的 50%。此外，埃及還獲得了大範圍的債務重新安排，其中包括四個方面：第一，所有與巴黎俱樂部成員國於 1986 年 10 月 31 日前簽訂的原始期限超過一年的優惠貸款和政府擔保債務；第二，上述時間範圍內成員國的中長期商業貸款；第三，非優惠性中長期雙邊債務；第四，1987 年 5 月 22 日重新安排的債務。上述措施對國內外收支平衡大有裨益。

其次是通貨膨脹率銳減。政府通過鑄幣稅和通脹稅的方式抑制流動性過

1　Arvind Subramanian, *The Egyptian stabilization experience: an analytical retrospective*, Egyptian Center for Economic Studies, Working Paper No. 18, Cairo, ECES, 1997.

2　Khalid Ikram, *The Political Economy of Reforms in Egypt, Issue and Policymaking since 1952*, Cairo, American University in Cairo Press, 2018, p.288.

剩，削減通貨膨脹，改善金融狀況。穩定前的迅速增長的資金流動性歸因於寬鬆的貨幣政策，政府會自動填補各部門預算赤字。在穩定計劃時期，政府必須大幅削減赤字，因此採取緊縮的貨幣政策，1992—1997 年年均流動性增長保持在 13.4%，比 1988—1991 年的 21.7% 下降不少，從而導致通脹率從 1991 年的 19.3% 下降到 1997 年的 10.7%。[1]

最後是大量資產開始湧入埃及。埃及利用匯率作為名義錨，1991 年起埃鎊開始釘住美元，聯繫匯率可以有效降低匯率風險。這樣一來，埃鎊和以美元計價的債權較高的利率差導致大量資本流向埃及，國家外匯儲備從 1991 年的 39 億美元激增到 1997 年的 197 億美元。

（二）埃及農業經濟自由化

穆巴拉克時期的農業自由化旨在激發農業經濟活力。國家不再對農業部門過度干預，使它完全暴露於市場機制當中。

20 世紀 50 年代的土地改革是裝在經濟外殼中的政治改革，這給埃及農業經濟發展造成了一定的限制。改革雖然有效地削弱了大地主階級的政治勢力，完成了農村土地再分配，但它主要借助的手段 —— 限制人均持有土地面積，卻造成了土地的碎片化，限制了農業生產。埃及耕地面積佔國土總面積的 4%，按照 20 世紀 90 年代初期總人口 6000 萬計算，埃及人均耕地面積為 0.13 費丹，是世界上人均耕地面積最小的國家之一。[2]農村合作社制度也在一定程度上損害了農業經濟。它一方面通過規定地租上限和租期下限保證了租地務農者的利益，另一方面又擾亂了農業市場，因為政府要求農民以固定價格向政府出售規定分量、種類的非戰略性作物，導致農民的收入不高，缺乏務農積極性。

此外，20 世紀 70 年代到 80 年代初的石油價格大漲導致埃及獲得大量經

1　http://databank.shihang.org/data/reports.aspx?source=2&country=EGY#，訪問時間 2022-01-20。

2　Simon Bromley and Ray Bush,「Adjustment in Egypt? The Political Economy of Reform」, in *Review of African Political Economy*, June, 1994.

濟租，卻忽視了農產品出口這一外匯來源。1974 年起，埃及成為世界第三大農作物進口國。小麥的進口量增長 4 倍，因為其產量年增長率不足 2%，消費增長率卻接近 9%，農作物進口導致外債進一步擴大。十年間，埃及人均基本作物進口額增長了 8 倍。1977 年起農產品國際貿易從順差轉為逆差，1980—1981 財年貿易赤字達 25 億美元。80 年代末埃及一般農產品依靠進口，農產品進口規模佔埃及總進口規模的 25%。

為扭轉上述局面，穆巴拉克政府展開了以自由化和出口導向為宗旨的農業改革。改革涉及兩個方面：第一，作物種類與價格自由化；第二，地租改革。

從 1987 年開始，新任農業部長優素福・瓦力（يوسف والي）就已經和美國國際開發署（USAID）合作推行農業經濟自由化，這和國際貨幣基金組織的戰略不謀而合，後者認為埃及農業發展的方向是「通過市場自由化、出口導向增長和地租改革，使農產品定價市場化，並建立美國那樣的資本密集型農業」，而其中的關鍵是消除政府的干預。改革提出提高 23 種主要作物的實際價格，手段是消除定價機制，截至 1995 年，埃及僅棉花和甘蔗價格受政府控制。政府還提高了農副產品的收購價格，取消合作社制度，減少或取消補貼。「1991 年提高了麵包和其他基本食品價格，1992 年 12 月提高了食糖和食用油的價格，並放開了優質小麥麵粉的市場價格。政府只繼續補貼主食——粗製小麥麵包的價格。1993 年 1 月，政府取消了對化肥和農藥的補貼。」[1]

改革的第二個方面是地租改革。1992 年政府出台了 1992 年第 96 號法，即《雇主與佃農關係法》。法律修改了《1952 年土地改革法》對佃農的保護條款，如「土地租金不得高於土地稅的 7 倍」「地主在 5 年內不能主動解除租約」等規定。96 號法規定，土地租金不得高於土地稅的 22 倍，這大大增加了佃農的經濟負擔。此外，法律從 1997 年 10 月 1 日生效，依據此前法律簽訂

1 陳天社：《穆巴拉克時期的埃及》，113 頁，北京，社會科學文獻出版社，2019。

的契約全部失效，地主和佃農需重新商定租約延續或廢止，地主可以根據意願續租或出售土地。

農業改革完成了農業經濟的私有化，世界銀行報告《埃及農業競爭將在 21 世紀加強》（「Arab Republic of Egypt Toward Agriculture Competitiveness in the 21st Century」）指出，埃及的農業已經是一個私營行業了，它以市場、出口為導向運行。但是私有化沒有帶來明顯的產量提升，也未能有效地創造工作崗位。20 世紀 80 年代的農業在 GDP 總量中佔比 2.8%，90 年代該數值上升到了 3%，但增長十分有限。這樣的增速遠遠趕不上人口增長帶來的糧食消費增速，1974 年農業部門赤字在國家總赤字中佔比 28%，而 1998 年該數值上升至 33%。從外，1992 年第 96 號法的出台實質上損害了農民的利益，「佃農突然失去了一切權利，地主有權收回土地使用權，並以微薄的補償將佃農趕走。此後，地租幾乎增長了 10 倍，導致很大一部分佃農再也租不起地。每次租賃的最長期限是 1 年，這扼殺了佃農投資改良土地的意願」[1]。因此，改革引起了農民抗議的暴力事件，造成了 1 人死亡，22 人受傷。農業自由化沒有完成它既定的目標，這可以看作納賽爾時期土地改革的「逆改革」。

二、國有企業私有化

在穩定計劃實施後，國家開始了結構性調整，該輪調整涉及關稅結構性調整和定價政策調整，但核心制度安排是私有化改革。數據表明國有企業的經濟表現不佳，拖累了經濟發展，因此必須對國有企業進行私有化改革。結構性調整十分重要，因為「如果結構性調整不能在短期內刺激經濟增長，那麼穩定計劃的成果將會逆轉」[2]。

---

1 آن م. ليش، تركيز القوة يودي إلى الفساد، القمع ثم المقاومة، ((الربيع العربي في مصر: ثورة وما بعدها))، القاهرة، دار نشر الجامعة الأمريكية بالقاهرة، عام 2012، ص 76.

2 Simon Bromley and Ray Bush, *Review of African Political Economy*, Vol. 21, No.60, Roape Review of Books, 1994, p.205.

政府於 1991 年開始推進私有化改革，改革的第一步是通過 1991 年第 203 號法，將 314 家非金融國企整合到 27 家控股集團；1993 年被重組成 17 家控股集團。這樣做的目的是盡可能避免集團子公司的業務領域重疊。1991 年 11 月埃及國有企業部下設國有企業辦，負責這些企業私有化的諮詢與指導。子公司在管理、定價和財務方面的自主權更高，但創造就業的規定沒被鬆綁。控股公司負責下屬子公司的私有化工作，私有化主要通過五種途徑：第一，向錨定投資者出售股權；第二，通過股票市場拋售股權；第三，向員工出售股權；第四，出售公司資產；第五，破產清算。此外，「很多公共服務行業也被私有化了，如電力行業、垃圾處理行業、停車管理行業、地鐵、公路和隧道建設行業等」[1]。

私有化改革還考慮對分流職工安置做制度安排。「據國有企業部部長估算，30 萬國企員工是冗餘的。如果想讓國企對私營部門有吸引力，那麼這些員工必須被辭退。」[2]安排分流職工的一個措施是設立社會發展基金，致力於對下崗職工再培訓，使之有能力去其他企業工作，並向這些職工發放貸款來幫扶他們自主創業，或推動基礎設施建設或重建等勞動密集型項目來吸納就業。另一個措施是發放提前退休補償款，到 2000 年，大約 11 萬下崗職工選擇了貨幣補償方式，補償金額約為 3 年工資，1993—2000 年共發放補償款 27 億埃鎊，人均 2.5 萬埃鎊。因為埃及國企工資低、福利水平低，所以即便向 30 萬下崗職工都發放該補償款，這項支出也僅佔 GDP 總額的 2.5%，且捐贈國也提供了資金支持，國家負擔不重。

私有化取得了很大成績。首先，私有化規模較大，私有經濟已成為國民經濟的主要組成部分。截至 2000 年 6 月，國家出售了 118 家公司的控股股份，共計 123 億埃鎊，還出售了 16 家企業的非控股股權，共計 18.7 億埃鎊。國際貨幣基金組織將埃及的私有化計劃評為世界第四成功的私有化計劃，該

---

1 آن م. ليش، تركيز القوة يودي إلى الفساد، القمع ثم المقاومة، ((الربيع العربي في مصر: ثورة وما بعدها))، القاهرة، دار نشر الجامعة الأمريكية بالقاهرة، عام 2012، ص 74.

2 Khalid Ikram, *The Egyptian Economy, 1952-2000*, New York, Routledge, 2006, p.81.

評價依據是私有化收入在GDP中的佔比。私有化所得的50%被財政部用於平衡赤字，30%用於償還私有化前企業的商業銀行貸款，17%用於支付下崗職工的提前退休補償，另有3%用作其他用途。2002年私有化曾停滯，直到艾哈邁德·納齊夫（أحمد نظيف）任總理後才被重啟。「2005財年，埃及通過國企私有化獲得26.4億的收入。」[1]「2006年，埃及政府將埃及電信、亞歷山大銀行等大型國有企業以上市等方式進行股權改造……2004年埃及私有企業投資佔整個投資比重的47%，2007年已達到了68%，在私有企業工作的勞動力人數是國有企業的1倍。」[2]

其次，私有化公司的經濟效率顯著提高。私有化企業的投資回報率從1996年的0.72上升到1999年的3.54；利潤率從1996年的1.2%上升到1998年的8.1%。[3]但是企業的具體表現仍存在差異，實際上投資回報率和利潤率的上升與形成新的私有企業行業壟斷有關，而非競爭所致，因為那時還沒有制定鼓勵競爭的法案。「產權、競爭和管理自由使得被私有化的國有企業效率更高、利潤更高。」[4]非充分競爭下的利潤率上升不能反映實效的提高。結果雖然是好的，但沒有實現制度設計的目標。

私有化改革也遇到了一些問題，首先是後期推行受阻。政府在私有化的動員過程中，把主要力量放在如何促使社會轉變觀念，接受私有制，卻忽視了細節技術問題，如「資產如何定價」「怎麼出售」等。因為缺乏出售國有企業的整體策略，所以導致前期利潤較高的國企被快速私有化後，虧損的公司難以出售。政府的解決方案是找到錨定投資者，讓他們出資改善企業表現，以提高它在股票市場和以其他方式出售時的競爭力。但找到這樣的投資者並達成協議很費時間。因此，2002年以後私有化進程幾乎停滯，直到納齊夫任

1　林建楊、吳毅宏：《埃及經濟走出低迷狀態》，載《中國稅務報》，2006-10-18。

2　陳天社：《穆巴拉克時期的埃及》，111頁，北京，社會科學文獻出版社，2019。

3　Khalid Ikram, *The Egyptian Economy, 1952-2000*, New York, Routledge, 2006, pp.80-81.

4　William L. Megginson and Jeffry M. Netter,「From State to Market: A Survey of Empirical Studies on Privatization」, Paper presented at Global Equity Markets Conference, Paris, Dec 10-11, 1998.

總理後才被重啟。

其次，私有部門投資不足。儘管私有化進展較為順利，但私有部門投資卻幾乎沒有增長，1987 年私有部門投資佔 GDP 總額的 15%，該數據到 2000 年幾乎沒有變化。與此同時，公共部門投資從 1987 年的 GDP 佔比 12% 下降到 2000 年的 7%，導致總投資從 1987 年 GDP 總量的 27% 下降到 2000 年的 20% 左右。由此可見，私有投資沒能替補公有部門投資的真空，私有制經濟雖然成為埃及國民經濟主體，但是沒有成為驅動經濟增長的引擎。

最後，私有化改革導致民生凋敝。改革後諸多公共服務被私有化，導致居民的生活開銷增加。此外，國有企業被私有化後，冗餘的勞動力也被削減，再加上中小型私企吸納就業能力十分有限，導致埃及失業狀況嚴重。「2008 年埃及失業率增長了 3 倍，達到 26%。」[1] 失業和高物價共同導致了貧窮，「據世界銀行估算，1/3 的埃及人每天生活支出不足 2 美元」[2]。

第四節　後穆巴拉克時期：軍人底色的混合經濟轉型

2010 年 12 月，突尼斯街頭小販被女城管掌摑，為了抗議長期以來對政府的不滿，小販縱火自焚。此舉產生了蝴蝶效應，掀起了埃及劇變的浪潮。在突尼斯領導人被趕下台後，以民主為名的遊行抗議席捲了區域內多個阿拉伯國家，其中就包括埃及。

2011 年 1 月 25 日正值國家警察日，該紀念日是為了紀念 1952 年 1 月 25 日英軍襲擊伊斯梅利亞警察局。當天，開羅市中心解放廣場上的紀念集會演變成遊行抗議，要求穆巴拉克下台，以民主政府取而代之。後來遊行規模不

1　آن م. ليش، تركيز القوة يودي إلى الفساد، القمع ثم المقاومة، ((الربيع العربي في مصر: ثورة وما بعدها))، القاهرة، دار نشر الجامعة الأمريكية بالقاهرة، عام 2012، ص 82.

2　آن م. ليش، تركيز القوة يودي إلى الفساد، القمع ثم المقاومة، ((الربيع العربي في مصر: ثورة وما بعدها))، القاهرة، دار نشر الجامعة الأمريكية بالقاهرة، عام 2012، ص 82.

斷擴大，在激烈的反對聲中，穆巴拉克於 2011 年 2 月 11 日宣佈辭職。國家政權移交到最高軍事委員會，成立過渡政府。2011 年 11 月 28 日和 2012 年 3 月 15 日埃及舉行了兩輪議會選舉，伊斯蘭政黨在眾議院獲得近 50% 的席位，在參議院伊斯蘭黨派獲得近 90% 席位。穆斯林兄弟會（以下簡稱「穆兄會」）下屬的自由與正義黨領導人穆罕默德・穆爾西（محمد مرسي）在總統選舉中以 51.7% 的票數勝出，於 2012 年 6 月 30 日履任，成為埃及第五任總統。

穆爾西上任後一直施行排外政策，即限制其他政治人士融入政權集團。最讓人民不滿的是 2012 年頒佈的新憲法宣言，宣言剝奪了一切反對他決議的權力，使他自己淩駕於法律之上。宣言雖然最終被廢除，但留下了深遠的政治影響。同年 12 月，穆兄會起草了限制言論和結社自由的憲法，試圖邊緣化除宗教以外的一切勢力。新憲法遭到廣泛反對。2013 年 6 月他任命了 13 名宗教人士為省長，佔據了 27 位省長的近半數。極端的是，盧克索省長是一名前武裝集團成員，該集團曾於 1977 年殺害 62 名到訪盧克索的遊客（其中包括 58 名外籍遊客）。穆兄會接二連三的「極端」行為引發社會大規模抗議，2013 年 7 月 3 日軍隊宣佈穆爾西下台並停止執行新憲法。2014 年國家啟用新憲法，同年 5 月 26—28 日舉行了總統選舉。國防部長、陸軍將軍阿卜杜勒・法塔赫・塞西（عبد الفتاح السيسي）贏得選舉，成為埃及第六任總統，並於 2014 年 6 月 8 日履職，2016 年 1 月新議會重組完成。

穆爾西執政的歷史背景和前幾任總統不同，政權並非平穩過渡，且過渡周期較長。從非平穩過渡的角度講，上任政權在廣泛抗議中被推翻；從過渡周期長角度講，穆爾西政府執政期間國家被宗教勢力壟斷，內政外交都較為激進，可以說其上台不久後社會反對力量就「暗流湧動」，因此從 2011 年年初穆巴拉克政權倒台後，國家長期陷入動盪之中，穆爾西執政期間未能結束動盪，只不過是暫時壓制。然而，無論如何，穆爾西政府在經濟建設上的作用乏善可陳。因此從 21 世紀前幾年私有化改革逐步停止後，埃及經濟的結構型轉型暫時停滯。對於塞西來講，當時的國家形勢要求他必須在恢復社會穩定的前提下逐步穩定、發展經濟。社會穩定是經濟發展的前提，因此經濟發展必須建立在政府對國家有力的控制之上，該時期的改革政策可看作軍人控制下的混合經濟改革，經濟從之前的自由經濟再次回歸混合經濟。與老牌國營企業相比，軍隊企業的競爭力更強，擴張得更快。尤其在成本和政策方面，軍隊企業產品很有優勢，獲得了很大的經濟影響力。鑒於良好的軍政關係，新興而強勢的軍隊企業彌補了相對弱勢的國營企業的不足，與之共同構成了有力的國有部門，國家對經濟的控制力增強。這樣做有利於將穩定與發展相結合。與此同時，政府沒有禁止私有制經濟活動，並進一步擴大了金融、公共服務等領域的自由化，從而出現了國家資本主義經濟成分和自由主義經濟成分並存的混合經濟。

一、擴大軍隊在經濟中的作用

事實上，軍隊在埃及的政治和經濟中一直扮演着重要的角色，這一點是毋庸置疑的。但由於最高軍事委員會在國家動盪之時都擔負臨時政府組建重任，它在領導過渡政府時期，通過立法的手段逐步擴大軍隊在國家經濟中的作用。最高軍事委員會在制定新憲法和重塑埃及政治結構中發揮了領導作用，並支持塞西獲得政權。而塞西順勢而為，改變了國家軍政關係，讓軍隊的地位達到前所未有的高度。

（一）立法保護並擴大軍隊的經濟權利

2011 年 5 月最高軍事委員會在臨時治理國家階段修改了《軍事司法》（قانون القضاء العسكري），增加了這樣的條款：「僅軍事法官和檢察官有權調查在職和退休軍官非法收入。」[1]此舉使得退休軍官免於一切民事司法審判。

2013 年 9 月，時任臨時總統的阿德利・曼蘇爾（عدلي منصور）頒佈了《2013

1 باسم القاسم، ربيع الدنان، مصر بين عهدين: مرسي والسيسي، بيروت، مركز الزيتونة للدراسات والاستشارات، 2016، ص 219.

年第 82 號法》，此為 1998 年第 89 號《投標與競拍法》的修正案，其中規定：「在急迫的情況下，政府可以跳過招標直接採購商品和服務。」[1] 但法律沒有關於「急迫情況」的釋義，因此在執行方面有很強的靈活性。同時法律還提高了政府可採購商品和服務的最高限額。「2014 年臨時政府頒佈的總統令，擴大部長簽訂單一採購來源合同的權限」[2]，旨在讓軍隊成為單一供應商，包攬政府採購的全部需求。

政府在《2013 年第 82 號法》頒佈後，以「急迫情況」為由，跳過招標直接和軍控企業簽署了建設三條高速公路的合同。合同規定軍隊在道路竣工後，租用其中兩條 99 年、另一條 50 年，租金每年共 84.3 萬美元。這三條高速路通車後預計車流量很大，經濟效益可觀。政府放寬單一採購來源的限制後，「（2014 年）臨時政府執政的前 10 個月裏，軍隊企業獲得了 7.7 億美元的政府合同。同年秋季的 3 個月中，軍隊以單一供應商的身份獲得了 10 多億美元的政府採購合同」[3]。

2014 年 4 月，政府通過了關於限制各方與政府簽訂商業和地產合同後毀約的法案，該法案竟賦予政府、商業機構和個體毀約的權力。儘管政府表示該法律旨在鼓勵外商投資，但重點在於減少人民對政府監督和問責。[4] 因為在此之前政府以各種形式和軍隊企業簽訂的承包、採購協議都將在此法規的保護下延續，不會因為外界的質疑而終止。

這樣的轉變對穆巴拉克時期政治聯結公司產生了巨大的衝擊。此舉有利於國家的財政平衡，因為穆巴拉克時期，國家資產大量流入裙帶資本家之

---

1 http://www.mof.gov.eg/Arabic/_Layouts/MOF/ExternalPages/Laws/pdf/1682.pdf，訪問時間 2022-01-20。

2 باسم القاسم، ربيع الدنان، مصر بين عهدين: مرسي والسيسي، بيروت، مركز الزيتونة للدراسات والاستشارات، 2016، ص 222.
（白希姆・卡西姆：《穆爾西和塞西時代的埃及： 比較研究》，222 頁，貝魯特，橄欖研究與諮詢中心，2016。）

3 باسم القاسم، ربيع الدنان، مصر بين عهدين: مرسي والسيسي، بيروت، مركز الزيتونة للدراسات والاستشارات، 2016، ص 222.
（白希姆・卡西姆：《穆爾西和塞西時代的埃及： 比較研究》，222 頁，貝魯特，橄欖研究與諮詢中心，2016。）

4 المصري اليوم، 2022\01\20، http://www. Almasryalyoum.com/news/details/

手，導致「國庫空而商人富」。軍隊經濟勢力的擴張讓國有資產重新處於國家的掌控之中。

（二）軍隊積極參與國家經濟建設

第一，軍隊企業大量承接國家發展項目。自從 2013 年 7 月 3 日穆爾西政府倒台，在軍隊臨時治理國家期間，軍隊獲得了前所未有的權力，軍隊企業的業務量也不斷擴大，作為合作夥伴承接了很多政府項目。其中最主要的有同阿聯酋建築公司阿拉伯泰克（Arabtec）合作建立保障性住房，項目總值 400 億美元，預計建設 13 個小區的 100 萬套住宅，總面積達 1.6 億平方米。軍隊工程局還和埃及工程公司合作執行「新蘇伊士運河」項目。在穆爾西政府倒台的前幾個月裏，國家衛生部、運輸部、住建部、青年部和軍隊簽訂了多份大型基礎設施建設的合同，工程總額達 10 多億美元，除了上述項目外還包括翻修醫院和建立青少年中心。埃及總理表示，之所以選擇軍隊，是因為相信軍隊的能力和合同執行的合規性。2014 年 3 月軍隊工程局長塔希爾·阿卜杜拉指出，在 2013 年到 2014 年年中，軍隊執行了 473 個國家戰略和服務性項目。

第二，軍官在埃及重要經濟領域任要職。塞西上任後，他任命的省長中多數是前軍隊將軍，其他得力幹將是公安系統高官，只有一小部分為行政官僚。這些軍人底色的省長掌管地方財政大權，是軍隊勢力向地方經濟延伸的重要支柱。

第三，還有軍官在更加直接與經濟相關的部門任職，聯繫着軍隊的經濟利益，其中包括具有經濟監管職能的管理機構。如蘇伊士運河管理局、河運管理局、亞歷山大港管理局等交通運輸管理機構，所有民航管理機構，如埃及航空公司，電信管理機構等很多都由前軍官控制。前任軍官還在高盈利的國有企業中任要職。國家行政總局和中央審計局是經濟部門最重要的監管機構，這兩個部門也被安排了軍官任要職。

二、可持續發展計劃：2030 願景

2030 願景是一次新的經濟轉型計劃。該願景於 2015 年 3 月在沙姆沙伊赫召開的埃及經濟發展大會中提出，是名為「埃及發展戰略（Strat_EGY）」的一系列發展計劃之一，該計劃指明了 2015—2030 年埃及將採取的發展戰略與目標。隨後國家規劃部正式印發了《可持續發展計劃：2030 願景》（下文簡稱「《願景》」）：「到 2030 年，埃及將成為一個有競爭力、經濟平衡且多元的國家。經濟增長依托於知識與創造創新，鼓勵社會互動與參與，創建平衡而多樣的生態系統。國家利用地緣優勢和人力資本實現可持續發展，改善人民的生活。通過該戰略，埃及將躋身於世界經濟發展指數排名前 30 位，着力打擊腐敗、發展人力資源、強化市場競爭力、提高生活質量。」[1]

總體而言，該計劃包括若干支點，如經濟發展、能源、教育、健康、城市發展、社會公正，其他的一些則和任何國家的發展戰略都大同小異。其中經濟發展目標是用 GDP 的增速來衡量的。《願景》指出，GDP 增速將從 2015 年的 4% 上升到 2030 年到來之際的 13%，人均 GDP 達到 10000 美元，而 2015 年為 3436 美元。[2]在收入方面，2015—2030 年人均收入年增速保持在 7.4%，這要求年均 GDP 增速保持在 9%~10%。在扶貧方面，要消除極端貧困人口，以 2015 年的 4.4% 為起點，到 2030 年來臨之時，極端貧困人口數將清零。在社會保障方面，將人均醫保開支擴大 4 倍，從 2015 年的每年每人 152 美元到每年每人 600 美元，個人自付的比例下降 50%。在教育方面，增加非中小學教育支出，該部分教育支出在 GDP 總值中的比重從原先的 3% 上升到 8%；全面減小各階段教育的班型，提高高等教育入學率，到 2030 年，從原有的 31% 增長到 45%。在財政平衡方面，要進一步削減赤字率，從 2015 年的在

1　وزارة التخطيط والتنمية الاقتصادية، ((استراتيجية مصر للتنمية المستدامة: رؤية مصر 2030))، عام 2015، ص 3.
2　وزارة التخطيط والتنمية الاقتصادية، ((استراتيجية مصر للتنمية المستدامة: رؤية مصر 2030))، عام 2015، ص16.

GDP 總量中佔 12%，到 2030 年縮減到 2.28%；國際收支賬戶從 2015 年保持 GDP 總量 4% 的赤字，到 2030 年出現 GDP 總量 1% 的盈餘。

為了支持埃及 2030 願景的實施，國際貨幣基金組織也對埃及政府予以援手，2016 年為埃及政府提供了為期 3 年的 120 億美元中期貸款（Extended Fund Facility），旨在推行結構性改革，改善埃及宏觀經濟失衡、限制吸引投資和經濟競爭力的結構性問題，同時要加強社保網絡。IMF 改革計劃的要求被融合進了《願景》之中，因此，除了上述的具體目標外，《願景》還包含以下改革方向。

第一，政策性調整，包括外匯自由化，以鼓勵投資與出口；實施積極的政策，化解當下的通貨膨脹問題；強化財政體系，通過增加增值稅、削減能源補貼、削減國家工資支出來增加儲蓄，保證公債具有可持續性。

第二，加強社保網絡。再增加 GDP 總量 1% 的社保支出，用於補貼食品價格，直接以現金轉移的方式幫扶老人和窮人家庭，支持其他社保計劃。這些計劃都旨在提高補貼利用率，讓資金直達有需要的人。

第三，通過結構性改革降低營商成本，促進經濟高速增長，創造更多就業。

第四，吸引外資，填補國內財政缺口。

可持續發展計劃：2030 願景以上述目標與方向為指導，但計劃更傾向於指導性文件，沒有規定具體的改革制度。此後，在該《願景》的框架下，國家進行了與之精神相符的改革。

（一）自由匯率改革

2011 年埃及劇變席捲埃及後，埃及中央銀行於同年 1 月限制個人兌換外匯和跨境匯款額均不可超過 10 萬美元，此舉是為防止資本外逃。2012 年穆爾西執政時，埃及面臨嚴重的經濟危機。長達一年的革命導致埃及經濟發展幾乎停滯，穆爾西繼續執行 2011 年的嚴控外匯政策，以積累外匯儲備。2012 年埃及央行向各商業銀行拍賣美元，2013 年又多次向商業銀行拍賣美元。2014

年塞西上任後，致力於通過擴大基礎設施投資的方式拉動經濟增長，國家需要累積外匯儲備以保持國際收支平衡。2014 年中央銀行實施外匯款管制，規定個人一年向境外匯款的額度最高為 10 萬美元。2015 年 3 月中央銀行規定個人和企業在銀行外匯現金繳存日限額為 1 萬美元，月限額為 5 萬美元，禁止國內銀行間外匯轉賬。

自 2016 年起，埃及外匯管制制度開始放鬆，2016 年 1 月 26 日，央行放鬆對高優先部門的存款限額，取消了每日 1 萬美元的限額，將月限額提高至 25 萬美元。[1] 2016 年 2 月 15 日，央行再度放鬆存款政策，對於符合要求的有重大需求的出口行業，月存款限額提高至 100 萬美元，並取消日限額。2016 年 3 月 8 日，央行取消了對個人存款的額度限制；9 日，央行取消了對用於進口「基礎商品」公司的存款限制。[2] 2016 年 11 月，央行採取自由匯率政策。2017 年 6 月 14 日埃及央行宣佈取消個人跨境匯款年限額 10 萬美元的外匯管制措施。

（二）財政改革

塞西時期的財政改革可看作是穆巴拉克時期改革的延續，進一步在補貼這一「禁區」中探底。財政改革主要以擴大稅收和削減補貼為重點，旨在增加政府的財政收入，助力改善收支平衡。

從稅收角度看，2016 年 8 月，埃及開始實施「營改增」改革，「將 10% 的銷售稅（營業稅）改為 14% 的增值稅」[3]。「營改增」以後，政府不僅在銷售環節徵稅，而且在商品從原料到終端用戶流通過程中的每一個環節都徵稅，新的稅收額相當於進項稅和營業稅的總額。改革後，國家稅收總額明顯提高，「從 2012/2013 財年的 2500 億埃鎊迅速增至 2017/2018 財年的

1　埃及中央銀行，《2016 年 1 月 26 日外匯存款限額規定修訂案》，2016 年。

2　埃及中央銀行，《2016 年 3 月 8 日關於個人外匯存款限額的規定》，2016 年；埃及中央銀行，《2016 年 3 月 9 日關於取消企業進口基礎商品的存取款限額的規定》，2016 年。

3　戴曉琦：《塞西執政以來的埃及經濟改革及其成效》，載《阿拉伯世界研究》，2017（6）。

6000 億埃鎊」[1]。

從削減補貼角度看，2014 年 7 月政府決定削減 440 億埃鎊的能源補貼。[2] 這一目標主要是通過提高油價實現的。2017 年 6 月，政府大幅調高燃油價格，其中 80 號企業價格從每升 2.35 埃鎊調至每升 3.65 埃鎊，每罐煤氣從 15 埃鎊調至 30 埃鎊。[3]而改革並未就此止步，埃及政府計劃在五年之內完全取消能源補貼。這樣的做法旨在實現 IMF 要求的精準補貼，讓資金直達真正有需要的人群，而不再補貼中產階級，減少「搭便車」的行為，提高補貼利用率。

大餅補貼是埃及的傳統補貼，也是維持中下層人民生活的重要補貼項目之一。穆巴拉克時期曾以「溫水煮青蛙」的方式對大餅補貼進行過調整，塞西執政時期再次對此補貼進行「變相調整」。2017 年 8 月 1 日起埃及施行新的大餅補貼政策。政策主要放開了磨坊出售麵粉的價格控制。政府原先對麵粉進行定價，給餅鋪固定每天購買麵粉的配額。新政施行後，政府不再控制麵粉的價格和餅鋪每日的配額，實現該環節自由化，轉而將補貼投入磨坊收購小麥和餅鋪銷售大餅的環節中，最終保證單價為 5 分埃鎊。此舉增加了磨坊和餅鋪的利潤空間，有利於政府在傳統食品行業獲得更高稅收，這樣做可變相看作「削減補貼」。

（三）傳統經濟行業振興

拓寬蘇伊士運河。2010 年後，國際油價市場表現平平，國際市場對石油需求量增長緩慢，蘇伊士運河的收入在很大程度上依賴油氣運輸船隻，而不景氣的國際油價市場卻導致運河收入下降。此外，巴拿馬運河擴寬了航道，擠佔了蘇伊士運河在海運市場的份額，也導致蘇伊士運河收入下降。針對巴拿馬運河拓寬航道，2013 年過渡政府決定耗資 80 億美元挖掘蘇伊士運河平行航道，資金主要通過動員儲蓄餘額和發放國債券的方式籌措。時任蘇伊士

1 戴曉琦：《塞西執政以來的埃及經濟改革及其成效》，載《阿拉伯世界研究》，2017（6）。
2 陳婧：《塞西新政府開源節流收拾埃及經濟爛攤子》，載《中國青年報》，2014-8-11。
3 戴曉琦：《塞西執政以來的埃及經濟改革及其成效》，載《阿拉伯世界研究》，2017（6）。

運河管理局主任海軍上將穆哈卜・馬米什表示，到 2030 年運河年收入將超過 130 億美元。該項目於 2013 年起步，2014 年被稱為「新蘇伊士運河計劃」並被人熟知。該項目可以看作埃及 2030 願景下的重要制度安排。

擴大棉花種植。2017 年 7 月 10 日，塞西總統召集國家總理、工商部部長、勞動部部長和農業與土地改革部部長召開關於「推動棉花種植，振興埃及紡織工業」的會議。會議強調發展棉花產業並加強對棉花產業的補貼。2017 年，上埃及棉花總量明顯提高，達到 3370 費丹。政府以農業為基礎，大力發展棉花下游產業。工商部已同歐盟合作展開「棉花：從種子到天房帷幔」計劃，旨在提高棉花產品的附加值，並培養棉花種植、加工生產方面的專業人才，政府還在建設 4 個紡織業城。此舉旨在提高棉花產業在工業產值中的比例，增強出口貿易競爭力，促進就業。據統計，棉花產業產值已佔據工業總產值的 25%，出口總額達 70 億埃鎊，可為全國 25% 的勞動力提供就業機會。由此可見，塞西總統仍然將農業作為國家經濟增長和促進就業的重要抓手。

後穆巴拉克時期的經濟改革以穩定與鞏固國家政權為主要目標，兼具經濟發展任務。穆爾西執政時期，國家沒有提出明確的經濟發展戰略，這一點除了治理理念外，和其執政時間短也有關係。2013 年穆爾西政府倒台後，由最高軍事委員會領導的過渡政府增加了軍人在經濟中的作用，以此加強軍隊對國家的控制力，有利於實現軍隊對國家的全面控制，在動盪時期對維護國家穩定有重要意義。2030 願景的制定全面考慮了國家的經濟狀況、現實要求和 IMF 的訴求，但仍然有鞏固政權的制度安排。如「振興傳統經濟行業」中，拓寬蘇伊士運河和擴大棉花種植，兼具實際意義和象徵意義，而對於拓寬蘇伊士運河來講，其象徵意義強於實際意義。棉花產業從穆罕默德・阿里時期就是埃及的重要外匯來源之一，在埃及經濟中扮演着重要角色，而隨着工業化進程的發展，農業逐漸被忽視，直到穆巴拉克時期才重回經濟治理的視野。蘇伊士運河對埃及人民也有很強的象徵意義，蘇伊士運河國有化標誌着埃及完全清除了境內的殖民勢力，見證了埃及人民過去的輝煌。「新蘇伊士運河計劃」又稱「蘇伊士運河振興計劃」，象徵重現過去的輝煌。從現實角度講，棉花產業和蘇伊士運河產業都是埃及經濟發展的支柱產業，是每任政府的經濟治理重點。塞西政府試圖通過沿襲歷史制度的方式沿襲政權的合法性。但最終經濟改革政策是否能真正實現經濟增長，還需要歷史來檢驗。

本章小結

從 1952 年到 2016 年，埃及經歷了六任總統的治理，除穆罕默德・納吉布和穆爾西外，每任總統都根據實際情況提出了自己的改革方案。1952 年自由軍官開始統治埃及，1954 年納賽爾成為第二任總統，並在任期內展開了國家資本主義經濟改革。其中包括為建立政權展開的農業改革，旨在通過限制個人土地規模和平分土地的手段打擊大地主階級，團結農民階級；通過建立農村合作社控制生產資料和農產品，實現對農村的控制。納賽爾政府的治理目標是讓埃及成為獨立的工業化強國。為擺脫殖民經濟，埃及於 1957 年起展開了兩次國有化改革，對象包括埃及境內的一切外資企業和私營企業。土地改革使國家控制了大量土地，有利於資本從農業向工業轉移，而國有化改革讓國家資本存量增加。在此契機之上埃及通過兩個五年計劃，有序地展開了工業化改革。通過改革，埃及的經濟制度開始從殖民經濟向國家資本主義轉型。

納賽爾的改革取得了成就，但也給國家帶來了沉重的外債和赤字。其繼任者薩達特不得已轉投資本主義陣營尋求經濟援助，進而為滿足捐贈國的政治條件展開了混合經濟改革。經濟開放政策的實施是改革的起點，政策包括去國有化、鼓勵私有制經濟發展和吸引外資三個重點。改革完成了國家資本主義經濟向更加自由化的方向轉變，但也引發了 1977 年的「麵包革命」，讓政府看到了改革的「禁區」。

薩達特時期的改革雖然暫時改善了埃及經濟狀況，但由於沒能修正經濟的結構性問題，改革成果未能長期延續，穆巴拉克時期埃及外債越積越多。但海灣戰爭帶來了新的機遇，穆巴拉克政府再次有機會獲得西方國家和國際貨幣基金組織、世界銀行的援助，但前提是必須展開自由經濟改革。改革包括經濟自由化和私有化兩個重點。改革分兩步，第一步是金融自由化主線的經濟穩定計劃，第二步是以私有化和農業經濟自由化為核心的結構性調整。該時期的改革使埃及經濟制度由混合經濟向自由經濟轉型，私營經濟在國民經濟中的比重超越公有制經濟，成為國民經濟主體。但私營經濟沒能拉動經濟增長，且公有制經濟遭到削弱，已不能擔負拉動經濟增長的重任，埃及經濟增長愈發乏力。私有化帶來了裙帶資本家，導致財富分配不公加劇，加上經濟疲軟的影響，民生水平嚴重降低，最終於 2011 年埃及劇變爆發了。

後穆巴拉克時期，埃及真正的經濟改革是從 2013 年穆爾西政府倒台後，由過渡政府開啟、塞西延續的改革。該時期的經濟制度由自由經濟向混合經濟轉型，但與薩達特時期不同的是，唯有軍隊經濟的助力，埃及經濟中的國家資本主義因素才得以上升，因此可以說是軍人底色的混合經濟。該時期的改革主要服務政治目的，也兼顧經濟發展，在制度設計上充分考慮了當下形勢。可以說，除財政金融等直接針對改善宏觀經濟形勢的改革制度安排外，其他方面的改革均直接或間接服務於建立、鞏固塞西政權促進其合法化。

從出發點看，現代埃及的改革都是以政治為導向的，納賽爾時期的經濟改革為了鞏固新建立的政權，而薩達特和穆巴拉克則為了鞏固、維持政權，鮮有為實現經濟增長做出的制度安排；但不同之處在於，納賽爾主導了改革，而他的繼任者們則在西方的影響下展開改革。西方國家在薩達特和穆巴拉克時期對埃及的援助出於對其地緣戰略性的覬覦，附帶的改革制度僅為保證埃及政府有能力償清債務，同樣也未將經濟增長與發展作為改革目標。後穆巴拉克時期的改革雖然有雙重目標，但以政治為主、經濟為輔。

第三章

當代埃及經濟改革與發展的動因

制度變遷理論認為，經濟改革的動力是讓經濟制度從穩定到變遷的力量，是使改革發生的力量，它由相對價格變化和偏好變化兩個要素構成。[1]它破壞了舊制度平衡，是新制度在再平衡過程中產生的前提。

本章將運用制度變遷理論的制度變遷動力範式分析推動歷次埃及經濟改革展開的動力是什麼、它如何推動改革的展開。通過對經濟改革制度變遷動力的詳細分析，本章試圖找到動力中造成經濟改革制度缺陷的因素。下面將從相對價格變化和偏好變化兩個方面研究埃及經濟改革的動力。

第一節　相對價格變化

「制度在變遷，而相對價格的根本性變化是制度變遷的最根本來源。」[2]本章研究的相對價格變化主要指兩種要素價格比率的變化，如「政府的供給能力—社會福利訴求」的比例關係變化等。相對價格的改變直接破壞制度的均衡，這導致制度各方試圖改變制度，以便使一方或雙方的處境得到改善，這就引起了制度變遷。結合埃及的情況，從國內看，經濟改革制度需要實現「國家—普通民眾」和「國家—特殊利益集團」的兩對均衡；從國際看，制度需要實現「國家—外國勢力」的均衡。不同時期，維持這三對均衡的要素相對價格都會改變，從而引發制度變遷。

1　道格拉斯．C. 諾斯:《制度、制度變遷與經濟績效》，98 頁，上海，格致出版社，2019。
2　道格拉斯．C. 諾斯:《制度、制度變遷與經濟績效》，99 頁，上海，格致出版社，2019。

縱觀埃及 1952 年至 2016 年的四次改革，納賽爾時期改革的重心是在封閉的經濟中實現國內經濟轉型，通過傳統農業經濟向現代化工業經濟轉型，實現經濟高速增長，養活不斷增長的埃及人口，並提高社會福利；而後兩個時期的改革則受債務驅動，核心目標是實現開放經濟中的內部均衡和外部均衡；後穆巴拉克時期的改革則聚焦於擴大國家對經濟的控制力，以國家為主導，有序復蘇經濟。用制度變遷的理論分析，改革制度變遷的動力是制度各方因維持其平衡的要素的相對價格改變。因為相對價格改變導致制度的均衡受損，制度需要通過變遷來恢復平衡。埃及在不同時期展開的經濟改革是對相對價格變化的回應，即通過改革恢復制度平衡。

一、維護社會契約的成本升高

維持「國家—社會」均衡的要素是社會契約。社會契約是指「被統治者和統治者的角色，前者對法律法規的制定不聞不問，以換取物質利益，並給官僚投票，讓官僚們獨自治理國家」[1]。換言之，就是政府用來換取人民順從所提供的社會福利。埃及政府的社會契約主要有消費補貼、准稅收、消費品多樣化和工作保障等。從稅收和就業保障來看，1965—2016 年埃及的年均財政支出佔全國 GDP 總量的 35%，其中消費補貼和工資支出佔絕大部分。該區間段內，平均年消費補貼支出佔財政支出總量的 12%，峰值出現在 1975—1981 年，可達 22%；企事業單位在這 46 年裏平均吸納了 1/3 的勞動人口，年均工資支出佔財政支出的 28%。[2]從准稅收來看，埃及對普通民眾徵收的個人所得稅不具有實際的強制性，因為「埃及政府讓人民自己處理個人事務，對諸如逃稅等犯罪睜一隻眼閉一隻眼」[3]。1965—2011 年，埃及 2/3 的稅收來源於間

1　Robert Springborg, *Egypt*, New York, Polity Press, 2018, p.44.

2　Khalid Ikram, *The Political Economy of Reforms in Egypt, Issue and Policymaking since 1952*, Cairo, American University in Cairo Press. 2018, p.102.

3　Robert Springborg, *Egypt*, New York, Polity Press, 2018, p.43.

接稅，如外貿關稅、貨物和服務貿易稅，僅有 1/3 來源於直接稅收，但絕大部分是營業稅，個人所得稅僅佔總稅收的 7%。從消費品多樣化的角度看，自從薩達特時期的「消費性開放」政策實施以來，種類繁多的消費品從西方進口到埃及，其中不乏奢侈品，以滿足人民對豐富物質生活的嚮往。但消費品的進口造成了國家外債攀升，雖然穆巴拉克執政後，想遏制消費品，尤其是奢侈品的大量進口，但最後仍為滿足人民意願選擇讓步。「消費性開放」政策的延續讓穆巴拉克政府的債務危機雪上加霜。總而言之，埃及確實存在「社會契約（social contract）」，而維持這種契約給政府造成了沉重的經濟負擔。

社會契約是埃及經濟改革的禁區。為了維護社會穩定「政府不願意讓人民做出犧牲，即便政策在中長期對國家有很大裨益」[1]。鑒於社會契約是「收買」人民的手段，政府在任何情況下都無法捨棄它，否則社會穩定將受到衝擊。因此，國家需要根據現實情況調整經濟政策，以保證社會福利的延續，維護社會契約的成本的變化成為埃及經濟改革制度變遷的動力。維護契約的成本不是其本身的支出，而是政府對福利的供給能力和社會對福利的訴求之間的對比關係。正如諾斯所言「政治的博弈不存在帕累托最優」[2]。因此，政府的供給能力和社會的訴求不存在平衡點，這對均衡必須是處於動態中的均衡，因此它的失衡是貫穿埃及經濟改革始終的動力。每當經濟維護社會契約的成本上升，政府必然調整經濟改革制度，以降低該成本，恢復制度均衡。

（一）納賽爾時期社會契約的出現

納賽爾時期政府福利供給能力強，社會對政府訴求較少，維持契約的成

1 Holt, R., and T. Roe,「The Political Economy of Reform: Egypt in the 1980s」, *political and Economic Interactions in Economic policy Reform*, edited by R.H.Bates and A.O.Krueger, 204-225, Oxford, Blackwell.

2 道格拉斯·C. 諾斯：《制度、制度變遷與經濟績效》，54 頁，上海，格致出版社，2019。帕累托最優是指資源分配的一種理想狀態，博弈各方都獲得利益最大化的狀態。

本較低。1952年自由軍官組織通過發動政變推翻法魯克王朝，開始統治埃及。雖然當時的人民對法魯克王朝的腐朽不滿，但自由軍官組織也不可能上台後就立即獲得人民的廣泛支持。因此1952年自由軍官開始執政意味着國家和社會的契約正式簽訂。法魯克王朝時期，舊有的經濟制度服務於大地主階級和資產階級、剝削農民階級；國家沒有福利政策，不存在契約，是通過鎮壓的方式維護社會穩定的。公共選擇理論認為威權政府在維持公共支出不變的前提下，可以通過調整行政支出和補貼的比例來維持政權穩定，財政支出擴大導致軍隊鎮壓力度增加，而補貼增加可換得人民的順從。[1]由於鎮壓的存在，原有的經濟制度下國家和社會處於均衡狀態。但自由軍官執政後原有的鎮壓不復存在，鎮壓的真空須由福利填補，維持社會契約的成本發生了從無到有的變化，舊經濟制度下國家和社會兩方失衡，制度開始變遷。國家資本主義改革具有必然性，它有利於國家福利體系的建立。因為再分配是實現福利的重要手段，國家資本主義改革的結果是政府控制了國家的經濟命脈，獲得了原大地主、大資本家和外商資產的產權，給再分配提供了前提與可能性。此舉大大提高了國家的福利供給能力，使其能夠適應從無到有的維護社會契約的成本，讓制度再次恢復平衡。自從蘇伊士運河國有化以後，納賽爾制訂的民族計劃裏明確包括社會階層間財富再分配。[2]

雖然納賽爾時期的福利制度導致國家財政負擔加重，但由於國有化，政府資本存量相對充足，能基本將財政赤字控制在GDP總量的5%以內。外債問題在20世紀60年代中後期才初現端倪，沒給納賽爾政府的埃及經濟治理造成危機，政府的福利供給能力較強。與此同時，納賽爾是魅力型領導人，在他執政前自由軍官就有良好的群眾基礎；他執政後，通過大規模國有化運動，尤其是蘇伊士運河國有化，贏得了民眾的廣泛支持。出於愛國和擁護政

1　丹尼斯・C. 繆勒:《公共選擇理論》，446頁，北京，中國社科文獻出版社，2017。

2　جلال أمين، ((مصر والمصريون في عهد مبارك 1981-2011))، القاهرة: دار الشروق، عام 2011، ص39.

府，人民對社會福利的訴求不多。綜上所述，納賽爾政府在接替法魯克王朝統治埃及時，維護社會契約的成本發生了從無到有的改變，但整體而言，維護社會契約的成本較低。

（二）薩達特時期維持契約的成本上升

薩達特時期維持社會福利的成本增加主要歸因於政府福利供給能力的下降和人民訴求增加的雙重影響。

從供給方——政府看，薩達特政府在 1973 年前一直延續納賽爾時期的經濟政策，但不同之處在於，政府的財政赤字在該時期一直擴大。1972—1975 年一直呈上升趨勢，1972 年達到 GDP 總量的 8.9%，1975 年達到峰值 22.6%。[1]「赤字擴大的主要驅動力是增加的補貼支出。」[2] 1975—1977 年政府試圖削減補貼，赤字逐步縮小，但 1977 年「麵包革命」後，減補政策被廢止，赤字重新擴大，最後 1981 年薩達特任期結束時赤字為 22%～23%。在薩達特任期內，「赤字由借貸填補，既有國內借貸也有國際借貸」[3]，國際貸款導致埃及在經濟治理的獨立性被逐漸蠶食。這是政府福利供給能力下降的結果和表現。

與此同時，人民對福利的訴求在增加。從精神層面說，「薩達特時期的中產階級愛國熱情下降」[4]。從物質層面講，由於 1967—1974 年，政治和軍事的停滯不前，國家必須通過銀根緊縮的財政政策籌措軍費，以抵抗以色列。長期處於物質生活匱乏狀態中的埃及人民對豐富的物質生活充滿嚮往，如果不加以滿足，必將造成社會不穩定。經濟開放政策對埃及人民的物慾膨脹更起

1 Khalid Ikram, *The Political Economy of Reforms in Egypt, Issue and Policymaking since 1952*, Cairo, American University in Cairo Press. 2018, p.206.

2 Khalid Ikram, *The Political Economy of Reforms in Egypt, Issue and Policymaking since 1952*, Cairo, American University in Cairo Press. 2018, p.206.

3 Khalid Ikram, *The Political Economy of Reforms in Egypt, Issue and Policymaking since 1952*, Cairo, American University in Cairo Press. 2018, p.206.

4 جلال أمين، ((مصر والمصريون في عهد مبارك 1981-2011))، القاهرة: دار الشروق، عام 2011، ص147.

到推波助瀾的作用。「埃及對於『基本需求』的改變源自於政府敞開了進口的大門，那時世界處於消費的狂熱中，世界都在說服大眾奢侈品是必需品，沒有奢侈品生活就沒有意義……電視和廣告在改變埃及人的需求上發揮了重要作用，無論對窮人還是富人，這引起了消費增加和通貨膨脹率增加。」[1]消費性進口導致國家外匯儲備被大量消耗，在經濟開放政策開始實施的當年，「進口總額在 GDP 中佔比 37%，幾乎是開放前的 2 倍，而在薩達特執政的最後幾年，該數字上升至 50%」[2]。

雖然維護社會契約的成本不斷增長，但政府明白社會契約不能廢止。1976 年和國際貨幣基金組織探討減補問題時，時任財政部長的艾哈邁德・埃布・伊斯瑪儀（أحمد أبو إسماعيل）就指出，補貼不是經濟問題，而是政治問題，並反對經濟部長完全出於經濟考量同意減補方案。埃及多名部長都指出，補貼的減少將引發社會動盪。而事實也是如此，1976 年的削減補貼直接導致了 1977 年的「麵包革命」。

社會契約必須維持，政府福利供給的負擔與社會福利訴求都在上升，這些共同導致了維護社會契約的成本上升，政府不堪重負。舊有經濟改革制度下國家和社會的均衡再次被打破，因為國家資本主義經濟制度是封閉的經濟制度，國民經濟的大門沒有對世界開放。在這樣的經濟制度下，外商投資這一重要的收入來源幾乎完全被放棄；此外，由於此前對進口貿易的限制和處於初級階段的埃及工業生產能力不足，埃及國內的物質極其匱乏。為了恢復均衡，政府必須找到既能滿足人民訴求，又能維持財政平衡的方法，因此改革制度開始變遷，埃及開展新一輪改革 —— 混合經濟改革。改革的核心是經濟開放政策，雖然它不甚成功，但意圖明顯，埃及學者哈立德・艾克拉姆（خالد أكرم）認為它是投資計劃，旨在利用海外的資本和援助填補國內財政赤

---

1 جلال أمين، ((مصر والمصريون في عهد مبارك 1981-2011))، القاهرة: دار الشروق، عام 2011، ص117-118.
2 جلال أمين، ((مصر والمصريون في عهد مبارك 1981-2011))، القاهرة: دار الشروق، عام 2011، ص118.

字，減輕政府負擔。[1]同時，放開對進口貿易的限制一方面有利於私企發展，另一方面也給國內帶來豐富的進口物資。改革政策提高了政府的福利供給能力，回應了增長的維護社會契約的成本，制度重新恢復平衡。

（三）穆巴拉克時期維持契約的成本再度攀升

穆巴拉克時期維持社會契約成本的再度升高是政府福利供給能力急劇下降所致。

穆巴拉克任期內，國家 GDP 年均增長率為 4.8%，其間 2006—2008 年增長率較高，接近 7%。主流觀點認為，埃及 GDP 增長率必須達到 7%～8% 才能吸納不斷增長的新增勞動力，這導致國內累積了大量的就業矛盾。此外，20 世紀 80 年代末的石油價格下跌；1985 年 3 月的幾次暴動導致旅遊市場受挫，1986 年旅遊收入下降 23%；石油價格下跌導致海灣國家裁減了埃及的務工人員，導致僑匯減少。受到上述三個因素影響，埃及外債已達 450 億美元，外債在 GDP 中佔比 175%。因此，既有的福利制度，如就業保障、較高水平民生補貼難以維繫。外債危機導致埃政府不得不向國外尋求援助。鑒於 1991 年埃及在海灣戰爭中站在西方陣營，以美國為首的西方國家願意對埃進行援助，但作為援助條件，埃及必須根據「華盛頓共識」實施經濟改革。「華盛頓共識」中最重要的一條就是削減補貼、工資等財政支出。因此穆巴拉克時期，政府大幅削減了補貼，並擴大稅務應徵範圍，停止保障就業。

政府本該擴大財政支出滿足人民的社會福利訴求，但由於外匯收入減少，財政赤字擴大，政府無法有效回應人民的訴求；政府本想通過國際援助恢復財政平衡，但西方援助集團的放款條件恰好為降低福利開支。因此國家和社會之間的均衡再次被打破，改革制度再次變遷。在本次的變遷中，政府試圖通過以私有化為核心的自由經濟改革，激發私有制經濟活力，以私有部

1 Khalid Ikram, The Political Economy of Reforms in Egypt, Issue and Policymaking since 1952, Cairo, American University in Cairo Press. 2018, pp.214-215.

門替代公有部門進行投資，從而既降低政府財政負擔又能滿足人民的福利訴求，以期再次恢復國家和社會之間的均衡。從另一方面講，私有制改革能讓利潤率高的國企合法地轉移到軍官手中。這等於將既有的國有資產充當「鎮壓支出」，通過擴大鎮壓支出彌補福利支出的下降，從而達到均衡。經濟改革後，「政府削減了土地改良、住房、教育和衛生領域的公共投資」[1]，讓私有部門替代政府投資，且獲得了援助集團的援助，政府財政負擔大大降低。但從 2011 年埃及劇變這一結果看，該改革制度沒能讓國家和社會兩方實現均衡。

（四）後穆巴拉克維護社會契約的成本波動

穆爾西政府是埃及穆斯林兄弟會建立的政權，這一時期維護社會契約的成本達到峰值。穆罕默德・穆爾西以穆兄會「自由與正義黨」主席的身份參加總統競選，當選埃及第五任總統。反觀穆兄會政權的崛起軌跡可發現，這和它「溫和化」轉型密切相關。簡而言之，在世俗政府面對經濟與社會問題乏力的情形下，該政權以溫和面目示人，讓埃及民眾相信它可以成為世俗政府的替代方案。

2004 年，他們「公開倡導『以人民為政府寶貴』的憲法與民主制度，保障通過自由選舉交接政權，倡導言論自由、信仰自由和結社自由，強調司法獨立性」[2]。這樣的主張同時改變了自由主義團體和中產階級對其的態度。前者不願宗教政黨執政的原因在於二者在公民權利、女性地位、外交政策等問題上存在不可調和的分歧，且認為它加劇了宗教政權和世俗政權隔閡。中產階級在權利和生活水平嚴重衰退的現實下仍支持政府，也是因為無法接受宗教的生活和政治模式。但是，穆兄會變得越溫和，受到的支持也越多，至

---

1 آن م. ليش، تركيز القوة يودي إلى الفساد، القمع ثم المقاومة، ((الربيع العربي في مصر: ثورة وما بعدها))، القاهرة، دار نشر الجامعة الأمريكية بالقاهرة، عام 2012، ص 74.

2 Alan Richards and John Waterbury and Melani Cammett and Ishac Diwan, *A Political Economy of The Middle East*, Boulder, Westview Press, 2015, p.32.

少能被容忍。社會觀念的溫和化轉變使得穆兄會這樣的宗教團體逐漸被社會接納。經濟觀溫和化，獲得了中產階級支持。穆兄會是以中產階級為主體的組織，與面臨失業危機和利益受到裙帶資本家擠壓的中產階級有着天然的聯繫。在經濟上，他們揭露腐敗與社會公平缺失，反映中產階級不滿的同時也加深了他們對政府的不滿，轉而讓中產階級把希望寄託在穆兄會身上。

穆爾西時期總統雖然沒有提出改革方案，但為了兌現上任前對人民的承諾，並解決實際存在的經濟問題，他十分重視改善經濟狀況，治理處於崩潰邊緣的經濟。經濟危機是穆巴拉克時期多年經濟改革歷史遺留的結構性問題的集中發作。穆爾西選舉時就提出要改善經濟。埃及政治分析專家艾哈邁德·陶偉倫（أحمد طويل）表示：「穆兄會總統候選人提出的計劃是埃及全面復興計劃，而不只是選舉計劃。他因此在許多候選人中脫穎而出，其他人都沒有提出具體方案……」[1]由於選舉時穆爾西的承諾和開放公開監督的渠道，人民對經濟善治的訴求不斷提高。穆爾西政府必須致力於改善埃及經濟，而事實上，人民對「民主」與「發展」的訴求過高，導致經濟改革制度變遷後，最大限度迎合民意，仍不能滿足他們的訴求。

為了監督穆爾西總統兌現承諾和執行計劃的情況，3 個埃及學生建立了第三方獨立評價平台「穆爾西計量儀（مرسي ميتر）」，它是一個量化軟件，通過數據圖、數據和表格評價上任百日之際，穆爾西兌現的承諾和政府工作質量。在百天到來之際，64 個經濟目標只有 10 個完全實現，24 個正在進行當中，30 個項目還沒有落實。數據表明，執政百天後，僅有 39% 的埃及民眾對穆爾西的治理滿意。[2]穆爾西計量表給民選總統和民眾一個民主、直接的溝通平台，這也要求總統向人民闡釋他的執政思路和政策，給出具體時間表和評價方式。由於人民的訴求提高，且宣揚民主的穆兄會開放了人民監督的途徑，維護社會契約的相對價格達到峰值。為了讓制度各邊再度平衡，政府必

1 باسم القاسم وربيع الدنّان، مصر بين عهدي مرسي والسيسي: دراسة مقارنة، بيروت، مركز الزيتونة للدراسات والاستشارات، عام 2016، ص 162.

2 http://morsimeter.com，訪問時間 2022-01-20。

須向更加惠民生的方向推動經濟改革。但穆爾西只能解決表面的問題，無法改變穆巴拉克時期的裙帶資本主義控制經濟的事實也無法改變經濟的結構性問題。因此政府經濟動員能力不足，改革力度不夠，無法滿足人民的訴求。可以說，從經濟角度分析，穆爾西政府的失敗可歸因於沒有拿出匹配維護社會契約的相對價格的改革政策。

而塞西時期，由於人民遭受了長期的經濟動盪和民生惡化折磨，他們更加嚮往穩定的生活，加之該時期軍政關係融洽，在國內享有很高的政治地位，此時維護社會契約的成本相對較低，因為比起民生問題，他們更加渴望社會穩定。因此，塞西改革的自主性強，受到人民意志的影響較小，此時維護社會契約的相對價格較低。

二、與第二行動集團的政治交易成本升高

「第二行動集團」是指在制度創新過程中幫助「第一行動集團」（即政府）獲得經濟利益的組織和個人。與第二行動集團的政治交易成本可以參照衡量維持社會契約成本的方式，用政府針對第二行動集團的福利或特權供給能力和第二行動集團對福利或特權訴求的對比衡量。推動埃及經濟改革的第二行動集團是國家資產階級、軍人階層和裙帶資本家。不同時期輔助政府完成改革的第二行動集團不同，如納賽爾和薩達特時期，政府依靠國家資產階級完成改革，而穆巴拉克政府則依靠軍隊和裙帶資本家推行改革。

（一）與國家資產階級的政治交易成本

自從納賽爾時期國有化改革完成後，國家資產階級（برجوازية الدولة）隨國有企業和當代政府的出現而產生。國家資產階級是指「軍官、技術官員和埃及行政官員中的精英，他們使革命後的發展與現代化目標得以實現」[1]。他們也

1 نزيه نصيف الأيوبي، ((الدولة المركزية في مصر))، بيروت، مركز دواسات الوحدة المربية، عام 1989، ص 711.

是文職官僚和軍官中最有能力影響政府決策的那一部分。該群體是政府最廣泛的支持群體，也是政府治理國家的根基。納賽爾時期，政府意識到必須扶植這樣的群體，因此必須在他們身上花費政治交易成本。舊有制度下政府和國家資產階級的均衡被打破，制度開始變遷。納賽爾政府在國有化的基礎上制定了提高該群體福利待遇的制度安排。

20 世紀 70 年代中期，國家企事業單位工作人員和公務員內部至少劃分出四個階層。第一階層為最高級官員，人數約為 2 萬人，年收入 4000 埃鎊（約合 5700 美元）左右；第二階層為高級官員和國企經理，約 17 萬人，他們年收入為 1500 埃鎊左右；第三階層為普通公務員和國企員工，他們約佔 270 萬，年收入介於 144～540 埃鎊之間[1]；而第四階層收入更低。第一和第二階層就是本文所述的「國家資產階級」，從他們和普通國企員工、事業行政人員的收入對比可看出他們福利之優厚。

為了團結國家資產階級，政府不能再像法魯克王朝統治時期那樣剝削他們，而要轉為優待他們。這導致了對該階層的福利開支增加。維持和國家資產階級的政治交易成本上升導致舊制度下政府和國家資產階級這對平衡被打破，政府必須通過國家資本主義改革不斷擴大對經濟的干預，增強自身的福利供給能力。事實上，從納賽爾時期起，政府機關和國企逐步成為給國家資產階級供給福利的平台。1972 年 6 月刊《泰里亞》[2]雜誌曾刊登一篇題為「國家資產階級的生活狀況」的文章，記錄了他們於第一個五年計劃期間的消費情況，具體內容如下表。表格反映了國家中產階級在第一個五年計劃期間消費了大量自主生產的工業耐用品。當時由於生產成本高，冰箱、洗衣機、暖氣、瓦斯灶和收音機等都屬於奢侈品。由此可見國家資產階級的生活質量之高和政府對他們的優待。

1 John Waterbury, *The Egypt of Nasser and Sadat: The Political Economy of Two Regimes*, Princeton, Princeton University Press, 1983, p.248.

2 الطليعة، العدد السادس، عام 1972، ص 121- 135.

表 3-1　1957—1962 年國家資產階級商品消費增長情況

耐用品消費增長		基本商品消費增長	
項目	增長率	項目	增長率
冰箱	215%	小麥	29%
洗衣機	390%	玉米	40%
暖氣	1543%	蠶豆	35%
瓦斯灶	117%	衣服	26%
收音機	152%	鞋	60%

薩達特時期政府的福利供給能力下降，導致交易成本上升，舊有制度再次失去均衡，變遷開始。經濟開放初期湧入埃及的大量外匯讓政府停止了改革步伐，但隨着消費性開放的不斷擴大，政府再次陷入外債危機。20 世紀 70 年代中期，政府為獲得國際貨幣基金組織的貸款度過新的外債危機，一直和國際貨幣基金組織協商改革方案。事實上，自由經濟改革沒有從根本解決埃及的財政問題，而是擴大了政府的資金來源，暫時填補了財政赤字缺口。但如果改革不繼續深化，財政將再次失衡。而國際貨幣基金組織的減補改革正是針對經濟結構性問題的修正方案，是自由經濟改革的深化。

鑒於政府對福利的供給能力下降，無論對人民還是第二行動集團的福利供給能力都有所下降，這導致「政府—人民」「政府—國家資產階級」兩對平衡都被破壞。政府必須通過獲得貸款讓福利供給能力回升，重拾制度均衡。但國際貨幣基金組織放貸的條件卻是削減補貼，即進一步削減福利供給，這時政府必須在人民的福利和國家資產階級的福利之間做出選擇。「財政問題的根源是驟增的消費補貼和政府工資。內閣提議削減行政支出，遏制工資上漲。但是薩達特否定了這個提案。」[1]最終薩達特選擇了維持政府和國家

1　Khalid Ikram, *The Political Economy of Reforms in Egypt, Issue and Policymaking since 1952*, Cairo, American University in Cairo Press. 2018, p.274.

資產階級的平衡，以削減人民的民生補貼為代價保證對國家資產階級福利的供給，從而使經濟改革制度在變遷的過程中出現了削減補貼的制度安排。該制度安排通過縮小福利總供給，提高了政府對國家資產階級福利供給的能力，從而滿足了他們的訴求，使制度恢復平衡。綜上所述，與國家資產階級的政治交易成本是引發國家資本主義改革向自由經濟改革變遷的動力之一。

穆巴拉克時期政府的福利供給能力再度下降，為了保證國家資產階級的福利，國家展開了經濟穩定計劃，其中包括再次削減補貼。本次改革的制度安排更多照顧國家資產階級利益，如 1980 年後，政府為節約水資源，開始向社會計收水費，價格約為 0.55～0.8 埃鎊 / 升。因為農民要灌溉莊稼，對水資源的消費明顯高於中產和上層階級，所以計收水費對國家資產階級影響一般，對農民影響較大，因此農民才是為政府減負買單的主要群體。再如國家在減補後保留了汽油補助，據統計 2011 年埃及的石油補貼高達國家稅收的 41%。只有中上層階級擁有轎車，能享受該補貼；農民的農機或卡車消耗柴油，窮人沒有車輛，因此這兩個群體都無法享受補貼。總之，在福利供給能力不足的情況下，穆巴拉克政府選擇有針對性的減補，為自己減負，保證國家資產階級的福利供給，以此實現制度再均衡。

（二）與軍人階層的政治交易成本

穆巴拉克時期，軍人階層是幫助政府實施自由經濟改革的第二行動集團。公共選擇理論認為，「獨裁者依賴兩種策略工具，即庶民的忠誠和對屬民的鎮壓⋯⋯削減稅收以增加忠誠還是徵集這些稅收以增加鎮壓，這得依賴這兩種策略的相對有效性」[1]。雖然埃及領導人不是獨裁者，但埃及政府屬於威權政府，因此適用於該理論。由於該時期政府負債累累，且援助集團的援助條件是政府盡可能恢復財政平衡，政府只能改變策略，提高稅收、降低福利支出，並增加鎮壓支出來維護統治。因此，自由經濟改革想要展開，必須要考

1 丹尼斯．C. 繆勒：《公共選擇理論（第三版）》，446~447 頁，北京，社會科學文獻出版社，2017。

慮軍人階層的政治交易成本。與軍人階層的政治交易成本受到軍隊的影響力和總統與軍隊總司令（國防部長）的相處模式共同影響。

軍隊對國家的影響力從納賽爾時期隨着「軍隊企業」的出現而出現，那時它主要服務軍隊消費需求。薩達特時期公司開始擴張，主要業務擴大到服務社會需求，如食品加工和基礎設施建設等。穆巴拉克時期起，軍隊產業涉及個人電腦、旅遊度假、豪華汽車等。軍隊的影響力逐漸擴張到可以影響國家的權利和行政體系以及國民經濟。其中 1979 年埃及和以色列簽訂《戴維營協議》後，軍隊失去主要作戰對象，從而更加專注於擴大其影響力。因此，穆巴拉克時期軍隊的影響力達到峰值。

這些影響力體現在產品供給和就業機會創造方面。軍隊給各階層人民提供消費品，如窮人所需的麵包、通心粉、水果、經濟住宅、廉價婚禮禮堂，供給中上層階級的瓶裝水、熟食、鮮肉、汽油、汽車、住房、度假和體育設施等。「價格和質量一般比民用公司的產品更加有競爭力。」[1]這是因為軍隊可以利用政府補貼的原料進行生產加工。最終，「埃及人民越發依賴軍隊提供的產品和服務」[2]。軍隊對社會的滲透伴隨它在經濟中作用的擴大而深入。軍隊企業體量注定它在吸納就業方面很有優勢，「軍隊麾下的文職和武官人數估計達 100 萬，還不包括 35 萬警察和 35 萬在內政部工作的軍人」[3]。「軍隊企業的職員人數大約 200 萬人」[4]，兩項相加約 370 萬人，這約佔埃及總勞動人口 2800 萬的 13%。

從總統和軍隊的相處方式看，三個總統都不直接管理軍隊，但他們又都害怕軍隊發動政變。納賽爾曾讓自己的摯友阿卜杜勒·哈利姆·阿米爾（عبد الحليم عامر）治理軍隊。但他掌權後不顧納賽爾多次要求，拒不交出軍權。最終，他於 1967 年第三次中東戰爭爆發時在自己的別墅裏被捕，隨後被關

1　Zeinab Abul-Magd, *Militarizing the Nation*, NY, Columbia University Press, 2017, p.225.

2　Robert Springborg, *Egypt*, Cambridge, Polity Press, 2018, p.55.

3　Syed Elhadidi,「How Will Egypt Police its Police Force?」, *Al Monitor*, May 11th, 2016.

4　Robert Springborg, *Egypt*, Cambridge, Polity Press, 2018, p.56.

押，直至死亡。由於前車之鑒，薩達特不甚信任軍官。在 11 年的任期中，他頻繁更換軍官，甚至更換最為重要的第二軍、第三軍的參謀長和指揮官。穆巴拉克在剛上任時，也走了納賽爾的老路，任命阿卜杜勒·哈利姆·埃布·厄宰拉（عبد الحليم أبو غزالة）治理軍隊，但隨着他的抱負不斷增長，穆巴拉克於 1989 年將其撤換並軟禁於家中，直到其於 2008 年去世。之後，他選擇和軍隊和解，穆巴拉克任命穆罕默德·侯賽因·坦塔維（محمد حسين طنطاوي）為陸軍元帥統治軍隊，並擔任國防部長一職。這在埃及歷史上是絕無僅有的。這樣還不能杜絕所有隱患，穆巴拉克決定將坦塔維的注意力引向商業，命令他擴張軍隊經濟，以此防範政變。此舉一方面降低了軍隊對政權的威脅，另一方面也提高了軍隊自給自足的能力，可降低中央財政對軍隊的投入。與此同時，一心報國、厭惡貪腐的軍官被邊緣化，因此在軍隊興起這樣一種風氣：「他們的物質利益是忠誠換來的，而不是表現。」[1]

軍隊的影響力不斷增長，使得它對國家的滲透和影響不斷加深；與此同時，穆巴拉克上任後，選擇通過經濟的方式「賄賂」軍官，通過讓軍官從商的方式，既贏得他們的支持又將其注意力引出軍事。這使得對軍隊的政治交易成本攀升。穆巴拉克必須通過擴大軍隊在經濟中的作用來賄賂他們。私有化改革恰好能滿足政府賄賂軍隊的需求。因為通過國有化，政府可以將國有企業，尤其是利潤率高的國有企業產權轉移到軍隊手中。這樣一來，政府沒有花費額外的開銷，僅通過產權流轉就增加了鎮壓支出，提高了社會穩定性；而經營企業也能轉移軍隊對政治的注意，降低其政治威脅。

因此，與軍人階層的政治交易成本是混合經濟改革向自由經濟改革變遷的動力之一。政府決定團結軍隊後，通過軍官從商的方式轉移他們對政治的注意力，政府對軍隊的政治交易成本上升，引起混合經濟改革制度中政府和軍隊兩方的失衡，因為混合經濟改革沒有傾向於軍隊經濟利益的制度安排。政府通過自由經濟改革的方式，將國有企業的產權合法化地轉移到軍隊，讓

1 Robert Springborg, *Egypt*, Cambridge, Polity Press, 2018, p.50.

制度恢復平衡。

塞西時期，雖然軍人階層仍是第二行動集團，但塞西與軍隊的相處模式發生了改變。薩達特和穆巴拉克時期，政府利用內政部下屬國家安全調查局和國家安全局制衡軍事情報局。因為這兩任總統都並非來自軍隊核心，薩達特戰爭服役時間不超過 5 年，而穆巴拉克來自空軍，不是陸軍軍官。因此他們不能完全信任忠心耿耿的軍情局。穆巴拉克時期的國家安全局局長歐邁爾．蘇萊曼，也是他的心腹，曾經於 1986—1993 年擔任軍情局副局長和局長，隨後被調任國家安全局局長。可見穆巴拉克對軍情局的提防。而塞西時期，政府和軍隊形成合力，共同維護國家的安全與穩定，為經濟增長奠定了政治基礎。

塞西政府與軍隊關係融洽，主要體現在兩個方面。第一，以軍情局取代國家安全局。他的兩個兒子都就職於軍情局，他還任命了自己的親家做下一任軍情局長。第二，調任原軍隊高官在行政官僚系統中任要職。他任命了原軍情局長穆哈默德．法里德．圖哈米。此外，軍隊勢力成立了兩支政黨，在 2015 年的議會選舉中聯合獲得了絕大多數席位，於 2016 年共同組建了政府。軍隊在塞西政府中扮演重要角色，本身享有經濟治理的權力，政府對軍人階層的政治交易成本攀升，這導致之前改革制度失衡，需要通過編制傾向於軍隊的經濟改革制度，使制度再次平衡。

（三）與裙帶資本家的政治交易成本

裙帶資本家是穆巴拉克時期改革核心制度安排 —— 私有化改革的擁護者，對於自由經濟改革，政府秉持這樣的邏輯：私有化是核心，因為資產轉移到私人手中就能被更有效地利用。因此有能力收購國有企業的裙帶資本家是改革的中流砥柱。

「裙帶資本家」指那些處於權力中心或靠近權力中心，以此獲得經濟上優待的群體。埃及在實施經濟開放政策後，一批商人先富起來了，這些富人是政府政策的擁護者，因此同政府關係日益密切，官員和商人的關係愈發密切。「在商業代理以及從事進出口貿易或承包等大商人中，有 2 位前總理和 22

位前部長，以及數十名國有企業董事長、國務秘書或省長。」[1]這些人的勢力在薩達特時期就已經根深蒂固，新任總統既無法也沒有必要將他們清除。如果同他們合作，一方面能提高國有企業私有化效率；另一方面，政府能夠借助政治聯結公司使「私有業務國有化」，因為政治聯結公司都是國家扶植起來的，所以這些私企手中的業務，實質上仍掌握在政府手中，只不過「委託—代理」的發包過程被隱藏了。根據「官僚成倍法則」，政府從私人企業那裏剝奪一項活動會讓它的單位生產成本翻倍，政府實質地控制商業活動會導致高昂的成本居高不下，這就給了政府尋租的機會。因為這對於政府和當局關係密切的商人來講是雙贏的，所以這樣的模式需要通過私有化改革造成的鎖入效應來強化。私有化改革有助於讓政權集團的商人獲得更多掌握原政府壟斷行業的機會，讓他們獲得更多的經濟資源，從而擴大商人和政府的利益交換，兩者的利益都被放大了。因此，「埃及經濟學家將經濟改革與結構調整計劃稱為『秘密的社會改造計劃』」[2]。

我們可以用制度傾斜的訴求衡量政府與該階層的政治交易成本。這裏不考慮政府的制度供給能力是因為政策傾斜不會對人民福利造成直接的顯著影響，且政策也不會擴大財政支出，不會受到國外勢力干預，所以政府擁有主動權。由於裙帶資本家能直接參與或影響各方面政策的制定，政府必須妥善處理好與他們的關係。又因為他們中大部分都擁有私有化的國有企業，並且渴望通過手中的企業獲利，所以他們必然向政府施壓，要求制度傾斜，導致交易成本上升。而自由經濟改革下私有化改革的配套制度能有效滿足裙帶資本家不斷增加的利己訴求，從而回應與裙帶資本家的政治交易成本的升高。這些制度安排包括優先獲得稀缺資源、進口關稅保護、稅收優惠等。這導致裙帶資本家企業的競爭力明顯高於一般私企，原先國有企業的壟斷直接轉移到私人手中。

綜上所述，自由經濟改革的動力之一是與裙帶資本家的政治交易成本的

1　陳天社：《穆巴拉克時期的埃及》，22頁，北京，社會科學文獻出版社，2019。

2　Khalid Ikram, *The Political Economy of Reforms in Egypt, Issue and Policymaking since 1952*, Cairo, American University in Cairo Press, 2018, p.285.

升高。裙帶資本家政治權利的增強且利己的訴求不斷增加，導致政府和他們的政治交易成本升高，最終導致混合經濟改革制度下政府和裙帶資本家兩方失衡。因為混合經濟改革制度沒有賦予裙帶資本家特權。而自由經濟改革下的私有化改革配套制度賦予了他們優惠與特權，使他們更容易獲得經濟租，滿足了他們的訴求，讓制度再次平衡。

三、國際談判的議價權力減弱

國際談判的議價權力是維持經濟改革制度中埃及國家和國外勢力這對平衡的關鍵因素。如果埃及的國際談判議價權力減弱，制度就處於失衡，政府需要根據國外勢力的要求改變經濟改革制度，以此獲得它的幫扶，使國家處境改善，國際談判議價權力再度上升，制度恢復平衡。1952—2011 年，決定埃及國際談判議價權力的關鍵因素是外債，該權力與負債額成反比。因為當政府不堪外債重負時，更傾向於服從援助集團的政治條件——經濟改革，以盡快獲得援助，緩解債務負擔。而一旦債務負擔緩解，政府則不再受制於援助集團，就會停止被要求的經濟改革。

（一）納賽爾時期議價權力受蠶食

納賽爾統治時期，埃及的外債從 20 世紀 60 年代初現端倪。三個關鍵因素導致了外債。第一，埃及的進口替代工業化路線導致其在初級階段不僅從外國進口生產所需的裝備和設備，還要暫時進口整套工業設施的終端產品。第二，埃及反西方的外交政策斷送了西方國家對它的優惠援助，切斷了埃及進入世界最大資本市場的道路。第三，埃及大部分出口商品流向社會主義國家，以此獲得外匯購買武器和技術。但東方的技術普遍落後於西方，因此這種技術下的終端產品難以在西方國家找到銷路。而埃及的大多數糧食都從西方進口，這就造成了巨大的貿易逆差。

1965 年埃及的第一個五年計劃中 30% 的項目靠舉債融資，這導致 1965

年末外債總額達 15.16 億美元，銀行短期貸款達 1.03 億美元。1966—1969 年，法國、意大利、德國、瑞士、瑞典、墨西哥、日本、英國都曾為它重新安排債務。在此期間，埃及大幅增加短期銀行貸款，但由於貸款期過短，政府無法按期償還到期債務，這導致了即便在債務重新安排的協議下，埃及在 1969—1974 年仍需償還既有債務總額的 74%。

納賽爾時期政府的決策失誤是除戰爭外，國家外債問題最重要的誘因，但外債在這一時期沒有對埃及的國際談判議價權力造成實質性影響，因此該時期埃及的經濟改革政策沒有以償還外債為目的。

（二）薩達特時期議價權力減弱

從 1971 年開始，埃及經濟衰退，GDP 增長率由 1971 年的 3.4% 下降到 1972 年的 2%，1973 年降到 0.7%。財政赤字由 1972 年在 GDP 中佔比 8.9% 上升到 1975 年 22.5%，這主要歸因於不斷增加的消費補貼開支，政府需要通過對外借錢填補預算赤字，1973 年外債總額佔 GDP 總額的 19.2%。[1] 薩達特就此狀況表示：「我想告訴他們（國家安全委員會），我們已經進入經濟的零點狀態（مرحلة الصفر）……從 1974 年 1 月 1 日起，我已經連一分錢都無法拿出還債了，也拿不出糧食來。已經沒有大餅可以給人民了。」[2]

1974 年埃及以經濟開放政策為核心展開改革，滿足了國際貨幣基金組織對埃援助的先決條件。但國際貨幣基金組織向埃及放貸的政治附加條件是削減消費補貼。針對國際貨幣基金組織的減補條件，埃及時任經濟部長紮基·沙斐儀（زكي شافعي）和財政部長阿卜杜·伊斯瑪儀（أحمد أبو إسماعيل）都就接受國際貨幣基金組織的貸款及其附帶政治條件和國家獨立自主性問題進行了權衡，但得出了相反的結論。前者不傾向於向國外借貸，忌憚國家的獨立主權

---

1 Khalid Ikram, *The Political Economy of Reforms in Egypt, Issue and Policymaking since 1952*, Cairo, American University in Cairo Press, 2018, p.206.

2 Grant M. Scobie, *Government Policy and Food Import, The Case of Wheat in Egypt*, Washington, DC, International Food Policy Research Institute, 1981, p.31.

受到蠶食；且他認為國際貨幣基金組織給出的改革方案並不完善，增加稅收是比減補更加可持續的財政再平衡手段。後者認為，向國際貨幣基金組織借貸確實會迫使國家暴露於外部壓力之中，但即便如此也不該拿政治和社會穩定做賭注放棄貸款。

無論決定如何，絕大多數部長都明白，削減補貼意味着回到十月戰爭前的銀根緊縮狀態，這很有可能引起社會動盪。因此埃及政府以時機不對為由搪塞國際貨幣基金組織，改革一直被擱置。國際貨幣基金組織的計劃存在缺陷，從制度設計來看，改革要求擴大稅務應徵範圍、削減補貼，但同時又要求提高銀行利率、埃鎊對美元貶值。而提高利率不利於刺激投資，從而使稅收減少，不利於償還外債；而埃鎊對美元貶值還會增加外債。因此，國際貨幣基金組織設計的制度效率低下，沒法實現設定目標。從影響看，減補必然導致通貨膨脹和嚴重影響窮人的生活質量，繼而導致社會動盪。但是「1976 年 7 月國家財政狀況再次惡化，從而無法再推遲接受國際貨幣基金組織的經濟支持了。埃及政府表示已準備好和組織簽訂協議」[1]。因為只有滿足國際貨幣基金組織的條件，它才決定召開諮詢小組會議，最終確定給埃及放貸。最終，埃及明知國際貨幣基金組織的改革方案不正確，但還是接受了。這足見外債危機面前國際談判衰弱的議價權力。

薩達特時期埃及議價權力的減弱導致了制度失衡，政府必須服從國際貨幣基金組織的要求，展開經濟改革，以此作為回應。作為結果，國際貨幣基金組織停止對埃及政府施壓，埃及政府因獲得援助而緩解債務危機，議價權力增加，制度重新平衡。這一時期的混合經濟改革涉及的兩個最重要的制度安排 —— 經濟開放和國際貨幣基金組織的改革方案都有助於抑制國際貨幣基金組織施壓，並提高埃及的國家議價權力。經濟開放的結果雖然只是治標不治本的假繁榮，但也確實吸引了大量外資，緩解了外債壓力。國際貨幣基

1　Khalid Ikram, *The Political Economy of Reforms in Egypt, Issue and Policymaking since 1952*, Cairo, American University in Cairo Press, 2018, p.236.

金組織的改革方案僅暫時削減了赤字率，但卻引發了「麵包革命」，以失敗告終。然而埃及國內的動亂成為它向國際貨幣基金組織施壓的籌碼，迫使國際貨幣基金組織放款，因為後者造成了埃及國內大規模死傷的革命，必須對此負責。「麵包革命」的爆發導致埃政府和世界銀行、國際貨幣基金組織意識到，目前只能通過直接援助的方式解決埃及困境，而經濟改革只能緩慢推進，無法立竿見影。

綜上所述，薩達特時期的外債壓力導致埃及政府的國際談判議價權力下降，舊制度下政府和援助集團兩邊失衡，因為國家資本主義經濟改革制度無法滿足援助集團的訴求，導致制度必須變遷。混合經濟改革制度下，因為援助集團的訴求被滿足，所以不再對政府施壓，且改革緩解了政府的債務危機，政府的議價權力再度上升，最終使得制度再次平衡。

（三）穆巴拉克時期議價權力失落

穆巴拉克時期國家的財政失衡嚴重。首先是財政赤字，財政赤字主要由公有制企業虧損、民生補貼、國家企事業單位巨額工資支出和之前的債務餘額構成。鬆弛的金融政策也起到了推波助瀾的作用：一方面銀行貸款利率較低，這助長了國有企業樂意借貸的勢頭，因此高國債負擔率成為國企的通病；另一方面，寬鬆的外匯管制政策使得境內資產大量流向海外。

國內的赤字可以通過國際借款的方式填補，而外債只能通過內源型經濟增長來償還，因此財政赤字的擴大必然導致國家的負債危機。正是因為薩達特熱衷於外源型經濟發展模式，所以導致了 1981 年起埃及外債攀升。1977 年「麵包革命」後，薩達特政府認為，埃及是維護中東正義的領頭羊，「從政治上講，既然有機會讓其他產油的阿拉伯國家分擔負擔，國家領導人還堅持讓人民變窮，這是不負責任的」[1]。自 1977 年從埃及海灣開發組織獲得援助

1 Khalid Ikram, *The Political Economy of Reforms in Egypt, Issue and Policymaking since 1952*, Cairo, American University in Cairo Press, 2018, p.221.

後，埃及在 1982—1987 年繼續大量貸款，外債增長了約 50%，而年償債額翻了 3 倍。最終導致在 1988 年，埃及外債達 450 億美元，外債在 GDP 中佔比 175%。[1]

穆巴拉克不願受制於西方，也不同意西方對其援助所附帶的改革方案。他曾於 1988 年在國際貨幣基金組織的會議上當面向債權國表示：「比如一個病人，治病需要一個月的療程。醫生不讓他在一個月內每日服藥，而是告訴他，你一口氣把一個月的藥全吃下去，第二天就會好。當然，他吃下去後睡過去，第二天不會醒來，他死了。這就是國際貨幣基金組織，給需要長期治療的人和短期治療的人相同的藥方…… 我告訴過國際貨幣基金組織，改革需要根據國家的經濟社會條件和人民生活水平展開。誰都不能允許物價上漲 40%，那樣沒人能活。這不是國際貨幣基金組織的方案，這是一場屠殺。」[2] 由此可見債權國對埃及干預的程度和穆巴拉克對這種干預的反感程度。穆巴拉克對債權國和國際組織的不滿一方面來源於他們要求的改革步伐過大，另一方面來源於穆巴拉克對政策正確性的懷疑。從結果來看，經濟改革與結構性調整確實因為過度強調私有化，忽略了生產效率和良好營商環境對經濟增長和貿易增長的重要性，導致私有化完成後私有經濟在國民經濟中佔主導地位卻無法拉動經濟增長。但即便如此，1991 年埃及政府決定扭轉先前債務的惡性循環，派遣代表團同世界銀行和國際貨幣基金組織談判。穆巴拉克對上述金融組織的態度發生了巨大轉變，他給代表團的指示是，要盡快達成協議，讓巴黎俱樂部減免債務。穆巴拉克被迫接受不甚理想的改革方案反映了在外債壓力下政府國際談判權力的失落。

國際談判權力的失落導致舊有經濟改革制度下國家和外國勢力的均衡被破壞。因為混合經濟改革制度無法滿足援助集團對削減財政開支的要求，援助集團將持續施壓；與此同時，埃及政府只能服從外方的經濟改革要求，以

1　Khalid Ikram, *The Egyptian Economy, 1952-2000: Performance Policies and Issues*, New York, Routledge Press, 2006. pp.144-145.

2　Yahya Sadowski, *Political Vegetables*, Washington, DC, Brookings Institution, 1991, p.253.

此獲得貸款，這也是它唯一能夠擺脫債務危機的方法。政府再次展開改革，旨在「減少外債的絕對數量，因為穆巴拉克決定減少埃及遭受外來壓力的可能……負債率對他來說沒有意義，政治的考量超出經濟」[1]。因為只有提高議價權力才能讓制度重新平衡。穆巴拉克時期的自由經濟改革中重要的一環就是旨在縮小外債的經濟穩定計劃，計劃有效地削減了國家外債，政府的議價權力提高，1997 年後國外勢力對經濟治理的干涉明顯減少，埃及經濟治理的獨立自主性提高。

塞西時期，國際貨幣基金組織明確提出，資助埃及在國際基金貨幣組織的指導思想下自主制定的經濟改革方案，因此這一時期政府的國際議價權力很高，改革主要以國內的實際情況、利益集團平衡和總統的偏好為主，受國際勢力意志的影響較小。

第二節　偏好變化

制度變遷理論認為，偏好變化是制度變遷的另一源泉。因為制度存在的目的之一就是降低人們表達觀點的成本。「制度，通過降低我們為我們的觀念所付出的代價，而使觀念、教義、時尚以及意識形態等成為制度變遷的重要來源。」[2]制度通過降低表達偏好的成本來強化偏好的標的，而偏好反過來推動制度變遷。

一、對美蘇陣營的偏好變化

在 1952 年到 1956 年自由軍官政權執政的這四年中，埃及的經濟維持

1 Arvind Subramanian, *The Egyptian Stabilization Experience: An Analytical Retrospective, Working Paper 18*, Egyptian Center for Economic Studies(ECEA) , Cairo, ECES, 1997.

2 道格拉斯 · C. 諾斯:《制度、制度變遷與經濟績效》，101 頁，上海，格致出版社，2019。

革命前原樣，仍是自由經濟。「在革命的前幾年埃及和美國建立了友好的關係。」[1] 由於秉持自由經濟模式，埃及成為西方資本主義陣營的天然盟友。但埃及和社會主義陣營國家也有聯繫，1950 年起埃及與社會主義國家的出口貿易佔總出口額的 11%，進口貿易額佔總進口額的 5%，其中包括武器進口。而西方不肯向埃及出售武器，時任英國首相丘吉爾曾勸阻美國向埃及出售武器。就在埃及從美國購買武器受阻的情況下，1955 年 2 月以色列向埃及在加沙的部隊發動了進攻，進而引起了埃及全國震動。1955 年埃及和蘇聯簽訂了第一筆武器交易協議，總額達 3.36 億美元，蘇聯開出了極其慷慨的條件，「半價出售，貸款年利率 2%，期限為 10～15 年，接受不可自由兌換貨幣結算」[2]。納賽爾是阿拉伯民族主義者，一直想成為中東和非洲反侵略的領頭羊，蘇聯的武器供給無疑塑造了他對以蘇聯為首的社會主義陣營的偏好。但因為自由經濟下埃及的盟友顧忌埃及靠近蘇聯，所以這種偏好的表達成本不斷增加，在 1956 年的蘇伊士運河國有化過程中達到巔峰。

1956 年埃及尋求西方貸款來建造阿斯旺大壩，美國和英國同意放貸 7000 萬美金資助埃及，並表示考慮後續進行第二階段資助，世界銀行預計資政 2 億美元。但是出資方給第二階段貸款附加了許多政治條件，如埃政府必須將 1/3 的財政收入投入大壩項目，以滿足本地貨幣部分的資金需求；項目必須通過國際招標的形式進行，且社會主義國家須被排除在外；在沒有獲得世界銀行允許的情況下，埃及不能再增加外債；埃及必須和蘇丹簽訂新的尼羅河水源協議等。埃及政府十分抗拒帶有附加條件的第二階段貸款，因為它給了西方把柄，能通過經濟控制埃及，從而將埃及在巴以問題中置於被動的境地。1956 年 6 月，埃及拒絕了西方的條件，美國和英國相繼撤資，世界銀行也決定撤資。西方的解釋是埃及由於從東方國家購買大量軍火，其財政狀況無法支持大壩項目，且埃及和蘇丹沒有達成協議。但真正的原因是，美國對埃及

---

1 نزيه نصيف الأيوبي، ((الدولة المركزية في مصر))، بيروت، مركز دواسات الوحدة المربية، عام 1989، ص 94.

2 John Waterbury, *The Egypt of Nasser and Sadat: The Political Economy of Two Regimes*, Princeton Univ Press, 1983, p.397.

從蘇聯購買軍火並承認社會主義國家——中國極度不滿。

由於自由軍官在美國的幫扶下完成了土地改革，自由軍官執政初期一直親美，奉行西方倡導的自由主義經濟，在 1956 年之前沒有出台任何讓國內資產產權向政府流轉的經濟改革制度安排。因此，自由軍官執政後國家幾乎沒法控制除農業部門以外的資產，這造成政府財政勢力薄弱，必須依靠西方資本實現發展。1956 年埃及在西方拒絕貸款後，邁出了國家資本主義經濟改革最實質性的一步——國有化改革。改革加強了政府對原外商資本的控制，增強了政府的財政能力和國際談判權力，使得埃及更容易自主選擇和表達其偏好，自主選擇國際陣營。

埃及對社會主義國家的偏好也逆向加強國家資本主義經濟改革，促進了改革目標的實現。「從 1958 年至 1977 年，蘇聯共向埃及承諾 4.49 億等額埃鎊的非軍事援助，實際放款 3.91 億埃鎊。其他社會主義國家放款 1.57 億埃鎊。」[1]蘇聯援助的 50% 投入阿斯旺大壩二期的建設。大壩建設的二期——發電站建設屬於工業化進程的一部分，因此也可以說 80% 的援助用於發展製造業，如鋼、鐵、鋁的生產。其他社會主義國家的援助用途相似。社會主義陣營的援助幫助埃及完成了農業經濟向工業經濟的轉型。

1971 年薩達特上台後，國家意識到現階段西方資本主義陣營的經濟援助遠比社會主義的武器強。此外，「薩達特本人在西方影響的教育下成長，又是一位虔誠的教徒，反對無神論，反對共產主義，同蘇聯的社會主義格格不入，對美國的資本主義素有好感」[2]，於是決定重返資本主義陣營。但因為政府對經濟的控制過嚴，成為西方詬病的焦點，所以在國家資本主義的經濟體制下，薩達特對西方陣營的偏好難以表達。於是薩達特實施了經濟開放政策，這是混合經濟改革的標誌，其主要目的是降低對西方資本主義陣營偏好的表達成本。因此時任總理的希賈茲表示「經濟開放政策算不上自由經濟的藍

---

1 قريتلي، ((تاريخ الثورة الاقتصادي))، القاهرة، دار المعارف، عام 1973، ص 133.

2 楊灝城、江淳：《納賽爾和薩達特時期的埃及》，350 頁，北京，商務印書館，1997。

圖，只是一個『投資促進計劃』。且它沒有具體措施」[1]。

對資本主義陣營的偏好導致自由經濟制度被強化。經歷薩達特時期的改革，國家經濟制度變成半國家資本主義半自由主義的混合經濟。1991 年後穆巴拉克時期的改革國家的經濟制度轉變成完全的自由主義制度。這是因為薩達特時期，埃及對資本主義的偏好的表達僅在獲得外匯後就不再繼續。經濟開放後埃及的外匯儲備激增，債務清償能力大大提高。因此政府在議價權力回升後就停止了對西方的順從，直到 20 世紀 70 年代外債危機再次爆發。但埃及在 70 年代後也沒有受制於西方太久，因為政府被迫接受的減補改革在實施半年後就因「麵包革命」被廢止。所以，薩達特時期埃及受到對資本主義陣營偏好的影響相對較小。但薩達特在任期內的一些做法導致該偏好對穆巴拉克時期的改革造成了深遠的影響。在薩達特時期，埃及為了表達陣營轉換的決心，當即廢止了從蘇聯購買 50 萬台紡織機的訂單和磷酸鹽項目的合作協議，以期和西方進行交易。這導致埃及沒有退路，無法回到社會主義陣營。因此穆巴拉克時期的債務危機發生時，埃及只能依靠西方的援助度過當時的債務危機，並接受西方的自由經濟改革條件，最終導致混合經濟向自由經濟轉型。

後穆巴拉克時期，埃及仍和以美國為首的西方陣營保持良好的外交關係，國家對西方陣營的偏好沒有改變。

二、對營商的偏好轉變

（一）納賽爾時期限制營商

正如上文所述，自由軍官執政的前四年埃及政府同國內的資產階級相安無事。但很快納賽爾開始懼怕資產階級，因為那時法魯克王朝的貴族雖然已被消滅，土地革命後大地主階級被消滅，但社會上層的企業家、商人、金融

1　John Waterbury, *The Egypt of Nasser and Sadat: The Political Economy of Two Regimes*, Princeton Univ Press, 1983, p.124.

家，處於社會中上層的高級官員、技術人員、中產商人、中產地主仍存在。這一群體都在原先的法魯克王朝統治時期累積了大量資本，大多數都擁有產業，因此可歸為商人階層。他們極有可能和外國勢力勾結，干預內政，以此保護產權。鑒於該群體政治實力較強，納賽爾通過限制營商的方式削弱他們的經濟和政治實力。他採用「分而治之」的方式，將他們分為四類：純埃及血統的資產階級、已經埃及化（متمصر）的資產階級、外國資產階級、科普特資產階級。政府需要通過合法手段打擊資產階級，因此不能直接沒收他們的資產，而是通過沒收產業間接打擊，商人成為主要打擊對象。對營商的限制是國家資本主義改革的動力，因為改革重要的組成部分就是國有化。國家從鏟除非埃及商人入手實施了針對外資企業的國有化改革。1961 年 7 月埃及頒佈《社會主義宣言》，引起了敘利亞商界的警覺，最後敘利亞忌憚埃及的「社會主義風暴」席捲敘利亞，於是掌權的政商聯盟決定解體 1958 年組建的阿拉伯聯合共和國。敘利亞的事變引起了納賽爾的警覺，因為事變很可能在埃及重演。事實正是如此，「埃及有威望的商人接近阿卜杜勒・哈基姆・阿米爾將軍——一個經濟觀極度保守的、親近納賽爾的人——希望他能夠動搖納賽爾，或彈劾他，至少勸說他放棄《社會主義宣言》」[1]。由於懼怕埃及資產階級類似的密謀，納賽爾政府對商人的提防加強，對營商的限制加劇，最終於 1964 年開始展開了針對本土私有企業的國有化改革，國有化後原先的私有企業主仍然可以在企業作為經理工作，但企業歸國家所有。國有化改革後，營商活動大大受限，「私人資本除保留房屋地產經營權外，還從事大部分零售業、一小部分批發業和進出口業、部分運輸和建築承包，以及一些規模不大的製造業……就是在這些領域，他們也不能像以往那樣為所欲為」[2]。綜上，納賽爾時期，自由軍官對商人的態度從接受到提防的轉變為國家資本主義經濟改革提供了動力。

1　O' Brien, Patrick, The Revolution in Egypt' s Economic System: From Private Enterprise to Socialism, 1952-1966, London, Oxford University Press, p.132.

2　楊灝城、江淳：《納賽爾和薩達特時期的埃及》，108 頁，北京，商務印書館，1997。

（二）薩達特時期鼓勵營商

薩達特執政後，因 1973 年的經濟危機展開混合經濟改革，改革的初衷是利用外資和私營部門投資繁榮埃及經濟。改革改變了納賽爾時期的經濟路線，「直到薩達特任期結束，他的政策一直致力於消除殘餘的國家資本主義」[1]。這樣的制度變遷降低了對商人階層偏好的表達成本，使薩達特能夠合法化地鼓勵商人階層發展。他之所以對商人階層抱有偏好，是因為「薩達特不喜歡納賽爾時期銀根緊縮的政策」[2]。納賽爾時期國家為了保護幼稚民族產業，鼓勵出口、限制進口，以便累積外匯購買進口替代工業生產所需原料，這必然導致國內物質生活匱乏。為實現物質多樣化，就必須鬆綁進口限制，因此鼓勵從事進出口貿易的商業活動是必由之路。對商人階層由提防到鼓勵，一方面推進了國家資本主義經濟改革制度更加深刻地向自由經濟改革制度的變遷，消費性開放這一制度安排的出現就是以「皮包商人」隊伍的壯大為前提的。另一方面，偏好改變對促進偏好改變的制度變遷有正向加強作用。奈伊姆・沙爾貝尼（Naiem A. Sherbiny）和烏梅麥・哈提姆（Omaima M. Hatem）曾指出：「商會內部在短暫可理解的懷疑和猶豫後，一些移居海外的埃及企業家開始歸鄉，並向國內轉移了一些在海外累積的資本。」[3]如之前章節所述，經濟開放政策的制度安排效率較低，吸納西方外資直接投資的效果有限，外資的來源主要是阿拉伯國家投資和埃及本國的僑匯。變遷後的制度之所以無法有效吸引西方外商直接投資，而能吸引到阿拉伯國家的投資和埃及僑民僑匯，正是政府對本國商人階層的親近所致。這證明了對商人階層偏好的改變促進了經濟改革制度的變遷。

1　Naiem A. Sherbiny and Omanima M. Hatem, *State and Entrepreneurs in Egypt Economic Development since 1805*, New York, Palgrave Macmillan, 2015, p.79.

2　جلال أمين، ((مصر والمصريون في عهد مبارك 1981-2011))، القاهرة: دار الشروق، عام 2011، ص.78

3　Naiem A. Sherbiny and Omanima M. Hatem, *State and Entrepreneurs in Egypt Economic Development since 1805*, New York, Palgrave Macmillan, 2015, p.79.

（三）穆巴拉克時期政商融合

穆巴拉克在薩達特遇刺後接管埃及，這一時期有許多從經濟開放政策中受益發家的商人或富商後裔轉而從政，因此官商勾結的現象嚴重，政府對商業包容度較高。20 世紀 80 年代末至 90 年代初的經濟危機迫使政府考慮接受國際貨幣基金組織提出的經濟改革與結構性調整計劃，政府因此需要認真考慮如何治理經濟，如何對待商人階層。埃及兩家最權威智庫 —— 埃及研究論壇（Egypt Research Forum）和埃及經濟研究中心（Egypt Center For Economy Studies）給政府提供資政建議時，鼓吹自由經濟和商業在經濟發展中的作用。自由經濟改革下的經濟改革與結構性調整計劃的實施給予私有部門商人合法地位，將國家對商人，尤其是裙帶資本家的偏袒合法化。結果是該輪經濟改革制度變遷中有許多利好商人階層的新制度安排，更有在稅收、貸款等方面專門有利於裙帶資本家的制度安排。在政府親商的推動下，政府撤出了對絕大多數行業的壟斷與控制，把他們留給商人從中盈利，從而實現了深刻的經濟自由化。

（四）後穆巴拉克時期軍商合作

裙帶資本家在穆爾西上台後，政治聯繫被切斷，將政權牢牢掌握在自己和穆兄會成員手中。穆爾希政府被推翻後，最高軍事委員會在掌權過渡政府時提升了軍隊在經濟中的地位，加強了軍隊對經濟的控制，但始終沒有限制私有制經濟和商人階層的活動。塞西對社會地位較高的人更加有號召力，他上台後「復用了穆巴拉克的裙帶資本家」[1]。並給裙帶資本家批覆了幾個經濟效益受到質疑的大型項目，而與此同時，持續削減公共服務開支，尤其是教育和醫療領域的開支。

事實上，塞西對商人階層具有偏好，因為讓商人階層替代政府給社會提供公共服務，無疑能減輕政府的財政壓力。但是塞西不允許穆巴拉克時期

1　Robert Springborg, *Egypt*, New York, Polity Press, 2018, p.62.

「商富政窮」的情況發生，因此在穆爾西執政期間清除裙帶資本家的勢力後，最高軍事委員會利用過渡政府的權力，用軍隊力量填補了裙帶資本家撤出後的「真空」。待軍隊真正實現對國家經濟的控制後，塞西才復用穆巴拉克時期的裙帶資本家。一方面，他們掌握着大量資本；另一方面，他們可以替代政府為社會提供公共服務，減輕政府財政負擔。但與穆巴拉克時期不同的是，塞西時期裙帶資本家的政治參與較弱，核心的經濟領域仍被軍隊控制，裙帶資本家更像是軍隊的「補充」，而無法和軍隊「融合」。因此，這一時期被軍隊控制的政府對經濟的控制能力更強，而裙帶資本家也能在這樣的經濟治理格局下享有一席之地。此時，國家經濟制度從自由經濟退回到混合制經濟，因為軍隊控制的國家資本主義經濟因素和自由經濟因素並存，且前者佔上風。

三、外源型發展模式反復

（一）納賽爾傾向以內源型為主的發展模式

納賽爾時期，國家在 1965 年前同時接受美國和蘇聯的援助，1965 年後援助僅來自以蘇聯為主的社會主義國家。該時期埃及經濟發展的模式屬於以內源型為主外源型為輔。之所以說該時期是以內源型為主的經濟發展，是因為經濟改革制度中內含了驅動經濟增長的引擎 —— 工業化，該時期的改革制度目標之一是將埃及的傳統農業經濟向現代化工業經濟轉型，謀求更高的經濟增長率。以外源型為輔是因為埃及在納賽爾時期雖然接受來自美國和蘇聯的援助，但其主要目的是沖銷經濟發展項目產生的外債與財政赤字、資助項目發展和軍事援助。「1954—1972 年蘇聯對埃及的援助總計 38.98 億美元，其中軍事援助 27 億美元，經濟援助 11.98 億美元」[1]，經濟援助多被用於投資阿斯旺大壩和配套發電站建設，形式主要為貸款和優惠貸款。「在 20 世紀 50 年代

1　Alvin Z. Rubinstein,「The Middle East in Russia as Strategic Prism」in L. Carl Brown, *Diplomacy in The Middle East: the International Relations of Regional and Outside Powers*, I.B, Tauris & Co Ltd, 2001, p.82.

中到60年代中期（美國）向埃及提供的援助主要為糧食援助。」[1]這一時期，因為油價不高，所以阿拉伯產油國對埃及的資助有限，1967年前科威特曾向埃及提供了約2.62億美元的援助。「1967年是阿拉伯產油國向埃及大規模提供援助的開始。」[2]但其目的主要是沖銷第三次中東戰爭給埃及帶來的經濟損失。納賽爾追求推翻封建帝制和殖民統治，謀求國家獨立，這激發了他對內源型發展的偏好，但由於國家財政不堪重負，又不得已借助國外援助。在這種偏好的驅動下國家資本主義改革制度形成，納賽爾時期經濟改革制度安排的重心之一就是工業化改革，旨在創造經濟發展新引擎，讓經濟增長換擋提速。與此同時，國外援助起到輔助作用，不直接拉動經濟增長。

（二）薩達特傾向外源型發展模式

薩達特時期，因為總統對資本主義的親近，所以選擇投靠美國，通過加入西方經濟圈的方式度過當時的經濟危機。該時期的經濟發展模式呈外源型。對這樣的發展模式的偏好推動着經濟改革制度向外源型發展模式變遷。從這一時期的經濟改革具體制度安排來看，無論是經濟開放政策還是削減補貼都是服務於從國外獲取經濟租的。因此這輪改革沒有給埃及經濟發展創造新的內源動力，當時經濟增長的引擎是僑匯、旅遊收入、石油收入、運河收費和國際援助。經濟開放政策累積了大量的外匯，「四大外匯收入從1975年的11.89億美元上升到1980/1981年度的70億美元」[3]。「1975年到1981年美國對埃及的經濟援助中，貸款約40.5億美元，贈款約20.9億美元。」[4]相對地，投資情況不盡如人意，「到1982年底被批准在內地投資的全部項目金額達50.12億埃鎊（約合62.65億美元），但已經投產的項目金額只有4.185億埃

---

1 陶曉星：《外部援助與埃及經濟轉型探析（1956—1981）》，河北師範大學，19頁。

2 陶曉星：《外部援助與埃及經濟轉型探析（1956—1981）》，河北師範大學，23頁。

3 楊灝城、江淳：《納賽爾和薩達特時期的埃及》，365頁，北京，商務印書館，1997。

4 Marvin G. Weinbaum, *Politics and Development in Foreign Aid: US Economic Assistance to Egypt*, 1975-1982.

鎊（約合 5.23 億美元）」[1]。外商投資和外匯收入的反差證明了國際社會對埃及國內市場的發展前景質疑的合理性。

（三）穆巴拉克傾向外源型為主的發展模式

穆巴拉克掌權後國家再次陷入經濟危機，緊迫的形勢限制了政府的選擇，政府只能向以美國為首的西方國家尋求援助。政治附加條件幾乎是所有援助必備的附加條件，而這些條件在雙邊協商時較為寬容，有時可以拒絕；但涉及多邊談判時，債權國就變得強硬，基本沒法拒絕。這些條件除約束埃及不擴大負債額和財政赤字外，最多的就是安排重點投資項目，但因為債權國不如埃及政府了解實際情況，所以雙方總不能在項目的取捨和優先級上達成共識，「埃及官員經常表達他們對美國的不解，為什麼一個以政治目的為主導的援助，卻把經濟原則放在第一位」[2]。附加政治條件還會造成兩個問題。第一個問題是關於條件實施的力度與速度問題，債權國總急於求成，置埃及社會穩定於不顧。第二個問題是，債權國的改革條件不一定奏效。如經濟結構調整雖然有助於改革收支平衡，但對拉動 GDP 增長幾乎無益，這樣的結果和改革帶來的陣痛不相稱。穆巴拉克的債務策略是，利用援助緩解眼前的債務危機即可，最好可以保持一定量的良性貸款，同時追求債務不再增加，並用剩下的資金開展經濟改革，切實拉動經濟增長。因此該時期的經濟發展模式以外源為主內源為輔，對這種發展模式的偏好推動了混合經濟改革向自由經濟改革制度變遷。從這一時期的改革制度安排來看，它既有滿足捐贈國援助附加條件的經濟改革與結構性調整，又有謀求提高資本利用效率而促進經濟增長的私有化改革。

（四）後穆巴拉克時期傾向內源型為主的發展模式

後穆巴拉克時期，政府更加傾向於以內源型為主的經濟發展模式，因此

1　楊灝城、江淳:《納賽爾和薩達特時期的埃及》，367 頁，北京，商務印書館，1997。

2　Marvin G, Weinbaum. *Egypt and the Politics of U.S. Economic Aid, Boulder*, Col.: Westview, 1986, p.120.

根據國家的實際需求，自主制定了 2030 願景。塞西執政以來，主要通過擴大投資的方式促進經濟發展，投資主要集中在基礎設施領域。很顯然，塞西試圖糾正之前投資不足導致的經濟增長乏力問題，真正發掘經濟增長的內生動力。自 2014 年起，塞西總統頻繁在國內外出席融資路演，為國家的未來發展項目招商引資。他一改前幾任總統依靠國際援助的姿態，謀求「借力」實現內源型發展。如蘇伊士運河經濟區的建設，雖然前期的基礎設施建設依靠海外投資，但竣工後園區歸政府所有。政府能夠自主控制經濟增長的引擎，而不再將希望完全寄託於不受控制的海外援助。

這種偏好的轉變，有其必然性。埃及的國際援助收入可以看作它的「戰略租」，即在冷戰時期美蘇博弈的背景下，利用自身地緣戰略屬性獲得的租金。而近些年，埃及隨着地緣戰略地位的下降，獲得的戰略租在不斷減少。20 世紀 90 年代埃及獲得的國際援助達 530 億美元，2014 年這一金額增長到 1350 億美元，增長了 1 倍多。但在這個時間段內，埃及的僑匯收入增長了 15 倍，外商直接投資額增長了 30 倍。[1] 20 世紀 90 年代起，美國是埃及最大的海外援助國，除軍事援助外，每年的援助額保持在 10 億美元，而 2016 年，該額度下降到 1.5 億美元。2011 年埃及劇變後，海灣阿拉伯國家對埃及的援助增加，2011—2016 年援助額共計 400 億美元左右。[2] 2013 年沙特、科威特和阿聯酋曾為過渡政府提供過 300 億美元的國際援助，讓過渡政府制衡穆兄會勢力。而此後，由於埃及對海灣國家的價值減少，且海灣國家自身也面臨經濟危機，2016 年開始，年均援助額不足 10 億美元。

受到國際與地區形勢影響，埃及獲得國際援助的可能性不斷下降，這在一定程度上迫使政府轉向以內源型為主的經濟發展模式。

---

1 Word Bank, *Migration and Remittances Fact Book*, Washington, DC, 2016, p.28.

2 Robert Springborg, *Egypt*, New York, Polity Press, 2018, p.175.

本章小結

在 50 多年的埃及經濟改革歷程中，推動改革制度變遷的動力可歸納為兩類，第一類是打破舊有經濟改革制度平衡要素的相對價格變化，第二類是領導人偏好的改變。從要素相對價格變化的角度看，有三種要素的相對價格發生變化，它們是維持社會契約的成本、與第二行動集團的政治交易成本和與國外勢力的國際談判權力。從偏好的變化看，主要是三種偏好發生了改變，它們是對國際陣營的偏好、對營商的偏好和對發展模式的偏好。

納賽爾時期自由軍官在埃及初建政權，由於根基不深，必須以社會契約代替暴力鎮壓來維持統治，維護社會契約的成本發生了從無到有的轉變。該時期國有化完成後政府扶植了堅強的後盾 —— 國家資產階級，他們是改革的第二行動集團，支持國家的改革制度；與此同時，國家也需要向他們提供特殊的福利，以獲得他們持續的支持。上述兩種要素的相對價格變化導致國家必須擴大對境內資產的產權，加強對企業的控制，以便有能力給人民提供福利，能夠自主地給企業員工提供特殊福利。這成為推動國家資本主義改革的動力。納賽爾對營商從鼓勵到限制的態度轉變，和納賽爾對國際陣營的偏好從資本主義陣營向社會主義陣營的轉變，也從另一個方面推動了國家資本主義改革。

薩達特時期，國家出現經濟危機，國家供給福利能力下降；與此同時第三次中東戰爭後長期的銀根緊縮政策帶來的物資匱乏招致國家資產階級的不滿。該時期維護社會契約的成本和與國家資產階級的交易成本都有所上升，因為國家資本主義經濟改革下的制度安排無法滿足福利的供給和對物質生活多樣性的訴求。此外，外債導致了國際談判的議價權力下降，埃及政府不得不順從西方的改革要求，讓埃及經濟朝自由化方向發展。以上動力的累加導致經濟改革制度變遷，混合經濟改革開始。改革既能夠滿足西方的政治條件讓埃及獲得援助，讓政府談判的議價權力上升，又能通過經濟開放吸納外匯和增加物資進口，提升政府對人民和國家資產階級的福利供給能力，最終讓制度實現平衡。薩達特對營商的態度從限制到鼓勵的轉變，和他對國際陣營的偏好重新傾向西方資本主義的轉變，再加上總統對外源型經濟發展模式的依賴，從另一個側面共同推動了混合經濟改革的展開。雖然經濟開放政策下國家放鬆了對商業活動的限制，但混合經濟改革缺乏促進內源型發展的制度安排，改革的目的純粹為了獲得來自西方和阿拉伯國家的援助與投資。

穆巴拉克時期，國家再次陷入債務危機，導致政府對社會福利的供給能力下降，維護社會契約的成本上升。由於危機迫在眉睫，政府首先向西方尋求援助。為盡快獲得西方的援助款，埃及的國際談判議價權力完全喪失，再次全盤接受經濟自由化的改革要求。在這次改革中，軍隊和裙帶資本家充當了第二行動集團，這導致了政府對第二行動集團的政治議價成本上升。上述三個要素的相對價格上升推動了自由經濟改革。改革既能夠滿足西方的要求，讓埃及獲得援助款，恢復其談判權力，又可以讓國有資產合法化地流入軍官手中，並合法化地給予裙帶資本家商貿特權與優惠，提高政府對第二行動集體福利與特權的供給能力；還可以將國有資產轉化成鎮壓支出，取代社會契約維護社會穩定，從而降低維護社會福利的相對價格，制度再次平衡。穆巴拉克對內源型發展模式的偏好，從另一個側面推動了自由經濟改革。因為它與上一輪改革相比，增加了促進內源型經濟發展的制度安排，如私有化改革等。

後穆巴拉克時期經歷了多位總統的治理。穆爾西時期，因為穆兄會在上台前給予人民不少關於社會公正、民生改善的承諾，上台後又開放了人民的監督平台，所以此時民眾對政府的期待高，訴求高。雖然政府制定了一些改善經濟的政策，但政策的變遷程度無法與維護社會契約的成本增長幅度相適應。而塞西時期，人民更渴望社會穩定，對民生改善的訴求退居次位，再加上此前的過渡政府已經為塞西政權打下了堅實基礎，因此此時維護社會契約的成本相對較低，政府可以自主地按照自己的偏好實施經濟改革。塞西執政時期，軍隊是政權集團最有力的第二行動集團，政府對軍人階層的政治交易成本上升，因此該時期的經濟改革有諸多服務軍隊利益的制度安排。此外，塞西不否定私有制經濟在埃及國民經濟中的地位，並有意識地啟用穆巴拉克時期裙帶資本家，讓他們代替國家為社會提供公共服務，減輕政府的財政負擔，因此該時期的經濟制度體現了以國家資本主義為主體，以自由經濟為補充的混合經濟特徵。由於 2013 年後埃及的地緣戰略意義不斷下降，塞西一改之前依靠國際援助的策略，傾向於以投資促進經濟發展，實現內源型經濟增長。

本章通過研究可得出以下結論。第一，埃及政府在經濟改革中沒有完全的主觀能動性，因為經濟改革的動力之一 —— 相對價格的變化不受政府控制。從國內層面看，由於政府要維繫社會契約和與第二行動集團的交易，但人民和第二行動集團的訴求與政府回應他們訴求的能力都隨着形勢的變化而變化，這使得原有的改革制度安排無法適應新的形勢，政府不得不展開經濟改革。從國際層面看，從薩達特時期開始，政府對國外援助的需求愈發迫切，這導致政府對援助集團的國際談判能力不斷下降，所以被迫按照援助集團的放款要求展開改革。總而言之，經濟改革在很大程度上是倒逼展開的。第二，經濟改革的目標不總聚焦於促進經濟增長。一方面，相對價格的變化突如其來，因此政府的很多改革制度安排都致力於解決眼下迫切的經濟問題，而遠見不足，未能照顧到長遠的經濟發展。另一方面，雖然領導人在改革中能發揮一定的主觀能動性，因為他們的偏好改變也是經濟改革的動力；但是他們對經濟改革的主觀訴求也不全是經濟發展，還摻雜了意識形態、政治鬥爭、扶植利益集團、選擇國際陣營等考量，因此經濟發展目標常被置於次要位置。在這樣的動力驅動下，政府在主觀和客觀上都沒能讓經濟改革聚焦於經濟增長。

第四章

政府、社會與經濟改革

制度變遷理論認為，報酬遞增和路徑依賴是制度變遷的兩種方式。本章將依據該範式，分析報酬遞增和路徑依賴這兩種變遷方式在埃及經濟改革中的具體表現，制度是如何按照這兩種方式變遷的。本章試圖通過研究，從埃及經濟改革制度變遷的方式中找到造成經濟改革制度缺陷的因素。

第一節　政府和第二行動集團利益擴大與經濟改革

報酬遞增是歷史上埃及的經濟改革制度變遷的一種方式，最終目的是通過增加談判權力獲得更大的政治利益，如政府通過改革制度變遷達到建立政權、鞏固政權和維持政權的目的。為了改革的成功，政府必須扶植第二行動集團支持改革。而扶植第二行動集團對政府來講並不難。因為埃及政府作為威權政府，「在贏得某個團體的忠誠方面，將收入從其他團體轉移到該團體手裏與通過純粹的公共物品供應和合理的經濟政策來創收兩者同樣容易」[1]。因此，政府創造第二行動集團的方式就是創造一個從制度變遷中受益的群體，用他們從制度中獲得收益賄賂他們，以換取他們對改革的支持。如納賽爾和薩達特時期的國家資產階級，他們從國有化中受益，從而支持國家資本主義改革；再如穆巴拉克時期的裙帶資本家，他們從私有化中尋租，從而支持自由經濟改革。但經濟政策的傾斜和收入的直接轉移導致第二行動集團的談判權力不斷增加，他們擁有更大的權力表達自身報酬遞增的訴求，轉而影響政府對經濟改革制度變遷的方式選擇。最終，政府選擇了兼顧自身和第二行動

1　丹尼斯・C. 繆勒:《公共選擇理論》，448 頁，北京，中國社會科學出版社，2017。

集團報酬遞增的經濟改革制度變遷方式。

一、政府的經濟租遞增

自從 1952 年自由軍官政變後當代埃及政權建立以來，埃及就進入了精英集團壟斷國家治理的有限進入秩序(limited access orders)。它的特徵為「政治精英給予自我控制經濟的特權，並從中獲得經濟租。穩定的租需要限制他人進入政治參與，避免競爭」[1]。有限進入秩序導致國家和社會的隔閡增加，政府對社會的經濟信息掌握不完善，且建制性權力（infrastructural power）長期無法構建。這導致了國家無法有效發展經濟，因為國家的統治無法有效地向社會滲透，兩者的聯繫必須靠社會契約維護。但過多地向社會索取會「撕碎」契約的羈絆。如歷史上埃及多次試圖削減福利、增加稅收，以增加存款餘額和財政收入，促進經濟增長，但都以失敗告終。因此，政府長期無法構建高效的經濟制度發展經濟，「國家和政權依賴尋租維持，獎勵其支持者，而不是周密思考其他的代途徑發展經濟」[2]。這導致經濟租的增長成為經濟改革制度變遷的方式，因為租是維持政權的基礎。根據艾倫・理查德（Alan Richards）等人的分類，經濟租可分為監管租（regulatory rent）、外部租（external rent）、戰略租（strategic rent），埃及同樣也存在這三種租。

（一）監管租遞增框架內的變遷

監管租主要來自沒收或國有化前任政府及與其相關的利益集團的資產。第一次世界大戰結束後，埃及人民在十月社會主義革命影響下發起了反英國殖民、謀求獨立的鬥爭。1922 年英國宣佈取消埃及的「保護國」名義，承認了它的獨立地位。但是「外國殖民者在埃及的一切特權仍然被保留了下來⋯⋯英國在埃及軍事、政治、經濟等方面的特殊地位，後來又在 1936 年

1　Robert Springborg, *Egypt*, Cambridge, Polity Press, 2018, p.36.
2　Robert Springborg, *Egypt*, Cambridge, Polity Press, 2018, p.195.

簽訂的奴役性的『英埃條約』中得到了進一步鞏固」[1]。在法魯克王朝統治時期，外國資本在操控埃及經濟的命脈，「據 1933 年統計，除政府外債外，外國資本在埃及的直接投資額約為 1 億 230 萬鎊，佔埃及全部股份資本總額的 90%」[2]。同時英國還操控了埃及國民銀行，自 1916 年起，埃鎊匯率釘住英鎊，從而從屬於英鎊。英國的控制還造成了埃及農業出口產品單一的問題，埃及成為英國棉紡織品的原料——棉花供應國，其產量增加導致穀物生產一度減少，直到 1938 年才恢復自給自足。在此期間，法魯克王朝的封建統治和英國的殖民統治助長了外國資本、大地主階級、買辦階級嚴重剝削、壓榨埃及農民，使得民不聊生。

但自由軍官推翻法魯克王朝並接替它執政前，在上述英國與法魯克一世簽訂的「英埃條約」所規定的制度框架下，以英國為首的西方殖民者的資產產權是明晰的；在法魯克王朝庇護下，地主階級和買辦階級通過尋租獲得的資本的產權也被當時的制度矩陣明確界定。但法魯克王朝被推翻後，保證上述利益集團產權的制度框架被摧毀，之前明晰的產權變得模糊。諾斯認為，「當收入流可變且不具備完全的可預測性時，確認該收入流是否在特定情況下應該具有的那種形式的成本就很昂貴。在此情況下，交換雙方都將為獲得這種可競爭的收入流的一部分而努力」[3]。納賽爾政府的土地改革和國有化改革實質上就是重新界定國內被大地主階級、買辦階級和外資控制的資產的產權，以此打破保護上述勢力產權合法性的框架。從另一方面講，「一種資產價值的最大化就與這樣一種所有權結構有關：那些能影響特定屬性變化的當事方，事實上就是這些屬性的剩餘索取者」[4]。政府通過國有化獲得境內資產的產權後，就擁有了最大化其潛在交換收益的激勵。這種交易可以是經濟的，如尋租，也可以是政治的，如提高談判權力。因此，在納賽爾時期制度變遷受制

1 樊亢、宋則行:《外國經濟史（近代現代)》(第三冊)，250 頁，北京，人民出版社，1981。
2 樊亢、宋則行:《外國經濟史（近代現代)》(第三冊)，250 頁，北京，人民出版社，1981。
3 丹尼斯・C. 繆勒:《公共選擇理論》，37 頁，北京，中國社會科學出版社，2017。
4 丹尼斯・C. 繆勒:《公共選擇理論》，37 頁，北京，中國社會科學出版社，2017。

於境內資產租遞增框架內，政府通過制度變遷，最大限度地獲得這種租金，及其背後的交換受益的激勵。

政府對國內資產租佔有的不斷增長，加強了它的談判權力，最終改變了政治結構。據不完全統計，1952—1961 年的土地改革涉及了市值 2.03 億埃鎊的土地；外國資產國有化後，1960 年埃及銀行的 1 億埃鎊存款歸國家所有，1965 年埃及政府獲得了市值 2700 萬埃鎊的蘇伊士運河集團的股份和市值為 3000 萬埃鎊的英、法公司股份；1961 年針對國內私營企業國有化後，國家共獲得了市值 2.52 億埃鎊的股票和 5000 萬埃鎊的地產；1961—1966 年共沒收資產 1 億埃鎊。[1] 土地改革和國有化完成後，大地主階級的土地產權被剝奪，無法繼續通過土地尋租，使得經濟地位下降。外資由於失去股權，無法再對埃及經濟施加影響。而埃及本土的私營部門企業家雖然能繼續留在他們的企業中工作，但也失去了對企業的控制。因此，上述階層的權力被削弱，沒有任何一個集團能夠與政府抗衡；政府利用獲得的資產作為國家資產階級交換的成本，以福利換取他們的忠誠。這種情況下，納薩爾政府就建立了相對穩定的政權。

（二）外部租遞增框架內的變遷

外部租主要指石油和僑匯等收入。20 世紀 70 年代，全球迎來第一次石油漲價。1973 年國際石油價格震盪，阿拉伯國家和以色列的十月戰爭導致沙特暫時實施石油減產和禁運，這是石油價格攀升的直接原因。而在此前還有兩個間接因素導致了該輪漲價。第一，1972 年卡紮菲和薩達姆分別國有化了利比亞和伊拉克境內的大型石油公司；第二，受到美國在上述產油國的石油公司國有化影響，20 世紀 70 年代初，「石油七姐妹」剩餘石油存量被耗竭，美國成為石油淨進口國。由於上述因素疊加，沙特的減產和禁運引起各國恐慌

1　John Waterbury, *The Egypt of Nasser and Sadat: The Political Economy of Two Regimes*, Princeton Univ Press, 1983, p.75.

性購買，石油價格被推至 11.65 美元 / 桶。1979 年產油量每天減少 200 萬桶。起初沙特試圖通過增產控制石油價格飆升，但埃及不顧巴勒斯坦利益，和以色列簽訂《戴維營協議》激怒了沙特。「《戴維營協議》簽署後，沙特立即減產，造成了新一輪恐慌性購買。」[1]石油價格從 1979 年的 17.26 美元 / 桶上升到 28.67 美元 / 桶。埃及雖然不屬於產油阿拉伯國家，但是擁有一定量的石油資源，這輪油價上漲給它帶來了豐厚的經濟租。世界銀行指數（WBI）數據顯示，1971—1980 年，埃及石油收入佔其期間 GDP 總量的 12.3%，相較於納薩爾任內上個十年的 1.7%，增長了近 7 倍，1980 年達到峰值 30.8%。[2]自 1990 年起世界油價第二次上漲，起因是伊拉克侵佔科威特。儘管當時的石油剩餘存量足夠暫時抵消科威特停產和伊拉克禁運所帶來的產量下降，但是對石油市場緊縮的恐懼，導致油價在兩個月內翻倍。但這輪漲價持續時間不長，因為伊拉克軍隊在沙漠風暴行動中迅速敗北，加上沙特許諾美國增加產量控制油價，20 世紀 90 年代初期油價幾乎維持在戰前水平，名義價格為 18 美元 / 桶。直到 1998 年亞洲金融危機到來前，油價一直控制在 20 美元 / 桶以內。1981—1990 年，石油收入佔埃及 GDP 總量的 18.9%；1991—2010 年該比例保持在 7.8%。[3]

油價飛漲給埃及帶來了僑匯收入。海灣產油國由於油價上漲，變得非常富足，「70 年代，埃及農村的初級勞動力在沙特建築工地可獲得比埃及農村高 30 倍的報酬」[4]。這裏的工資待遇和埃及本土的工資待遇的巨大差距刺激了埃及務工人員來到海灣國家工作。1974 年之前在海灣國家工作的阿拉伯裔移民工人中的 80% 來自埃及、敘利亞、也門和巴勒斯坦，多數都是熟練工。1974 年油價上漲後，海灣國家的埃及移民工人數量激增。1973 年到 1985 年，

---

1 Quandt, William B., *Saudi Arabia in the 1980s: Foreign Policy, security, and oil*, Washington, DC, Brookings Institution, 1981, p.65.

2 https://data.worldbank.org/indicator/NY.GDP.PETR.RT.ZS?locations=EG，訪問時間 2022-01-20。

3 https://data.worldbank.org/indicator/NY.GDP.PETR.RT.ZS?locations=EG，訪問時間 2022-01-20。

4 Alan Richards and John Waterbury and Melani Cammett and Ishac Diwan, *A Political Economy of The Middle East*, Boulder, Westview Press, 2015, p.504.

埃及的移民勞動力約佔全國總勞動人口的 1/3。[1]移民勞動力為埃及賺取大量僑匯，據世界銀行統計，70 年代僑匯總額佔期間 GDP 總量的 10.56%。[2]1990 年伊拉克入侵科威特導致 280 萬名阿拉伯裔移民工人被遣返，其中埃及人佔多數。但自 1995 年起埃及前往海灣國家務工人員數量再次增長。據世界銀行統計，2010 年在海灣國家務工的埃及人達 3068000 人，佔埃及總移民人口的 82%。僑匯收入在 1981—1990 年，1991—2000 年，2001—2010 年佔 GDP 總量中的比例分別為 9.89%、6.99%、4.53%。[3]

尋求石油收入和僑匯收入的增加是國家資本主義改革向混合經濟改革變遷的方式。石油收入和僑匯收入是相伴而生的，石油收入的存在導致埃及大量的務工人員湧入海灣國家工作。國家為了最大限度地從石油收入和僑匯收入受益，不斷推動經濟改革制度變遷。石油和僑匯收入的遞增也給政府放棄國家資本主義經濟改革創造了條件，幫助它逐漸放棄國家主導型經濟發展，減弱國家對經濟的控制。納賽爾時期國家採取國家資本主義經濟制度，政府對經濟的控制及其社會福利供給的義務是相輔相成的。它必須通過工業化途徑加速經濟增長，養活不斷增長的埃及人口；控制國有企業擴大就業並保證人員福利。但國家主導型經濟發展又給國家帶來了沉重的負擔和債務，這使薩達特政府想要擺脫，因此他上任後實施了一系列「去納賽爾化」的政策。而 1973 年的石油價格增長和相伴而來的移民務工潮恰逢其時，薩達特需要調整經濟改革制度，最大限度從這兩種租金中受益。

政府增加石油工業的投入，並擴大石油出口。這雖然導致了對工業和農業的投入減少，造成這兩個部門的就業人口下降，但國內工作崗位不足的問題可以靠勞工輸出得到緩解，而輸出勞工也有利於獲得僑匯收入。綜合上述兩個原因，國家鼓勵海外務工。一方面，海灣國家給埃及提供了大量就業崗

1　Adams, Richard H., Jr, *The effects of International Remittances on Poverty, Inequality, and Development in Rural Egypt*, Washington, DC, International Food Policy Research Institute Research, Report 86.

2　https://data.worldbank.org/indicator/BX.TRF.PWKR.DT.GD.ZS?locations=EG，訪問時間 2022-01-20。

3　https://data.worldbank.org/indicator/BX.TRF.PWKR.DT.GD.ZS?locations=EG，訪問時間 2022-01-20。

位，政府解決就業問題的壓力下降；另一方面，移民勞工在海灣國家的工資較高，他們寄回的贍家款能提高國內家人的生活水平。薩達特時期的經濟開放政策鼓勵私營資本、外商資本與公有資本合營，通過將國有企業「去國有化」，降低自身財政負擔。這種做法既能讓國家充分利用經濟租，一方面，「去國有化」後政府利用那些因油價上漲而富有的國家的直接投資減輕財政負擔；另一方面，「去國有化」後合資企業不能再維持冗餘的人員規模，這刺激更多人出國務工。因為石油收入和僑匯收入的增加，政府的外匯儲備上升，所以政府不再需要限制進出口貿易部門活動；「石油收入拉動的需求和擴張性的財政政策把商品從國外帶到國內市場」[1]，消費性開放不斷深化。

開發石油和僑匯收入提高了混合經濟改革制度的穩定性，阻礙它向自由經濟改革變遷。由於之前的過度消費和既有的外債，埃及於 1976 年陷入經濟危機。同年埃及和國際貨幣基金組織簽署了預備協議，向埃及發放貸款，但作為條件要削減國內補貼。最終該改革方案因暴動被終止。事實上，國際貨幣基金組織提出的改革方案背後的邏輯是要求埃及政府更早實施自由經濟改革，即進一步撤出對市場的干預和弱化其「政府辦社會」職能，從而減少財政支出，逐步恢復財政平衡。政府的社會職能則通過「委託—代理」的方式由私企承擔。1977 年的暴動雖然有效地扼殺了政府改革的意志和國外援助各方對改革的堅持，但不能從根本上解決困境。真正推遲改革到來的是 20 世紀 70 年代末油價的再次上漲。1980 年埃及全年僑匯收入達 30 億美元；《戴維營協議》簽署後西奈半島連同油田被歸還埃及後，石油年產值達 54 億美元；油價上漲導致恐慌性購買，石油運輸頻繁導致運河收費增加；埃及和以色列和解後，旅遊收入恢復。[2]石油和僑匯收入讓埃及暫時擺脫困境，從而放棄改革。

綜上所述，薩達特時期政府對石油收入的最大化利用導致納賽爾時期國

1 Khalid Ikram, *The Political Economy of Reforms in Egypt, Issue and Policymaking since 1952*, Cairo, American University in Cairo Press, 2018, p.25.

2 Alan Richards and John Waterbury and Melani Cammett and Ishac Diwan, *A Political Economy of The Middle East*, Boulder, Westview Press, 2015, p.490.

家資本主義經濟改革的若干政治制度被放棄，鼓勵自由化的經濟改革制度安排出現。因為獲得石油和僑匯收入的方式就是外資入股國企和海外派遣勞工，這導致政府不再需要投入大量財政支出維持國有企業的規模，因為政府的負擔被轉嫁給了其他國家。薩達特時期，政府原本就不願承擔納賽爾時期那麼大的財政負擔，而尋租又讓政府的意願變得可能，因此政府為了尋租放鬆了對經濟的干預。所以石油和僑匯收入的遞增是國家資本主義改革向混合經濟改革變遷的方式。因為混合經濟改革的形成受制於石油和僑匯收入遞增的框架。所以只要尋租的訴求一直存在，混合經濟改革制度就具有穩定性，就難以向自由經濟改革變遷。

報酬遞增的制度變遷方式也讓埃及付出了一定的代價。油價上漲後，埃及也沒有逃過「石油詛咒（oil curse）」,「荷蘭病（the Dutch disease）」就是其中之一。荷蘭病是指隨着自然資源租金的上升，匯率上漲導致出口產品競爭力下降，從而導致工業被摧毀。「1974—1981 年，棉花出口額下降了50%，紡織品出口額下降 40%，製造業產品出口額整體下降 46%。」[1]對於工業部門，經濟開放政策下的繁榮創造了這樣的政治制度環境：尋租比生產性活動更有利可圖，埃及精英都被吸引到尋租的產業中了。因此，該時期的工業化實際呈現「去工業化」態勢，納賽爾時期的工業化改革幾乎擱淺。「石油魔咒」的另一個影響是農業被忽視。20 世紀 70 年代到 80 年代，埃及由於石油收入的增加而忽視農業收入，「農業貿易於 1970 年呈現順差 3 億美元，而1977 年轉為逆差 8 億美元，1980—1981 年逆差額高達 25 億美元」[2]，「到 80 年代末，埃及一半多的糧食依賴進口，糧食進口額佔總進口額的 25%」[3]。「石油詛咒」也消極地影響了穆巴拉克時期的自由經濟改革。在其影響下，自由經

1　Khalid Ikram, *The Political Economy of Reforms in Egypt, Issue and Policymaking since 1952*, Cairo, American University in Cairo Press, 2018, p.25.

2　USAID and Government of Egypt,「Taking stock: eight years of Egyptian agricultural policy reforms」, *paper presented at the Agricultural Policy Conference*, Cairo, 26-28 March 1995, p.4.

3　Ray Bush,「Politics, Power and Poverty: Twenty Years of Agricultural Reform and Market」, *Market-Led Agrarian Reform: Trajectories*, Abingdon, Taylor & Francis Group, 2007, p.1603.

濟改革效果乏善可陳。這是因為施行了 30 多年的國家資本主義經濟制度阻止了埃及企業家階級的發展，且油價上漲的時代，「移民雖然能緩解大學常年的畢業生失業問題，但也引發了『人才流失』，在相對貧窮的國家，政府難以找到合格的、有技術的勞動力服務政府和私有部門擴張發展」[1]。最終改革僅將國有資產的產權流轉到私人手中，但由於缺少人才，私有部門的經濟活力沒被調動，經濟增長也沒有被安上新的引擎。這其中的一個重要原因是，埃及當時的經濟人才無法勝任自由經濟治理。

（三）戰略租遞增框架內的變遷

戰略租是指一些國家享有重要的地緣戰略價值，在美蘇兩極博弈時依靠其地緣戰略價值獲得援助和資金流。

埃及於 1956 年、1973 年、1979 年和 1991 年從俄羅斯和美國獲得巨大的戰略租。1967 年和 1973 年的租金產生於美蘇兩極博弈下埃及立場的改變；而 1979 年和 1991 年的租金產生於埃及在區域事務中迎合西方的立場。以對外援助為主的戰略租在很大程度上促進了埃及經濟增長。但無論在哪一時期，戰略租都不會單純因為埃及的地緣價值和區域影響力或時機恰當就自動湧入或達到最大化。埃及之所以能從戰略租中受益是因為政府為了獲得租金或使租金最大化而調整了經濟改革制度框架，使得援助國的資金更加樂於流向埃及。

1956 年阿斯旺大壩的資金問題加速了埃及和美國決裂，蘇聯利用這個機會向埃及拋出橄欖枝。1958—1965 年，埃及和蘇聯於 1958 年 1 月簽訂了第一個技術合作協議，總值合 6200 萬埃鎊，項目投產一年後開始支付債務，每年借款利率 2.5%，埃及可以自由營銷產品，而蘇聯必須以國際價格收購上限為 50% 的未上市產品。這是資本主義國家給不出的條件，因為世界銀行不願給埃及的國有企業提供貸款，而雙邊援助協議的附件條款又很多。1961 年埃及頒佈了《社會主義宣言》，國有化改革緊隨其後在同年 6～7 月達到高潮。國

1 Alan Richards and John Waterbury and Melani Cammett and Ishac Diwan, *A Political Economy of The Middle East*, Boulder, Westview Press, 2015, p.507.

家資本主義強調國家對經濟的控制，因此 1961 年的國有化改革奠定了埃及國家資本主義經濟制度的基礎。埃及政府明白，蘇聯幫扶是為了在中東地區扶植社會主義國家，以此對抗美國。而最能體現納賽爾時期國家資本主義經濟改革特徵的核心制度安排就出現在蘇聯援助流入埃及之後，可見從蘇聯獲得的戰略租遞增是經濟改革制度向國家資本主義經濟改革變遷的方式。

蘇聯援助的增加有助於埃及維持國家資本主義經濟制度。國家資本主義經濟制度與民粹主義總無法分割。民粹主義的結果就是國家為了兌現給人民的福利承諾而揹負巨大的財政壓力。「雖然有些例外，民粹主義下的制度，國家都尋求自上而下地完全改變社會，即政府撤出對生產和分配的干涉制度。這種制度強調社會的獨立性、經濟自由化和資本主義。結果，國家重新融入全球資本主義秩序中。」[1]而蘇聯的存在推遲了上述進程，因為它為贏得埃及的支持，在援助上給出優惠條件。1964 年 10 月赫魯曉夫逝世，他的繼任者勃列日涅夫不確定納賽爾是否能將埃及改造成社會主義國家，因此對埃及的援助不再慷慨。1966 年阿列克謝・尼古拉耶維奇・柯西金（Алексей Николаевич Косыгин）訪埃，不同意給埃及債務寬限。第三次中東戰爭爆發後，埃及陷入經濟危機。時任副總理的紮卡里亞・丁（ذكريا الدين）決定清退虧損國企中的冗餘勞動力，發揮私有制企業活力來恢復財政平衡。但是此舉遭到蘇聯反對，蘇聯認為，這不是改革，而是對社會主義的摒棄。總而言之，埃及為了持續從蘇聯得到經濟援助，推進了與社會主義精神契合的國家資本主義經濟改革發展，而蘇聯通過援助也提升了對埃及的影響力，反過來阻止埃及放棄國家資本主義。

1973 年埃及的債務危機爆發，國家經濟前景黯淡，親美的薩達特政府又恢復了和美國的交往，以獲得援助，渡過難關。美國和國際貨幣基金組織同意對埃及實施經濟援助，並同意埃及加入西方經濟圈，但先決條件是減少埃及政府對經濟的控制，實現經濟自由化。為了迎合西方的要求，埃及政府改

1　نزيه نصيف الأيوبي، ((الدولة المركزية في مصر))، بيروت، مركز دواسات الوحدة المربية، عام 1989، ص 139.

變了其經濟改革制度，1974 年實施的經濟開放政策標誌着混合經濟改革的開始。混合經濟是介於國家資本主義經濟和自由經濟之間的一種兩者皆而有之的經濟制度，是前者向後者過渡的中間狀態。這樣的中間狀態延續近 20 年之久，是因為混合經濟改革的制度安排在很大程度上是為了迎合西方的援助條件，從而獲得戰略租，其中包括國際援助和外商投資。即最小化地向自由經濟轉型，達到西方最低的援助要求，埃及並非真正希望改革，而是希望保持公有制經濟的主導地位。從具體制度安排看，該時期為鼓勵外資和私營本部門投資，埃及進行了「去國有化改革」，這不是真正將國有企業私有化，從而激發私有制經濟的活力，而是讓外資和私營資本與國有資本共建合資企業，而合資企業被視為私營企業。為了擴大吸引投資，政府逐步擴大外資可涉足的領域，最終甚至開放了本應保持警惕的金融行業。由上述例證可見，混合所有制改革的制度目標是最大化從國際援助和外商投資中受益。

混合經濟改革的制度安排實現了租金遞增，「1973 年後，美國開始恢復向埃及提供貸款，一般為 10 年分期付款，埃及以 2%～3% 的年利息在 40 年內還清……1973 年援助達到了 8 億美元，此後一直增長，到 1977 年達到巔峰，有將近 29 億美元。1979 年埃及總共獲得了約 5 億美元的直接私人投資，其中一半來自國外石油公司。到 20 世紀 80 年代初，埃及每年平均可獲得 21 億美元的援助」[1]。租金遞增一方面讓政府總能從現有的制度框架中受益，扼殺了經濟改革的積極性，使這種無法真正提高經濟績效的改革制度延續；另一方面，租金的遞增讓埃及財政狀況好轉，國際談判權力上升，與西方的迴旋餘地增加，更易於回絕他們經濟自由化的要求。

薩達特時期由於埃及跟從美國，埃及總統放棄了全面解決巴勒斯坦問題的想法，於 1977 年首次訪問耶路撒冷，1979 年 3 月簽署了「埃及—以色列和平條約」。作為回應，美國此時的經濟援助目標是維持長期的和平，並給予薩達特適當的經濟環境讓他足以生存。「美國對埃及的援助政策多數為經濟

1　陶曉星：《外部援助與埃及經濟轉型探析（1956—1981）》，碩士學位論文，河北師範大學，2011。

政策，但是為了不斷平衡短期和長期的關係、經濟和政治的關係，就要用援助資金助推經濟改革。」[1]70 年代末，埃及和以色列都收到了大量的援助，以激勵雙方繼續磋商。協議簽訂後，「除剛剛獲得的 7.5 億美元經濟援助和 2 億美元食品援助外，埃及被承諾將獲得 15 億美元軍事援助，3 億～5 億經濟援助」[2]。《戴維營協議》簽署後埃及獲得的巨大經濟租使得 1977 年「麵包革命」後本該認真考慮的經濟結構調整被推遲。因為「麵包革命」後，「諮詢小組」給埃及提供了 24 億作為緩沖幫它暫渡難關，籌劃改革。而 1979 年突然到來的援助流入埃及，讓本就不願改革的薩達特政府將改革拋之腦後，導致過度經濟改革制度——混合經濟改革制度得以延續。薩達特時期，戰略租遞增是國家資本主義改革制度向混合經濟制度變遷的方式。

1990 年 8 月伊拉克入侵鄰國科威特，由於不顧聯合國的撤軍要求，西方國家和一些阿拉伯國家組成多國部隊對其實施打擊，直至 1991 年 2 月 28 日伊拉克部隊被擊敗，並宣佈停火。穆巴拉克加入戰爭的目的是政治的，而非軍事的。主要戰役由西方軍隊承擔，而埃及的加入讓戰爭不再是西方國家與阿拉伯國家之間的戰爭，洗脫了戰爭「干涉區域事務」之嫌。埃及在海灣戰爭中加入了西方陣營，其區域分量讓西方國家明白，維持埃及的經濟安全大有裨益，於是決定對再次陷入經濟危機的埃及實施援助。

戰後西方國家為埃及減免並重新安排債務。在經濟穩定階段，巴黎俱樂部減免了埃及總額高達 196 億美元的債務（當時總外債額 480 億美元），這相當於在 1992—1997 年每年為埃及節省了大於 GDP 總量的 2% 的償債額。在美國的驅使下，阿拉伯國家和其他機構再減免 66 億美元債務。美國自身也對其減免了 70 億美元的軍事債務。這些減免政策對恢復埃及國內外收支平衡起到了重要作用，一方面，它變相填補了外匯缺口；另一方面，它通過減輕外債負擔縮小了政府赤字。在結構調整階段，西方國家願意幫助埃及以公有制

1 عادل حسين، العلاقات الاقتصادية بين مصر وإسرائيل، نيقوسيا، مؤسسة الدراسات الفلسطينية، عام 1984، ص 42.

2 David Aviel, Economic Implications of the Peace Treaty between Egypt and Israel, *Case Western Reserve Journal of International Law*, Vol.12, No.1 (Winter 1980), p.68.

企業改革為核心，調整經濟結構，增加經濟效率；針對公有制企業的結構性改革以私有化為路徑展開，而結果必然導致裁減冗餘員工，捐贈國為埃及社會發展基金注資，用於培訓在私有化中被分流的公有制企業人員，並幫扶他們建立小微企業。「巨額財源通過債務減免、重新安排和新援助的方式流入埃及，條件是要讓它完成經濟改革與結構調整。」[1]自由經濟改革是埃及獲得國際援助以此擺脫債務危機的前提條件。海灣戰爭後，以美國為首的西方國家決定以經濟改革和機構調整計劃為條件，減免埃及的外債。上述戰略租的流入使埃及的自由經濟改革既有強制性又具有可能性。而埃及政府展開自由經濟改革的原因是為了獲取後期更大的戰略租，因此謀求戰略租遞增是混合經濟改革制度向自由經濟改革制度變遷的方式。

二、第二行動集團的報酬遞增

「報酬遞增特性的產生是由於：產權結構、繼承法以及各領地的政治決策規則全部衍生自法案，而這反過來又繁衍出了那些能導致法案的邊際變化的組織和企業家。」[2]第二行動集團是第一行動集團為了推動改革或鞏固其成果而造就的輔助集團。他們產生於新的改革制度，因為當新的改革制度形成時，國家總會通過改革中的某個特定的制度安排，明晰第二行動集團對某些資產的產權，從而讓財富流入他們手中。而成熟後的第二行動集團則會在大的改革制度框架下試圖改變制度邊際，即在塑造制度矩陣內的細節制度，來現實自己的利益最大化。因為「所有社會力量都認為國家在決定他們利益和經濟社會生活軌跡上有決定性作用」[3]，所以第二行動集團不時向政府施壓要求制度以他們利益最大化的方式變遷。如果說第一行動集團的報酬遞增是制度

1 Khalid Ikram, *The Political Economy of Reforms in Egypt, Issue and Policymaking since 1952*, Cairo, American University in Cairo Press, 2018. p.282.

2 丹尼斯・C. 繆勒：《公共選擇理論》，115 頁，北京，中國社會科學出版社，2017。

3 نادية رمسيس فرح، ((التنمية وأزمة التحول السياسي))، المنار، العدد 6، يونيو عام 1985، ص 47.

主體的變遷方式，那麼第二行動集團的報酬遞增是制度細節變遷的方式。

（一）國家資產階級尋租與混合經濟改革制度變遷

國家資產階級在國家資本主義經濟改革制度向混合經濟改革制度變遷中發揮了巨大的作用。正如埃及學者納齊赫·納綏夫指出的那樣，他們雖然被共產主義創造，但卻支持資本主義。20 世紀 70 年代後，埃及階級升遷的通道愈發狹窄，不像 50—60 年代那樣可以憑藉工作成果使職位和財富增加，因此「這些技術官僚精英們不再關心推進民主、擴大自由，而更加關注擴大利益，並利用傳統國家資產階級部門遺留下來的資源快速提高社會地位」[1]。納賽爾死後，國家資產階級內部分裂，「產生了一部分支持薩達特的集團，他們傾向於政府轉為間接干預國家經濟」[2]。他們是混合經濟改革的支持者和受益者。1973 年埃及陷入經濟危機時，高級官員傾向於同西方和解、合作，並且他們知道這樣做會給國家經濟造成深遠的影響，但此舉可避免經濟危機給他們造成的損失。

國家資產階級喜愛混合經濟，懼怕完全的自由經濟，因此混合經濟改革中只有「去國有化」的制度安排，而沒有私有化制度安排。因為在去國有化制度安排中，公共部門和私有部門產生了聯繫，當公共部門和私有部門聯繫愈發緊密時，部分腐敗的國家資產階級成員就利用工作便利獲得了更多的尋租機會。「前軍官、行政官僚和技術官僚，他們擁有自己的商業代理公司、進出口公司、智庫和諮詢公司，這是很多埃及人都習以為常的模式。」[3]因此他們熱衷於混合經濟制度，一方面他們可以享受公共部門帶來的地位及其利用權力之便與私有部門建立的聯繫；另一方面又能在私營部門從事經營活動而獲利。在這種情況下，「公有資金」和「私有資金」混合的情況出現了，國企或政府部門也在私有領域投資。[4]因此國家資產階級不希望完全的經濟自由

1　نزيه نصيف الأيوبي، ((الدولة المركزية في مصر))، بيروت، مركز دواسات الوحدة المربية، عام 1989، ص 361.

2　نادية رمسيس فرح، ((التنمية وأزمة التحول السياسي))، المنار، السنة 1، العدد 6 (يونيو عام 1985)، ص 67.

3　Nazih N. Ayubi,「From State Socialism to Controlled Commercialism: The Emergence of Egypt's Open Door Policy」, *Journal of Common Wealth and Comparative politics*, Vol.20, no. 3（1982）, pp.264-285.

4　سامية سعيد إمام حسنين، ((الأصول الاجتماعية لنخبة الانفتاح الاقتصادي في المجتمع المصري، 1980-1974))، رسالة ماجستير جامعة القاهرة، عام 1986، ص 167-162.

化，因為在自由經濟體制中，他們之前在國家資本主義經濟體制中的特權將不復存在，這實則損害了他們的利益，使他們無法尋租。因此，他們也是經濟自由化的阻撓者。

1975 年國家頒佈了第 111 號法，實施公有制企業改革。國家資產階層不希望絕對的社會主義公有制經濟，因為在那樣的經濟制度下，他們無利可圖。但他們也不希望完全資本主義，因為經濟自由化將剝奪國企壟斷給他們帶來的優越地位和權力，切斷了尋租的途徑。他們希望的是類似於土耳其那樣沒有社會主義特色的公共部門。他們的工作是架通權力和利益的橋樑：同國內外商人合營企業，利用手中的權力在貸款或資源上形成優勢甚至是壟斷，以此攫取超額利潤。

薩達特時期的自由化被稱為「被控制的自由化」，是介於國家資本主義經濟和自由經濟的中間產物，是對國家資產階級訴求的回應。薩達特時期的埃及政府在職能上沒有比納賽爾時期「更軟」，只是控制的方式不同。國家資產階級換了新的方式延續對埃及的控制並從經濟資源中受益。埃及學者福阿德・穆爾西（فؤاد مرسي）認為，經濟開放政策首先是隱匿的資產階級運動的成果，他們利用納賽爾時期的公共部門，在納賽爾失敗、被弱化後馬上露出了真面目，瘋狂地再次宣揚私有部門。[1]國家資本主義經濟改革制度向混合經濟改革制度變遷是在國家資產階級的經濟租遞增的框架下完成的。混合經濟改革增加了他們尋租的可能性。

（二）裙帶資本家尋租與自由經濟改革制度變遷

裙帶資本家是自由經濟改革的推動者，他們遊說政府減小公有制企業的規模給私有制企業讓路，從而提高經濟效率。但事實上國有企業的規模縮小加上裙帶資本家和黨派、內閣的關聯造成了一種馬太效應，裙帶資本家利益實現了最大化，但社會和國家都蒙受了損失。自由經濟改革的核心制度安

---

1 فؤاد مرسي، هذا الانفتاح الاقتصادي، القاهرة، دار الثقافة الجديدة، عام 1976، ص 52.

排——私有化，使得國有企業的壟斷優勢直接轉移到私人手中，導致資產寡頭的出現，並掌控部分經濟領域的命脈，甚至是部分商貿領域的決策權。自由經濟改革對於經濟發展的可持續性是不利的，因為政府大規模的私有化國有工業企業後，就無法再對工業發展進行整體規劃，因此失去一個經濟增長的動力。但它對裙帶資本家是有力的，其好處在於模糊了「公」和「私」之間的界限，給予裙帶資本家更大的尋租空間，因此自由經濟改革受到他們追捧。

自由經濟改革使國企給私有企業讓出市場份額，使後者大有可為。尤其是掌握在裙帶資本家手中的政治聯結企業，國家給予這些企業諸多營商特權。如在貸款方面，公私合營銀行貸款的最小額是 100 萬埃鎊（30 萬美元左右），這就足以擠出佔企業總數 95% 的中小型企業，此外，想要得到稀缺的資金必須和銀行家保持良好的關係。他們還能獲得稀缺原料、進口保護政策、稅收優惠政策等給他們提供租金的機會。與高官有聯繫的商人會被指派到他感興趣的機構的董事會中任職。裙帶資本家還可以用財富獲得更大特權，而特權又帶來財富，形成一個正向加強的循環。但與此同時破壞了公正的營商環境，讓改革偏離了真正的自由化軌跡。在這個畸形的自由化市場環境中，收入和財富不是通過成就而是通過關係獲得的。

自由經濟改革只符合裙帶資本主義的利益，因為他們從國家獲得的特權使自己以其他企業的利益為代價，獲得更多經濟租。政治聯結企業通過減少競爭壓力來提高利潤率，但從長遠看這種行為會抑制國家經濟增長，並減少就業機會，中產階級和窮人階級將成為最大的受害者。英國學者迪萬・伊斯哈格（Diwan Ishac）、基弗爾・飛利浦（Keefer Philip）、希夫鮑爾・馬克（Schiffbauer Marc）通過對 469 家政治聯結企業調查發現如下結果。第一，它們的淨利潤是普通企業的 30 倍。第二，1990 年以後，進口關稅下降了，但非關稅措施增加，主要是針對原產地、衛生許可、質量要求等證書的要求。絕大多數非關稅措施都是在商人從政後實施的，政治聯結公司更樂於從事非關稅措施保護行業，且更容易得到這種保護。第三，能源密集型行業的政治聯結企業數量佔 8%，但卻控制了行業 45% 的份額，該行業享有政府大量補貼。第四，政治聯結企業更容易在享有稅收優惠和基礎設施優良的工業區獲得租金低於市場價的政府土地。第五，政治聯結企業更容易獲得證書或許可，它們獲得證書的周期比一般企業平均短 86 天。

在一定意義上，自由經濟改革無意中給了裙帶資本家尋租的機會，給埃及的經濟社會發展帶來消極影響。「1996 到 2006 年，就業率下降了 25%。」[1] 這是因為政治聯結企業通過尋租獲利，因此不需要太多員工，與此同時它又擠出了許多能吸納就業的中小型企業。這種企業的存在將勞動力轉移到工資收入微薄的中小企業，還導致資金、勞動力配置失調，最終影響經濟發展。低速的就業機會創造反映了自由經濟改革的局限性，儘管政府取消了諸多限制，鼓勵私營經濟發展，但政治聯結企業擊垮了絕大多數私營企業，從而無法實現私營經濟帶動國民經濟增長、實現充分就業。最終出現了裙帶資產家一贏，國家和社會兩輸的局面。之所以會出現這樣的結果，是因為自由經濟改革是在裙帶資本家經濟租遞增的框架下完成的。穆巴拉克時期的自由經濟改革的制度安排中沒有真正能夠提高經濟效率的改革，而是片面地強調私有化，而私有化只不過是合法化地將國有資產轉移到裙帶資本家手中的制度安排。因此，穆巴拉克時期的混合經濟改革向自由經濟改革變遷的方式是裙帶資本家租金遞增，變遷受制於裙帶資本家報酬遞增的框架。

（三）軍情系統的報酬遞增與軍隊底色的混合經濟改革制度變遷

塞西上任後，軍隊在國家經濟中的地位顯著上升。而隨着軍情局逐步取代國家安全局，成為塞西政權的新支柱。部分腐敗的軍情人員和企業高管建立聯繫，用自己的政治權利，給高管介紹商業資源，以此獲得信任，繼而獲取情報，並影響他們的決策。因此埃及的情報工作者都有「外快」，他們白天監視公務員、國企員工，在工作之餘利用自己的情報和關係網賺取個人利益。

羅伯特・斯皮爾伯格（Robert Springburg）曾在其著作《埃及》中提到關

1 Khalid Ikram. *The Political Economy of Reforms in Egypt, Issue and Policymaking since 1952*, Cairo, American University in Cairo Press, 2018, p.300.

於退休間諜曼蘇爾・穆罕默德的案例。退休前，他曾是國家安全局經濟司官員，工作內容是監視埃及商業精英。該工作性質讓他與穆巴拉克時期的頂級裙帶資本家密切聯繫。他接近這些裙帶資本家的方式是充當中間人，幫助他們從政府部門獲得許可和其他特權。在退休之前，他就創立了幾家成衣出口公司，並獲得了裙帶資本家的大力投資。這是因為他能打通出口渠道。退休5年後，他在開羅擁有了一套豪華別墅。這就是情報人員利用「情報系統—政府—被監視人」的三角關係尋租的典型案例。

穆巴拉克統治末期的國家安全工作繁忙，安全系統的工作人員經常倒班而沒有經濟補償，這導致該系統內人員產生不滿情緒。當時掌管國家安全工作的內政部長曾表示，儘管在工作一定年限後，間諜們可以利用自己建立的關係網尋租，但是他們更加希望實現更短的工作時間和更高的直接工資，因此讓人員留在現在的崗位上越來越難。

塞西上任後，考慮到情報工作不斷增加的強度，他通過擴大軍隊在經濟治理中的特權的相關制度安排擴大軍情局獲得更多的經濟利益。如軍隊在承包、經營國家利潤豐厚的項目中具有絕對優勢，該制度安排可以讓軍情系統的間諜更容易地做好中間人，利用「政府—軍情系統—被監視人」的三角關係獲得經濟利益。

總之，軍情系統的報酬遞增塑造了軍人底色的混合經濟改革制度，該改革制度下，軍隊不但沿襲了之前對高利潤企業的直接控制權，還從制度上保證了軍隊企業在市場競爭中的優勢，讓軍情系統更容易利用該優勢開展工作，並獲得私利。

第二節　階層福利和特權延續與經濟改革

在經濟改革制度的變遷過程中，每任領導人在關鍵節點都面臨着多種選擇，但路徑依賴把他們的選擇範圍縮小。因為路徑依賴把不同時期的決策聯結在一起，即它讓決策者不自主地承襲歷史的決策方式。「發展的路徑一旦被設定在一個特定的進程上，網絡外部性、組織的學習過程，以及得自於歷史的主觀模型，就將強化這一進程。」[1]在埃及經濟改革制度變遷歷程中，「路徑依賴」既是變遷的重要方式，又是它的阻力。因為制度在承襲中變遷，新制度中有舊制度的影子，這是一種向新制度的變遷，也是一種舊制度的穩定。它一方面來源於歷史決策的沿襲和對歷史事件的借鑒；另一方面來源於過於強大的利益集團出於自身利益的考量而延續能讓他們利益最大化的歷史經濟制度。

在歷史上，埃及有諸多歷史制度被沿襲，這些制度和相關利益集團的利益總是密不可分。歷史制度規定了城市人民、農村居民、埃及精英階層、軍人階層的福利和特權，因此這些集團奮力守護這些制度，使之穩定、延續。沿襲下來的制度和破壞歷史制度所帶來的暴動成為後繼政府決策時重要的參考，在政府制定新一輪經濟改革制度時，限制了它的選擇範圍。

一、城市福利制度的延續

城市的福利制度是民生補貼制度，它始於 1973 年十月戰爭後，薩達特為了安撫民心，開始向社會發放「和平紅利」——民生補貼。從此以後，補貼成為財政支出的重要部分，1973 年以後的民生補貼在財政開支裏的地位就像 20 世紀 60—70 年代的軍費開支那樣，一方面給國家造成巨大負擔，另一方面擠佔了投資份額。據統計，「民生補貼由 1971 年佔 GDP 總量的不到 2% 上升到 1978 年的 5%，在 1990 年到達 10%」[2]。這些補貼給埃及人的生活水平帶來了巨大影響，據世界銀行估測，如果沒有食品補貼，2005 年埃及的貧困人口將增加 7%。因此，自薩達特時期開始，民生補貼就一直延續，給國家經濟治理帶來了巨大的挑戰。「減補禁區」導致政府在經濟危機中無法規制直接、有效的制度安排恢復財政平衡，而被迫採用迂回的替代方案解決問題。

---

1 道格拉斯・C. 諾斯：《制度、制度變遷與經濟績效》，116 頁，上海，格致出版社，2019。

2 Khalid Ikram, *The Egyptian Economy, 1952-2000: Performance Policies and Issues*, New York, Routledge Press, 2006, p.158.

（一）薩達特時期城市福利成為「改革禁區」

因為補貼已經成為大多數埃及家庭生活開支的緩沖，所以削減補貼必然會增加生活成本，觸及貧困家庭的利益，引起社會動盪。「1977 年 1 月 17 日政府宣佈削減補貼後，幾種最基礎的生活消費品價格猛漲：大米漲價 16%，汽油漲價 31%，香煙漲價 12%，食用油漲價 46%，糖漲價 3.3%。」[1]以下案例反映了削減補貼對埃及中產家庭造成的影響。

1976 年 10 月埃及《泰里亞（التالية）》[2]雜誌刊登了一篇題為「年輕公務員的關切」的採訪長文。採訪對象為易卜拉欣．伊拉格（إبراهيم عراق），他是一名供職於會計崗位的 31 歲基層公務員，曾於 1967 年獲得商學本科學位，畢業後從軍，在利比亞服役 2.5 年，積攢了 200 埃鎊用於結婚。目前他的月工資為 32 埃鎊，稅後 29 埃鎊；妻子是一名護士，稅後月收入 29 埃鎊；他們每月的淨收入為 58 埃鎊。這是一個典型的雙職工中產階級，沒有孩子。他們的開銷情況如下。

表 4-1　易卜拉欣．伊拉格家庭每月開銷情況 1

房租	12.5 埃鎊
工資繳費額	16 埃鎊
電費	4 埃鎊
香煙開銷	7.5 埃鎊
飲食、醫療、娛樂、小型家電到期貸款	18 埃鎊

中產家庭如果享受較為豐富的物質生活，則需要花光所有工資收入。據估測，削減補貼導致平均收入家庭的生活成本至少上漲 15%，大大減少娛樂和奢侈消費的資金。如果該家庭有子女，收入將無法滿足開銷。從另一個角

1　Khalid Ikram, *The Egyptian Economy, 1952-2000: Performance Policies and Issues*, New York, Routledge Press, 2006, p.31.

2　التالية، العدد العاشر، عام 1976، ص 21-42.

度看，1976 年埃及家庭年收入高於 350 埃鎊才能維持溫飽，減補後該溫飽線隨即上漲至 402.5 埃鎊。該雙職工中產家庭的年收入為 696 埃鎊，僅比溫飽線高出約 40%，這無法滿足「消費性開放」後埃及人對豐富物質生活的追求。

由上述案例可知，減補導致了中產階級的生活成本提高，用於奢侈消費的存款減少，生活質量下降，更給中下階層造成致命打擊，讓一些家庭變得處於溫飽線之下，或加劇貧困。人民的不滿與憤慨最終演化成暴動。1 月 18—19 日的「麵包革命」是 1952 年後最猛烈的一次暴動，官方數據表明此次暴動造成 73 人死亡、800 餘人受傷、1270 人被捕。直到 1 月 20 日下午政府宣佈降低物價水平，暴動才停止。暴動對價格政策和預算制定造成了巨大影響。暴動前，按照政府的預估，通過減補的制度安排可以削減 2.8 億埃鎊開支，但暴動後議會只同意削減 4500 萬埃鎊（約合 1.14 億美元）預算，這就意味着需要更多的國際援助彌補財政缺口。

國際貨幣基金組織以減補為核心的改革是第一個被人民扼殺的改革，改革的目的是首先緩慢恢復財政平衡，然後將 GDP 總量中更大的比重用來投資，以此提高經濟增速。鑒於維護社會契約的需要，稅收不能增加，軍費和投資不能減少，削減補貼是正確的做法。如果不削減補貼，改革則沒有啟動資金，埃及的經濟增長就無法獲得新的動力。但改革政策帶來的陣痛，人民不願意也無法消化，從而爆發了 1977 年「麵包革命」。革命第一次指明了埃及改革的禁區：補貼。此後在薩達特的任期內，國家再沒有尋求經濟轉型，而是繼續依靠國際援助。

（二）穆巴拉克時期城市福利限制改革選擇

麵包革命後諮詢小組給予埃及大量援助，幫它渡過難關。雖然國際貨幣基金組織不再明確要求減補，但沒有放棄對改革的要求。與此同時，穆巴拉克執政後世界的經濟局勢發生改變，經濟全球化的趨勢愈發明顯。為使埃及經濟能融入世界經濟，政府必須實施以市場經濟為導向的改革，這意味着必須限制公共部門在經濟中的作用，並引導非公有制經濟有序發展。綜合上述兩點，改革是大勢所趨。但有了 1977 年「麵包改革」的前車之鑒，穆巴拉克對改革極其謹慎，一直秉持「越慢越好」的改革理念。在他看來，薩達特改革失敗的原因是步伐過大，循序漸進的改革有利於避免分歧，持續推進。

改革是極其緩慢的，因為政府不願觸碰補貼。但補貼必須要減少，以下圖表反映了消費補貼在總財政支出佔比不斷增加的趨勢，穆巴拉克上台時，補貼支出超過了總支出的一半。其中「大餅補貼在總補貼中佔很大比例，它也是財政赤字的主要誘因」[1]。穆巴拉克採取「溫水煮青蛙」的方式進行減補。政府首先降低了 1 埃鎊大餅的質量，使它變得更小、更難買到；1981 年政府開始供給質量更好的 2 埃鎊的大餅；1985 年人民逐漸接受 2 埃鎊大餅，而 1 埃鎊大餅也隨即停產。「1986 年 2 埃鎊大餅的重量從 169 克下降到 135 克，1988 年其小麥含量下降了 20%。」[2]同樣的手法也被用於其他生活消費品的補貼。1987—1991 年埃及緩慢而猶豫不決的改革狀況愈發明顯，因為那時埃及政府的外債壓力越來越大，改革迫在眉睫。1977 年的麵包革命指明了薩達特時期以後改革的禁區，同時歷史的教訓也讓穆巴拉克政府對改革慎之又慎。但過於拖遝的行動讓政府失去了自主規制自由經濟改革制度安排的主動權，以至於為了獲得西方捐贈國的援助而全盤接受了舶來的自由經濟改革方案。

綜合分析薩達特和穆巴拉克兩個時代的改革制度變遷，因為城市福利的延續，所以經濟改革制度無論怎樣變遷，都始終不願觸及經濟的結構性問題，始終在經濟危機緩解後淺嘗輒止。這是因為城市福利制度是從歷史沿襲的制度安排，無法抵觸，導致政府始終不願修正福利造成的經濟結構性問題。

1　Khalid Ikram, *The Political Economy of Reforms in Egypt, Issue and Policymaking since 1952*, Cairo, American University in Cairo Press, 2018, p.276.

2　Sadowski, Y. M., *Political vegetables*, Washington, DC, Brookings Institution, 1991, p.161.

表 4-2 1960—1981 年消費補貼在總財政支出中的比例變化[1]

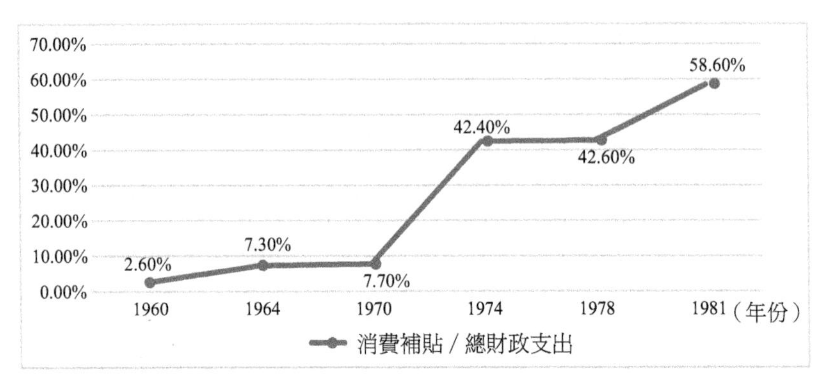

二、農村福利制度的延續

農村的福利制度安排主要是免徵稅費。自從公元前 300 年那爾邁統一上、下埃及以便更好地利用尼羅河水後，農民就沒有直接支付過水費。因此常年的歷史制度一旦被打破，則會導致難以預料的嚴重政治後果。國際貨幣基金組織和聯合國糧食及農業組織（FAO）分別和埃及政府討論過計收水費的提議，但都被政府回絕。

但這樣的制度安排產生了錯位激勵，它激勵農民種植灌溉密集型但經濟價值不高的作物，如甘蔗等。種植甘蔗經濟效益較差，有三個原因。第一，埃及種植甘蔗的條件一般，所以甘蔗價格高於世界價格，不利於出口；而且甘蔗又屬於土地密集型作物，搶佔更具有國際競爭力的作物 —— 棉花的種植土地，這給國家造成損失。但農民種植甘蔗的成本最低，因此他們熱衷於種植甘蔗。第二，水資源是埃及緊缺資源，極大程度限制了埃及農業的發展，而種植甘蔗又大量消耗了珍貴的水源，得不償失。第三，甘蔗一年只收獲一次，種植甘蔗會失去種植一年收獲兩次或多次的作物的機會成本。

1 John Waterbury, *The Egypt of Nasser and Sadat: The Political Economy of Two Regimes*, Princeton University Press, 1983, p.211。

由於農村福利制度的延續，農業用水一直免費。政府無法通過價值規律，以間接的手段調整作物種植種類，有效引導農民種植經濟作物服務出口，增加外匯收入。因為農村福利制度是從歷史中承襲的制度，不能抵觸，所以從納賽爾時期開始，政府就回避農業領域改革。直到穆巴拉克時期，因農產品競爭力弱，拖累了埃及的出口貿易後，政府才開始針對農業經濟展開改革。

三、埃及精英階層的經濟特權延續

埃及的精英階層掌握着經濟治理中的決策權。長期以來經濟政策的制定總是服務於他們的利益，給他們提供經濟特權。匯率高估和借貸政策是他們經濟特權的保障。

為了滿足埃及精英的消費需求，埃鎊對美元匯率被高估，有利於降低進口產品價格，從而保障國內供給充足。而貶低匯率有助於刺激出口，發展旅遊，將僑匯從黑市引導向正規交易渠道，最終有利於增加外匯儲備，打破阻礙經濟發展的外匯瓶頸，還有利於減少外債，增加主權的獨立性。但是政府為了照顧精英階級利益，不願貶低匯率。1962 年埃及需要從國際貨幣基金組織獲得能源資助，國際貨幣基金組織的條件是貶低埃鎊對美元匯率的 25%。政府同意了該條件，但此後大幅度降低進口稅費和出口補貼，使進口商和出口商經營過程中每單位外匯的受益或損失在 3% 之內浮動，實際狀況基本保持不變。「毫無疑問，儘管答應了國際貨幣基金組織的要求，但埃及政府絲毫沒有削減內需的打算」[1]。1977 年「麵包革命」爆發後西方又向埃及提出了《繆勒報告》，報告指出了政府當前應實施的改革方案，其中包括降低匯率。因為埃及在實施消費性開放後通脹率上升，所以在名義匯率不變的前提下有效匯率提高。這樣會降低埃及出口產品的競爭力，不利於國家增加收入。《繆勒報

1　Hansen. B., and K. Nashashibi, *Foreign Trade Regimes and Economic Development: Egypt*, New York, National Bureau of Economic Research, 1975, p.90.

告》建議通過貶低匯率的方式穩定有效匯率，但「埃及部長們只關注名義匯率，認為貶低匯率是一件可怕的事」[1]。因為通過消費性開放滿足內需是薩達特贏得民意的執政手段之一。當優質的進口產品源源不斷地進入埃及市場並刺激埃及人民尤其是精英階層的物質慾望時，內需只會不斷擴大；一旦提高匯率上升，進口產品的供給數量下降，價格上升，無法滿足不斷擴大的需求，必然會引起精英階層不滿。因此，匯率貶值的方案被否定。

為了滿足埃及精英階層的資金需求，政府不斷從國外借貸。埃及於 1862 年的賽義德帕夏（سعيد باشا）時期（1854 年至 1863 年）從法國獲得了第一筆貸款，此後尋求國際貸款的歷史制度就一直被承襲。借款政策的延續實際服務了埃及精英階級的利益，因為他們既可以更多地佔有借貸帶來的資源，又可以最小限度地分攤償債的成本。埃及精英階層擁有使用貸款的優先權，如果從國外借款增加，他們就有更多資源來打破預算限制；同時，貸款代替了稅收成為政府財政收入的新渠道，國家傾向於保持較低的稅收水平。另外，政策的影響往往在較遠的未來才逐漸折現，因此一任政府的債務通常只給下一任政府帶來債務危機，享受貸款的埃及精英階層往往不用承擔貸款成本。此外，即便發生債務危機，政府也往往選擇壓縮工資支持來保持債務平衡，讓社會共同分攤貸款成本；對於主要依靠副業賺錢的埃及精英階級而言，降薪不會對他們造成明顯影響，而非埃及精英階層則會受到巨大衝擊。

埃及精英階層的經濟特權延續導致匯率被高估和貸款制度被延續，也可以說這兩種制度的延續保障了埃及精英階層經濟特權的延續。保證埃及精英階層經濟特權，迫使政府失去了若干能夠直接恢復財政平衡的改革制度安排的選擇，使政府迴旋餘地愈發狹窄。因此我們看到，當代埃及的出口產品國際競爭力持續走低，1950 年 100 美元的國際出口中，埃及產品僅佔 1 美元份額，1965 年下降到 37 美分，2016 年下降到 13 美分。匯率在其中扮演了重要

1 Khalid Ikram, *The Political Economy of Reforms in Egypt, Issue and Policymaking since 1952*, Cairo, American University in Cairo Press, 2018, p.258.

角色。低下的出口產品國際競爭力導致埃及政府失去了通過出口刺激國際收支平衡的可能性，從而導致了外債增加。與此同時，埃及精英階層為了在經濟困難時期仍享受優質的生活，傾向於對外舉債，因為他們幾乎不用承擔債務負擔，而是把它轉嫁給平民。出口不足和貸款依賴的惡性循環導致埃及形成了「以貸養貸」的模式，並一直持續，而經濟改革逐漸淪為獲得貸款的途徑，其制度安排實際無法內源型地幫埃及經濟走上正軌。

四、軍人階層的經濟特權延續

軍隊無論在哪種經濟制度下總能獲得對最具利潤的行業的控制權。自從 1979 年埃及和以色列簽署「埃及—以色列和平協議」後，軍隊的國際作戰任務逐漸減少，注意力則轉移到經營高利潤的企業。這一時期，國防部成立了一個名為國家服務工程局（NSPO）的經濟實體，旨在促進基礎設施建設和供給廉價的消費品。自從 1980 年後，軍隊經濟開始進軍民用市場，並在其中佔據更大份額。軍隊集團生產拖拉機、電話設備、光學鏡片、風扇和空調，甚至還涉足建築業和電信業。除軍隊企業外，軍隊還負責監管其他高利潤國有企業，如「蘇伊士運河管理局、河運管理局、亞歷山大港管理局；幾乎所有的民用航空管理部門，如埃及航空公司和電信部門，都被前軍官或調派軍官控制」[1]。油氣行業也是軍隊的管轄範圍。在自由經濟制度下，軍隊先後成立了埃及軍事生產部、阿拉伯工業化組織來管理軍隊經濟。

軍隊給其他民營企業造成巨大挑戰。如在食品製造加工領域，軍隊企業最初經營該領域的目的是滿足自身的食品需求，但後來企業在經濟中的作用不斷擴大。它們投資改良沙漠，用溫室種植蔬菜，用軍隊免費勞動力飼養家禽並獲得雞蛋，用補貼價格獲取原料生產加工食品。因為軍隊企業生產食品的成本相對較低，所以產品競爭力很強，擠佔了其他私有企業的市場份額。但因為他們的廉

1　Robert Springborg, *Egypt*, Cambridge, Polity Press, 2018, p.75.

價產品有指定的受益客戶，所以「裙帶資本家—客戶」的關係一直延續，其他私有企業的抗議被忽視。20世紀90年代後，埃及經濟自由化，軍官通過和政府的關係獲得之前利潤較高的國有企業。因為上文已對政治連接企業對其他私企的打擊做出闡釋，所以此處不再贅述。埃及劇變後，世界媒體開始廣泛關注埃及軍隊經濟，並估算軍隊企業控制了埃及經濟總量的5%～40%。[1]

雖然軍隊沒有直接推動或阻礙任何一次經濟改革，但長期以來軍隊經濟特權的延續潛移默化地影響着經濟改革的變遷。軍隊在經濟上的特權總體表現出兩種特徵：第一，佔有最盈利的行業；第二，有效擠佔其他民營企業市場。由於軍隊企業的效益普遍高於政府控制的企業。政府依靠它所控制的國有企業很難實現經濟增長。因此，在薩達特時期政府首次將目光轉向私有制經濟，希望通過刺激私企發展來帶動經濟增長。但由於私企在和軍隊企業的競爭中處於弱勢，他們只能選擇非資本密集型領域，甚至從事投機倒把活動。私營企業發展緩慢，且沒能真正促進經濟增長。穆巴拉克時期政府越發承認國企效率低下，從而加大對私有制經濟的依賴。政府推行以私有化制度安排為核心的自由經濟改革，拋棄國有企業，讓私營經濟拉動國民經濟增長。總而言之，在軍隊的影響下，政府能控制的企業一方面效率普遍不高，難以拉動經濟增長；另一方面國企的福利功能又讓政府不堪重負。於是政府逐漸拋棄國企，通過混合經濟改革到自由經濟改革的方式不斷自由化埃及經濟，以促進私有制經濟發展，讓它成為拉動國民經濟增長的新動力。

本章小結

諾斯認為報酬遞增和路徑依賴都是制度變遷的方式。從第一行動集團的報酬遞增角度看，埃及政府作為第一行動集團一直尋求經濟租的遞增，即監

1　Kandil and Hamza, *Soldiers, Spies, and Statemen: Egypt's Road to Revolt*, London, verso, 2012, pp.182-185.

管租、外部租、戰略租的遞增。從第二行動集團的報酬角度看，國家資產階級追求公共部門福利和公職帶來的經濟收入的遞增；裙帶資本家追求他們所持有的私企收益遞增。上述報酬遞增指明了埃及經濟改革制度變遷的大方向。從路徑依賴的角度看，城市和鄉村的福利延續，埃及精英階層和軍人階層的經濟特權延續限制了變遷時具體路徑的選擇，影響了變遷路徑的細節。

納賽爾時期國家為了增強自身經濟實力、削弱法魯克王朝殘餘勢力，從而建立政權，規制了土地改革制度安排。1956 年政府在意識形態上迎合蘇聯，以獲得經濟援助修建阿斯旺大壩和實現第一個五年計劃目標，國家資本主義傾向愈發強烈，最終於 1961 年實施了國家資本主義經濟改革的核心制度安排 —— 國有化改革。

薩達特時期國家為了迎合西方國家從而獲得經濟援助，規制並實施了混合經濟改革的核心制度安排 —— 經濟開放政策。外部租的遞增和經濟開放政策下的去國有化改革相輔相成。一方面，鼓勵更多的埃及勞動力赴海灣務工可為國家賺取更多的僑匯收入；另一方面，國家就業壓力的減小有利於政府更無顧慮地將福利機器之一的國企去國有化。經濟開放和外部租增加相輔相成。所謂混合經濟改革，就是推動經濟制度向國家資本主義和自由經濟過渡的階段發展的改革，混合經濟是介於國家資本主義經濟和自由經濟之間的制度，即讓私有制經濟在國民經濟中發揮更大的作用。着眼激活私有制經濟活動是因為軍人階層利益的延續導致高利潤行業的國有企業被軍隊壟斷，政府只能控制效率一般或效率低下的國企，難以依靠它們發展經濟，因此只能將拉動經濟增長的重任賦予私有制經濟。但國家資產階級為了保證自己在公共部門的福利和公職的便利尋租，雖然支持混合經濟改革，卻不希望經濟真正走向自由化。因為一旦國家退出對經濟的控制，他們的福利和權力或將盡失。從另一個角度說，大量知識分子流失也讓埃及失去了發展自由經濟的智力基礎。此外，國際貨幣基金組織雖然試圖將埃及推向自由經濟改革，但改革在起始因觸碰了城市福利劃定的改革禁區引發「麵包革命」而告終。綜上所述，薩達特任期內，埃及的混合經濟改革制度產生並一直延續。

穆巴拉克時期，由於城市福利、埃及精英階層的特權延續，政府扭轉財政失衡的手段極其有限，最終導致債務危機。政府為獲得來自西方捐贈國的經濟援助，按照援助附加的政治條件規劃並實施了以私有化改革制度安排為核心的自由經濟改革。改革制度下的經濟改革與結構轉型計劃的第一步——經濟穩定計劃是對長期以來埃及精英階層經濟特權的回應與削減，以期恢復財政平衡；計劃的第二步——私有化改革再次鼓勵私有制經濟發揮引領國民經濟增長的主力軍作用。這是混合經濟改革沒有完成的任務，但由於軍隊企業對市場的干擾，自由經濟改革仍沒有完成此任務。裙帶資本家的壟斷租金遞增導致私有化改革愈發深入，且政策不斷向他們傾斜，因此經濟自由化的路徑被不斷強化。該時期的農業改革是對長期以來農村免徵稅費導致的市場信號扭曲的強制糾正。

後穆巴拉克時期，軍人階層的特權延續成為這一時期的經濟改革政策的着眼點。軍人底色的混合經濟改革實質上就是將原裙帶資本家手中的經濟權力轉移到軍隊手中，讓軍隊經濟在國民經濟中的比重增加。鑒於塞西時期軍政關係親密，軍隊經濟就是國有制經濟。因此該時期裙帶資本家代表的自由經濟因素被弱化，以軍隊經濟為代表的國家資本主義因素被強化，軍人底色的混合經濟改革制度安排以軍人階層特權延續的方式被塑造。

研究發現，埃及經濟改革制度變遷的方式不利於塑造能有效推動經濟增長的新經濟改革制度。從報酬遞增的角度看，以政府經濟租遞增為方式形成的改革制度安排無法鼓勵生產活動，無法給經濟增長添加動力；以第二行動集團報酬遞增為方式形成的改革制度安排，更加關注利益分配，忽視經濟增長。從路徑依賴的角度看，以城市和鄉村的福利延續、埃及精英階層和軍人階層的經濟特權延續方式形成的改革制度安排，實質上承襲了原有的經濟改革制度，是舊經濟改革制度的延續，因此修正舊制度缺陷的效果必然十分有限。綜上所述，埃及經濟改革制度變遷的方式導致形成的新經濟改革制度仍無法切實拉動經濟增長。

第五章

當代埃及經濟改革的決策過程

制度變遷的廣義理論下制度變遷過程範式指出，制度變遷的過程分為五個階段：第一，產生關於特定制度安排的觀念；第二，政治動員；第三，爭奪設計和強行規定特定制度安排的權力；第四，制度規則；第五，合法化、穩定化即複製。[1]因為埃及的經濟改革都是自上而下展開的，所以埃及經濟改革制度變遷的過程也是經濟改革決策的過程，通過決策，形成新的經濟改革制度。

雖然範式認為，制度變遷的過程分為五個階段。但埃及的新經濟改革制度形成的過程有其特殊性，埃及的政府更替都伴隨着經濟改革，因此蘊含着很強的政治目的。每任政府在初獲政權後，都快速展開了旨在建立或鞏固政權的經濟改革。埃及經濟改革制度變遷中爭奪制度設計權的過程可變相看作爭奪政權的過程，必然包含產生關於特定制度安排的觀念和政治動員。因此本章將制度變遷過程的前三階段合併成第一階段 —— 制度設計的主導權爭奪。第二階段是制度設計的實踐過程，也是制度變遷的核心過程。該過程中，制度各方通過博弈讓之前處於失衡狀態的舊制度恢復平衡，繼而產出新制度。第三階段是制度的合法化過程，也是社會對新產出的改革制度安排檢驗和反饋的階段。鑒於埃及經濟和政治的密切關係，經濟改革制度的合法性往往和政權的合法性緊密相連。

根據理論、結合埃及實際情況，本章的研究將把埃及經濟改革的決策過程分為三個階段：經濟改革的主導權爭奪、經濟改革制度的設計和經濟改革制度的合法化，根據這三個階段特徵詳細闡述經濟改革的決策過程。通過研究，試圖找到決策過程中導致制度缺陷的因素。

1　唐世平：《制度變遷的廣義理論》，60 頁，北京，北京大學出版社，2016。

第一節　經濟改革的主導權爭奪

經濟改革的主導權爭奪是經濟改革決策的第一步。「產生（制度）穩定性的是一系列約束的複雜組合，其中包括嵌套在科層結構中的各種正式規則。在這種科層結構中，任何一種改變都只會產生比其原先狀態更高的成本。這其中也包含非正式約束，它是規則的先決條件。」[1]非正式約束來源於「社會傳遞的信息，並且是我們所謂的文化傳承的一部分……文化則被界定為『由教育與模仿而代代相傳，並能影響行為的那些知識、價值及其他因素』」[2]。回顧 1952—2016 年埃及的經濟改革路徑可發現，每次政權的更迭都伴隨着新的意識形態的產生，每種意識形態又催生了與之相適應的經濟改革制度和政治改革制度。這是因為，新意識形態的傳播是為了改變原有的社會文化，從而改變原有的非正式約束，以此為規則改變做好準備。換言之，政權更迭、意識形態變遷和經濟改革制度變遷依次產生。意識形態的變遷旨在政治動員，消除舊的權力核心，建立新的權力核心。經濟改革制度的變遷初衷是為了提高民生水平，為新政權贏得合法性。但事實上並非如此，從結果看穆巴拉克時期的改革，它僅僅重新界定了國內資產的產權歸屬，對民生改善幾乎沒有裨益，反而讓政權失去了合法性。

結合埃及的歷史和制度理論可發現，意識形態變遷既是 1952—2016 年埃及政權更迭的必然產物，又是經濟改革制度變遷的先決條件。一方面，新政府依靠新的意識形態展開政治動員，建立輔助制度變遷的第二行動集團，消除舊政府的殘留政治影響；另一方面，意識形態的變遷促進社會接受新的經濟制度。因此，1952—2016 年間埃及經濟改革制度變遷的路徑塑造的第一階段——經濟改革的主導權爭奪，實際上包含了唐世平理論中的產生關於特定制度安排的觀念、政治動員、爭奪設計和強行規定特定制度安排三個階段，

1　道格拉斯．C. 諾斯：《制度、制度變遷與經濟績效》，98 頁，上海，格致出版社，2014。
2　道格拉斯．C. 諾斯：《制度、制度變遷與經濟績效》，44 頁，上海，格致出版社，2014。

三個步驟密不可分。此外，因為埃及政府一直屬於威權政府，它掌握着制度設計的最終權力，國家政權所有者自然地擁有改革制度設計權；所以，從一定程度上說，「第一階段」也是政權的「過渡階段」。

一、納賽爾時期

法魯克王朝被推翻後和納賽爾上台之前的時期，埃及政府和軍隊之間沒有隔閡，自由軍官組織就代表了國家的政權，此時的權力鬥爭只能是自由軍官內部鬥爭。而納賽爾在推翻納吉布成為第二任埃及總統後，政府和軍隊的關係開始疏遠，兩者間出現了各項權力的爭奪，其中就包括經濟改革的制度設計權。

（一）自由軍官內部的爭奪

1952—1954 年埃及政權從納吉布向納賽爾流轉。自由軍官組織於 1952 年推翻法魯克王朝，1953 年穆納吉布任革命指導委員會主席和埃及首相。1953 年納賽爾建立了解放大會，並反對一切形式黨派。大會的主題是「要求英國無條件地從尼羅河流域撤軍；蘇丹在沒有任何外來影響下自決；開發國內資源，鼓勵私人投資，發展本國工業；在『聯合、紀律和工作』的口號下建設祖國」[1]。該組織雖仍堅持自由經濟，但作為副主席和總書記的納賽爾可以憑藉這個勞工聯盟組織發動工人運動，打擊異己。1954 年 3 月危機爆發後，開羅出現了大規模工人遊行，尤其是開羅交通工會遊行，直接導致納賽爾戰勝納吉布，當選解放大會主席、總書記和埃及總統。納賽爾初次獲得主導權。1957 年大會因蘇丹解放、英軍撤退失去意義，從而被解散。

1957 年後納賽爾通過文化滲透鞏固其主導權。他借鑒南斯拉夫的經驗建

---

1 楊灝城、江淳:《納賽爾和薩達特時代的埃及》，157 頁，北京，商務印書館，1997。

成了民族聯盟，該聯盟「致力於建設『民主、合作的社會主義』」[1]。民族聯盟和解放大會的不同之處在於，前者建立之時國內外的政治對手已被鏟除，納賽爾將憑藉它建立自己的政權。民族聯盟的產生奠定了埃及在社會主義思想引導下進行國家資本主義改革的基礎，它是將社會主義引入埃及社會的政治團體，起到了社會主義文化滲透的作用，為改革制度規劃提供了先決條件。社會主義思想在埃及抬頭後，政府出台了相關經濟改革制度安排，「民族聯盟的出現伴隨着強大的國有企業和綜合經濟計劃的出現」[2]。但這樣的經濟改革只是國家資本主義經濟的雛形，這一時期政府規制改革的權力還不夠，因為它沒有獲得第二行動集團的支持。

（二）阿拉伯社會主義聯盟與軍隊爭奪

1961 年由於納賽爾懼怕民族聯盟顛覆政權而解散。1962 年納賽爾建立了阿拉伯社會主義聯盟。但恰逢埃及軍、政關係破裂，阿拉伯社會主義聯盟成為與軍隊相抗衡的政府平台。1961 年阿拉伯聯合共和國解體後，納賽爾認為他的密友阿米爾應該對此負責。納賽爾的處理方式是將他束之高閣，於是他指任了 5 名副總統，成立總統委員會，阿米爾就是其中之一。通過這個途徑，納賽爾可以將阿米爾轉為文職官員，迫使他辭去總司令的職務。但阿米爾拒絕這樣的安排，並離開開羅。納賽爾明白軍隊仍效忠阿米爾後，恢復了他的總司令職務，直到他 1967 年去世。「面對這樣的權力中心，納賽爾必須建立阿拉伯社會主義聯盟，對抗軍隊勢力。」[3]

納賽爾和軍隊爭奪主導權的方式是通過代表勞動力聯盟的阿拉伯社會主義聯盟進行政治動員，在社會主義運動的名義下，在各行業建立基本單位

1　楊灝城、江淳:《納賽爾和薩達特時代的埃及》，157 頁，北京，商務印書館，1997。

2　John Waterbury, *The Egypt of Nasser and Sadat: The Political Economy of Two Regimes*, Princeton University Press, 1983, p.313.

3　John Waterbury, *The Egypt of Nasser and Sadat: The Political Economy of Two Regimes*, Princeton University Press, 1983, p.316.

（basic unit）。聯盟將勞動力分為 5 個類別：工人、農民、知識分子、小資產階級、軍人。根據居住或工作地點這些勞動力被組成數千個基本單位，分別存在於工廠、辦公室、農村和市區等。1962 年政府還修訂了憲法，規定無論是政治、社團還是合作社活動，必須將 50% 選舉產生的席位留給工人和農民。通過上述兩個舉措，聯盟使其基本單元滲透到各個行業，國家對經濟干預的可能性增加；保證工人和農民的政治參與旨在動員長期被政治邊緣化的階層支持國家的社會主義轉型。由此可見，1961 年後由於政府和軍隊之間的關係變得對立後，政府不斷強化政治動員，擴大社會主義科層機構的建立，並更加廣泛團結第二行動集團支持政府的改革。

從自由軍官內部的權力爭奪到政府和軍隊間的權力爭奪，雖然對改革制度的主導權力自從流轉到納賽爾手中後就沒再改變，但每次爭奪都使得社會主義文化滲透更加深入。民族聯盟的成立將社會主義思想引入埃及，阿拉伯社會主義聯盟的成立擴大了社會主義價值被認可的範圍。伴隨着動員的深入，埃及社會非正式約束愈發深入人心，社會主義思想引導下的國家資本主義經濟改革的阻力逐漸變小。

二、薩達特時期

薩達特上任後，面臨着兩個巨大的挑戰。一是如何消除納賽爾時期國家在政治和經濟上的社會主義印記和「納賽爾主義」。他必須傳播新的意識形態消除社會主義思想對社會的影響，並將它作為政治動員的基礎，建立自己的第二行動集團，消除納賽爾時期殘留的勢力集團。最後通過與意識形態相稱的經濟改革改善民生，讓政權獲得合法性。二是如何儘量將經濟改革制度的設計權力掌握在政府手中。薩達特上任後，政府獲得了來自西方附帶政治條件的國際援助。其中的附加條件多為按照西方的意志進行經濟改革，但改革將給埃及社會帶來難以估測的深遠影響，因此薩達特必須設法掌握改革的主動權，旨在以最小的政治代價獲得最多的國際援助。

（一）政府與納賽爾餘留勢力鬥爭

1971 年起薩達特通過發動「修正革命」，動員潛在的第二行動集團——被迫害的中產官員。1971 年 5 月 1 日，由於阿拉伯社會主義聯盟副主席阿里．薩博利（علي صبري）的打壓，薩達特對阿拉伯社會主義聯盟發動了反擊，5 月 2 日免去了阿里．薩博利的職務，並將其逐出聯盟。該舉動引發了聯盟成員的不滿和辭職。薩達特審時度勢，不等人民遊行抗議，就逮捕了辭職的成員，並任命穆罕默德．索迪格（محمد صادق）和馬穆度赫．薩利姆（ممدوح سالم）分別任軍隊總司令和內政部長。1971 年 5 月 15 日「修正革命」正式開始。薩達特開始廢止便衣警察、電話監聽和郵件監控等之前民主聯盟發動的令人深惡痛絕的社會監控行為。6 月 21—23 日的阿拉伯民主聯盟大會上，薩達特宣佈取消聯盟的計劃。1971 年 5 月以後，政府釋放了政治犯，恢復了被免職官員的職位，歸還了因政治原因被沒收的財產。這一舉動讓薩達特獲得了中產階級的廣泛支持。同時，「修正革命」也向社會傳遞了質疑納賽爾時期治理質量的信號，為「去納賽爾化」打下基礎。

自由主義文化滲透，是混合經濟改革的先決條件。1972 年賽義德．麥爾伊主持了關於討論阿拉伯社會主義聯盟的缺點與未來的大規模會議，與會人員基本全盤否定了聯盟的過去，記錄他們觀點的會議紀要被刊登於《泰里亞》雜誌中。與會人員一致同意麥爾伊的評價：「它變得官僚化了，限制了民主進程，已經淪為國家的工具，而不是人民的工具。」會後，科學社會主義被否定，混合了宗教價值觀的自由主義和「埃及屬性」被強調。1971 年秋季的外商投資法明確了薩達特的自由主義構想。1972 年 7 月 23 日，政府驅逐了埃及境內的 15000 名蘇聯軍事顧問，這標誌着埃及重返西方。

稀釋集權，完全獲得政權和經濟改革主導權。雖然阿拉伯社會主義聯盟已在薩達特的控制中，但聯盟前成員在議會仍佔有不少席位。一方面薩達特想消除納賽爾遺留的政治勢力，另一方面他本身喜歡政治多樣化，因此 1975 年他改變了阿拉伯社會主義聯盟獨攬政權的狀況，引入了多黨制「平台（منابر）」

制度。1976 年平台中的政客可以參與議會選舉，不久後獨立黨派被允許成立。隨着各個黨派紛紛加入議會競選，前社會主義聯盟成員在議會中的權力被逐步稀釋，1978 年聯盟失去政治作用。1976 年以後，薩達特政府完成了自由主義意識形態滲透、第二行動集團政治動員，並獲得了經濟改革制度的主導權，混合經濟改革的展開和推進道路被基本鋪平。

（二）政府與國外勢力議價

薩達特時期的混合經濟改革中重要的制度安排是民生補貼改革，即援助集團要求埃及削減補貼，這項改革是向埃及發放援助的政治條件。以國際貨幣基金組織為首的援助集團在初期天然地掌握了制度安排設計的權力，因為他們掌握資金，還是改革要求的提出方。但埃及不肯接受這樣的改革要求，並試圖將改革制度的設計權奪回，於是通過兩種方式和國際貨幣基金組織周旋，旨在部分或全部奪回設計權。第一種方式是以「在埃及的政治和社會形勢下，這種改革不現實」搪塞國際貨幣基金組織；第二種方式是以「我們同意埃及應該這麼做，但是時機尚未成熟」推辭。國際貨幣基金組織的談判組成員表示，埃及從來不說明何時是成熟的時機。搪塞在起初取得了一些效果，「每一次協商後條件都更加模糊和軟化」[1]。1976 年埃及經濟形勢惡化，埃及意識到已經不能再拖延了，如果想召開諮詢小組會議，就必須接受國際貨幣基金組織的改革條件，最終埃及妥協了，交出了制度設計權。但 1977 年「麵包革命」發生後，國際貨幣基金組織和世界銀行對減補問題更加謹慎，不再給埃及規定明確的減補時間表，埃及再次獲得改革制度設計權。

三、穆巴拉克時期

穆巴拉克時期，由於國家的經濟危機，政府再次需要通過國際援助的方

1 سعد التائه، مصر بين عهدين، القاهرة، دار النضال، عام 1987، ص 159.

式償還債務，實現外部平衡。而情況和薩達特時期相似，援助集團再次提出了經濟改革要求，因此埃及政府必須設法奪回全部或部分規則設計的權力，以便最小化日後改革制度安排帶來的風險與成本。在埃及實施自由經濟改革後，因為裙帶資本家是國有企業私有化的潛在買家，所以他們超越了單純的第二行動集團，也是改革的必要條件之一，國家必須出讓部分改革制度設計的權力，以滿足他們的利益，激勵他們支持改革。

（一）政府與國外勢力議價

海灣戰爭後，埃及再次獲得西方援助集團的國際援助。同樣地，西方要求埃及進行經濟改革，切實增強經濟韌性，因為薩達特時期的經濟援助並沒有獲得理想的效果。但不少經濟觀察者認為，經濟改革與結構轉型計劃「將帶來超出計劃預期的社會和政治經濟後果。事實上，這種改變意味着否定上一代埃及人所建立起來的社會和經濟模式」[1]。埃及想再次打「美國牌」和援助集團博弈，奪回制度設計的權力。

但這次埃及沒有成功。薩達特時期由於美國要求國際貨幣基金組織「放水」，改革未幫助埃及恢復內外財政平衡，這一次援助集團不肯妥協。從一方面講，這是因為出現了「捐贈者疲勞」的現象。美國民主黨發現，如果埃及不改善其經濟表現，那麼它需要的援助金額將不斷攀升，援助國也無法說服他們的納稅人支付這樣的賬單。國際援助實際上就是將援助國的稅收轉移到被援助國。而西方國家看到，埃及稅率過低，導致財政失衡，這種情況下的援助無異於讓援助國納稅人，甚至是中低收入人群，拿出收入的一部分供養埃及人，甚至是富人。援助國傾向於不通過直接給予資金援助的方式援助。從另一方面講，美國的外交政策並非一成不變，《戴維營協議》簽訂後埃及對美的價值降低。此外，「埃及是大國，援助需要龐大的資金。美國已經在埃及

1　Khalid Ikram, *The Egyptian Economy, 1952-2000: Performance Policies and Issues*, New York, Routledge Press, 2006, p.285.

和以色列投入了援助預算的 2/3 左右，沒有太多餘地再用援助作為外交手段了」[1]。美國只能像薩達特時期一樣，要求世界銀行召開諮詢小組會議，但成員國是否願意援助，只能根據他們自己的意願而定。

穆巴拉克時期，埃及再無法將國際援助當作自己的戰略租，因為美國不願也沒有能力幫助埃及和援助國博弈，埃及幾乎完全喪失了經濟改革和結構調整計劃下的具體制度安排設計權力。

（二）政府與裙帶資本家議價

穆巴拉克時期埃及出現了新商人階層，他們往往有海外留學的經歷，和經濟開放政策下出現的舊商人階層不同，他們在政治參與方面更加積極，因此也被稱為裙帶資本家。

政府和裙帶資本家的關係不是主導權爭奪關係，而是前者願意讓渡一定的規則制定權力給後者，這其中有兩個原因。第一，「商人階層是唯一能夠運向國企那樣的資本密集型產業的埃及國內階層……商人是國有企業的潛在買家」[2]。此外，穆巴拉克本人也意識到「民眾（即商人階層）比國家富有」[3]。他承認國家不再承擔經濟發展的重負，轉而依靠投資者們。為獲得新商人階層的支持完成經濟改革與結構轉型計劃的第二步 —— 私有化，政府願與他們分享權力，因為私有化改革的諸多配套制度安排涉及被私有化企業的後續運營問題，與他們的利益息息相關。政府願意以主導權做籌碼換取他們的投資。

但政府並非一開始就願意和新商人階層共享權力，除非他們能夠證明國際貨幣基金組織的經濟改革和結構調整計劃的正確性，因為他們的作用只有

1 محمد حسنين هيكل، مبارك وزمانه: ماذا جرى في مصر ولها؟، القاهرة، دار الشروق – مصر، عام 2012، ص 67.

2 Roberto Roccu, *The political Economy of the Egypt Revolution: Mubarak, Economic Reforms and Failed Hegemony*, New York, Palgrave Macmillan, 2013, p.63.

3 Raymond A. Hinnebusch,「The Politics of Economic Reform in Egypt」, *Third World Quarterly*, Vol.14, No.1, 1993, p.166.

在經濟自由化的背景下才能凸顯。新商人階層通過建立埃及研究論壇（ERF）和埃及經濟研究中心（ECES）兩個權威智庫，培養了一批智庫學者。他們通過撰寫研究報告，在符合社會大眾一般認知的基礎上，推廣新商人階層推崇的意識形態——新自由主義，並實現意識形態的社會滲透。兩個智庫通過學者建立了它們創始人階層所處立場的理論基礎，「它否認任何政府對經濟的嚴重干預是明智之舉」[1]。智庫除了很好地發揮了新自由主義意識形態的文化滲透功能，還對國際貨幣基金組織改革計劃的可行性給予肯定。「儘管埃及研究論壇經常被國際和區域機構批評它將經濟抽象地理解為科學，但它依然堅持新古典主義（經濟）思想……新古典主義暗示着《華盛頓共識》中的原則最有利於實現經濟發展，或在這些原則下發展得最好。」[2]

政府願意讓渡一定的主導權給裙帶資本家的第二個原因是，新商人階層和政客的界限愈發模糊，政商呈「你中有我、我中有你」的關係。20 世紀 90 年代末，日益惡化的經濟狀況和不斷攀升的債務迫使執政黨擴大其成員規模。「2000 年議會選舉前，8% 的議員是商人出身，而改選後，17% 的議員有商業背景。」[3]越來越多的商人從政，議會中越來越多的人站在商人一邊。「穆巴拉克創造出的新政治階層扮演的催化劑作用不容小視。」[4]新商人階層參政後變成了裙帶資本家，他們既是政府改革的第二行動集團，也是自己的第二行動集團，因為 20 世紀 90 年代開始，政府就代表了他們的利益。可以說，新商人階層參政成為裙帶資本家，可看作是新商人階層的自我政治動員。新商人階層不斷增長的政治實力和政府對他們的需要導致他們有能力、有環境和政府博弈。埃及商人協會主席賽義德·塔維勒曾告訴政府，如果希望私有

---

1 Roberto Roccu, *The political Economy of the Egypt Revolution: Mubarak, Economic Reforms and Failed Hegemony*, New York, Palgrave Macmillan, 2013, p.82.

2 Rodrick, Dani,「Goodbye Washington Consensus, Hello Washington Confusion?」, *Journal of Economic Literature*, 44(4), pp.973-987.

3 Khalid Ikram, *The Political Economy of Reforms in Egypt: Issues and Policymaking since 1952*, The American University in Cairo Press, 2018, p.297.

4 Solima, Samer, *The Autumn of Dictatorship: Fiscal Crisis and Political Change in Egypt under Mubarak*, Princeton, Princeton University Press, 2011, p.3.

部門投資，就要讓他們對政府有信心，也就是需要一個考慮到商人利益的民主決策機制。他說：「我們要一個盈利的合法制度機制。」[1]

從一開始的政府主動分享權力，到新商人階層在自由經濟改革的過程中發展壯大並有能力和政府博弈，新商人階層在不斷蠶食政府手中的改革制度安排設計權力。

四、後穆巴拉克時期

後穆巴拉克時期，穆爾西和塞西先後執政埃及。從權力爭奪的角度看，可以將後穆巴拉克時期再細分成兩個階段：第一階段為穆兄會政府階段；第二個階段為阿德利．曼蘇爾過渡政府至塞西政府階段。本節將以 2013 年穆兄會的下台作為分界點，分別考察兩個階段政權，即改革制度設計權的爭奪過程。

（一）穆兄會與穆巴拉克政府爭奪

穆巴拉克執政初期，為了緩和薩達特執政後期因為獨裁造成的社會隔閡，加強自身政權的合法性並擴大支持範圍，決定拉攏穆兄會。在經歷了「二次創業」失敗和「9．11」事件後，穆兄會意識到極端思想與行為解決不了問題。他們的行動更加趨於務實，具體做法體現在推行「政黨化」理念，積極融入世俗政治，爭取在埃及建立一個「非神權」的多黨民主制「公民國家」[2]。以政治融入為目標的穆兄會向政府展現出溫和、非暴力的一面，以此打消了穆巴拉克對其容忍態度的疑慮，並將穆兄會作為溫和派代表拉攏，讓其進入議會。在穆巴拉克時期的於 2005 年舉行的最後一次議會選舉中，穆兄會以獨立候選人的身份參選，獲得了 20% 的席位。[3]在穆巴拉克時期，穆兄會

1　*Business Monthly*, Cairo, July 1989, p.2.

2　劉中民、朱威烈：《中東地區發展報告：中東變局的多維透視（2012 年卷）》，101 頁。

3　蔡偉良：《埃及穆斯林兄弟會》，載《阿拉伯世界研究》，2012（1）。

就享有社會動員的基礎。

穆兄會是以中產階級為主體的組織，與面臨失業危機和利益受到裙帶資本家擠壓的中產階級有着天然的聯繫。在經濟上，穆兄會揭露腐敗與社會公平缺失，反映中產階級不滿的同時也加深了他們對政府的不滿。經過多年的調整，穆兄會已經懂得如何與社會互動，他們沒有對市場經濟下「一刀切」的定論，也不再堅持絕對公平的分配。而是支持中產階級希冀的再分配目標和以市場為導向的經濟，兼具分配公平與經濟發展。鑒於世俗化的經濟發展道路遭到挫折，導致了社會不公和民生凋敝，失望的中產階級不再排除宗教派的經濟發展理念。中產對政治伊斯蘭的逐漸接受，就意味着他們對政府的疏離。中產階級是穆兄會政權的第二行動集團，因為他們在自由經濟改革後，生活水平不斷下降，無論在經濟和政治上，都處於邊緣地位。因此他們走上街頭成為抗議遊行的主要力量之一，主要是出於對穆巴拉克政府的不滿，但這種行為的結果是將穆兄會推向了埃及政權的金字塔尖。「穆兄會的作用不是發起了革命，而是離間了中產階級和政府的關係，這是推翻政權的關鍵一步。」[1]

2011 年 1 月 25 日埃及爆發了埃及劇變，在抗議的前一階段埃及青年和中產階級是核心力量，幾天後穆兄會宣佈支持穆巴拉克下台，成為抗議遊行的主要力量之一。2011 年 4 月 30 日，穆兄會宣佈成立自己的黨派 —— 自由與正義黨，穆罕默德・穆爾西任該黨主席。自 2012 年起，在軍方監管下國家展開了大選。經過幾輪角逐，穆爾西在最後一輪選舉中獲得了 51.73% 的投票。[2] 2012 年 6 月 30 日，埃及最高軍事委員會宣佈穆罕默德・穆爾西任埃及總統。

但穆爾西上台後，重新修訂《憲法》急於普及宗教觀，其政權顯現出很強的宗教底色。在《新憲法》下新生的政黨多以教派、族群、身份為基礎，

1 Alan Richards and John Waterbury and Melani Cammett and Ishac Diwan, *A Political Economy of The Middle East*, Boulder, Westview Press, 2015, p.32.

2 باسم القاسم وربيع الدنان، مصر بين عهدي مرسي والسيسي: دراسة مقارنة، بيروت، مركز الزيتونة للدراسات والاستشارات، عام 2016، ص 20.

仍脫不掉宗教黨、地緣黨、孤獨黨的顏色，缺乏開放型的黨綱。此外，穆兄會還積極聯絡在區域內的分支，積極支持哈馬斯在巴勒斯坦的事業，然而該組織在埃及曾發動過恐怖襲擊，造成數人傷亡。這樣的外交政策讓穆爾西政府的支持率驟降。2012 年 11 月 22 日穆爾西政府發表了《新憲法宣言》（下文簡稱「《宣言》」），該《宣言》被認為是鞏固宗教政權的象徵，也是政府招致人民反對的導火索。《宣言》規定「總統享有對任何威脅 1・25 革命成果、威脅民族生活、國家安全、領土完整、阻礙政府運用的威脅行為治理的一切決策權，且不容駁斥」[1]。人民普遍認為這預示着埃及政府退回獨裁與威權，不滿的人民走上街頭，要求穆爾西下台。最終最高軍事委員會於 2013 年 7 月 3 日宣佈廢黜穆爾西。

（二）穆爾西政府與軍隊爭奪

穆兄會執政後，對議會和政府機構進行了洗牌，讓穆兄會成員擔任要職，媒體裏也時常出現諸如「國家穆兄會化（أخونة الدولة）」的言論。[2]在「穆兄會化」的治理模式下，除穆兄會及親穆兄會的宗教團體外，剩下的一切利益集團都被排斥在政權之外。這種做法無疑對長期控制國家政治經濟重要領域的軍隊及軍隊企業構成了巨大威脅。

此外，穆兄會還積極尋求與軍隊積極對抗。穆兄會成員穆爾西利用 2012 年 8 月 5 日西奈半島檢查站被武裝恐怖分子襲擊這個契機，撤換了國防部長，任阿卜杜勒・法塔赫・塞西為新國防部長。有人認為穆爾西「用六個星期的執政終結軍方 60 年的統治」[3]。戰場不局限於軍隊本身，還延伸到跟軍政權聯繫最為緊密的內政部，因為該部門掌管公共安全和國家安全事務，在塞

---

1 باسم القاسم وربيع الدنَان، مصر بين عهدي مرسي والسيسي: دراسة مقارنة، بيروت، مركز الزيتونة للدراسات والاستشارات، عام 2016، ص 21.

2 باسم القاسم وربيع الدنَان، مصر بين عهدي مرسي والسيسي: دراسة مقارنة، بيروت، مركز الزيتونة للدراسات والاستشارات، عام 2016، ص 307.

3 唐繼贊:《穆爾西複興埃及的舉措及其面臨的挑戰》，載《當代世界》，2012（10）。

西上任之前，都是轉業軍官在該部擔任要職。2013 年 1 月 6 日，穆爾西政府廢黜時任內政部長艾哈邁德．加邁爾．丁少將（أحمد جمال الدين），主要原因是他在公安事務上沒有偏向穆兄會，而是選擇了中立。比如，美國曾上映了一部有損先知穆罕默德的電影，憤怒的埃及民眾前往美國使館門前遊行，加邁爾．丁沒有執行穆兄會要求向遊行者開火的命令。軍人出身的他，在穆兄會和軍隊博弈之中堅決站在軍隊一邊，阻止政府染指國安和警察事務。事實上，前任內政部長穆罕默德．易卜拉欣．優素福（محمد إبراهيم يوسف）被廢除的原因正是反對總統干預警察事務，且穆爾西也是第一個試圖干預警察事務的總統。加邁爾．丁上任後，「恢復了國家安全局下屬的諸多不取消的部門，如宗教極端與穆兄會處、反恐部隊等」[1]。他還恢復了許多安全局前官員的職務，該做法得到了時任國防部長塞西的支持。[2]

穆兄會和軍隊緊張事態升級，2013 年穆爾西訪問阿聯酋期間，時任總參謀長綏德基．薩巴希（صدقي صبحي）在阿拉伯衛星電視台公開發表聲明：「埃及軍隊始終站在人民身邊，不會加入任何派系，也不代表現任政權。它時刻關注國內局勢，如果人民需要，則會第一時間出現。」[3] 2013 年 2 月，有關於埃及多團體共同組建政府必要性的言論，旨在挽救每況愈下的國家。2013 年 2 月 11 日，政府發言人亞賽爾在半島台發表聲明，完全不顧政府構成多元化倡議，稱甘迪爾（قنديل）政府組織結構將延續至下一次內閣選舉。

穆兄會愈發的獨裁統治，導致了穆巴拉克時期愈發狹窄的政治參與路徑幾乎被封閉。從人民的角度講，這樣的結果與他們最初要求的民主與公正大相徑庭。而對於軍隊和親穆巴拉克政權來說，是對他們經濟和政治特權的剝奪。事實上，裙帶資本家為了維持政治聯結，每年的投資巨大。穆兄會的上台除了意味着前期投資白費，還意味着經濟特權被完全切斷。因此，親穆巴拉克集團與軍隊合作，通過發動「媒體戰」，煽動人民推翻穆爾西政府。

1　مصطفى كبري، ((السيسي: الطريق إلى استعادة الدولة المصرية))، القاهرة: الدار المصرية اللبنانية، عام 2014، ص 51.
2　مصطفى كبري، ((السيسي: الطريق إلى استعادة الدولة المصرية))، القاهرة: الدار المصرية اللبنانية، عام 2014، ص 52.
3　مصطفى كبري، ((السيسي: الطريق إلى استعادة الدولة المصرية))، القاهرة: الدار المصرية اللبنانية، عام 2014، ص 55.

軍隊、左翼世俗政黨和穆巴拉克政權殘餘勢力以客觀的經濟治理不利為武器反擊穆爾希政府，旨在終止國內的宗教政權運作。他們利用穆爾西上台時制訂的「百日計劃」，通過對比結果與目標對其制定經濟政策，由於缺乏有利的執行機構，穆爾西政府的經濟計劃根本無法在規定的時間內完成。最終，規定的 64 個項目僅完成了 10 個，24 個正在實施當中，30 個還沒開始。有許多埃及知名媒體的擁有者是穆巴拉克時期的裙帶資本家，他們將穆爾西政府的經濟治理敗局公之於眾。而穆爾西無法控制媒體，儘管任命了親穆兄會的新新聞部長、更換了新的主編，但是迫於「客觀選任」的原則，新聞機構 50 個重要職位中僅有 2 個被親穆兄會人士佔據，其餘 48 個為親穆巴拉克政權。媒體戰的頂峰出現於媒體列舉穆爾西政府的治理失敗之處，尤其是缺少燃料、停電等民生經濟問題。[1]此外，媒體還從穆爾西政權合法性、政府和穆兄會對國家忠誠度等方面下手，抨擊穆爾西。最終人民推翻了穆爾西政權。

第二節　經濟改革制度的設計

經濟改革決策的第二階段是制度設計。制度安排之所以成形，有賴於制度各方實現了平衡，而這樣的平衡是在各方的博弈下產生的。新的經濟改革制度在制度各方報酬遞增的前提下、在博弈中產生。需要強調的是，並不是所有制度安排都是在博弈中被設計出來的，因為並非所有報酬遞增主體都能參與博弈。如中產階級、城鄉居民等主體，政府在制度設計中會適度考慮他們的利益；但他們無法直接參與制度設計，不能影響制度平衡，因此制度會越過博弈被直接設計。

對於埃及來講，制度設計權所有者和他對手的博弈，或說國內制度各方

1　باسم القاسم وربيع الدنَان، مصر بين عهدي مرسي والسيسي: دراسة مقارنة، بيروت، مركز الزيتونة للدراسات والاستشارات، عام 2016، ص 306-307.

的博弈，不僅是制度設計的過程，而且是政治鬥爭的過程。制度設計權所有者和國外勢力的博弈可以看作降低制度安排的潛在政治風險的過程。因為國外勢力不甚了解埃及國情，且急於通過改革制度達成其預期目標，給埃及政治和社會穩定帶來巨大挑戰，這是政府不期望的，也是政府堅決抵制的。

一、納賽爾時期

納賽爾時期政府和軍隊對立，雙方希望從自身利益出發規制國家資本主義經濟改革的具體制度安排，從而使自己戰勝對手。因此，納賽爾時期的國家資本主義經濟改革的制度安排是在政府與軍隊的博弈中被設計的。軍隊對政府的抗衡導致政府原有的改革制度設計被強化或改變；政府對軍隊的打壓導致計劃外的改革制度被加入規制。

軍隊通過實施極端經濟改革靠近蘇聯，以獲得武器實現強軍。事實上，納賽爾起初不希望軍隊擴張，所以他回應以色列軍事化和巴格達條約等問題時態度不甚積極。納賽爾一直依靠阿米爾管理軍隊，作為條件，阿米爾要求「自主地在軍隊建立個人勢力」[1]。此後，軍隊在他的意志牽引下不斷壯大。阿米爾為了從蘇聯獲得武器，必須向蘇聯靠攏，並迎合蘇聯的社會主義思想。雖然他和阿拉伯社會主義聯盟主席薩博利是兩個互相制衡的對立機構的領導，但都傾向於從蘇聯得到武器，因此政府同意於 20 世紀 60 年代初展開極端的經濟改革 —— 第二次和第三次土地改革。

戰爭消耗增加與工業化改革。由於戰爭消耗增加，軍隊有正當理由要求工業化改革。表面上軍隊為了通過工業化生產作戰物資，但實際上是加強軍隊對國家經濟的控制，擴大軍隊財源。因為工業化的過程中必然出現許多新興企業，阿米爾可以趁機利用個人渠道將軍官安排在這些企業的管理崗位，從而控制國家經濟。雖然工業化制度安排最早是由政府提出的，但初衷是為了加速經

1　Stephen, Robert, *Nasser: A Political Biography*, London, Allen Lane, 1971, pp.360-361.

濟增長，解決不斷增長的埃及人口的溫飽問題；而軍隊提出的通過工業化供給戰備物資的目標更加具體、迫切，從一定程度上增強了制度設計的合法性。軍隊的介入改變了國有化的基調，與工業部部長綏德基雄心壯志的「從繡花針到火箭」工業化戰略不同，軍隊提倡「忠誠優先於競爭力」的工業化。

鑒於軍隊勢力的快速擴張，20 世紀 60 年代納賽爾加強警察和情報網絡建設，以此來制衡軍隊。1961 年的國有化改革和土地改革可看作打壓軍隊的一種重要新增制度安排。「1961 年 7 月宣言頒佈前的兩個月，阿卜杜勒·曼阿姆·蓋蘇尼（عبد المنعم قيسوني）表示政府沒有考慮進一步國有化。」[1]但 1961 年阿拉伯聯合共和國解體後，納賽爾意識到這是他的政權和社會主義改革生死攸關的時刻，於是採取了一系列極端措施。其中涉及經濟領域的是兩次土地改革、第二次國有化改革和國有化伴隨的財產沒收，此外還有開除公職和剝奪政治權利。經濟打擊旨在消除阿米爾的資本主義企業家黨羽，政治打擊是對軍隊的直接打擊。1961—1966 年間財產沒收涉及了 4000 多個家庭，共沒收財產 1 億埃鎊和市值 3000 萬埃鎊的股票和債券。

經濟打擊結束後，納賽爾通過政治手段直接對軍隊實施打擊。1967 年 6 月 10 日阿米爾及其副手夏姆斯·巴德蘭（شمس بدران）被免職，但一大批軍官要求納賽爾恢復他倆的職位。納賽爾免除了這些軍官的職務，在接下來的幾周裏，有 600～850 名軍官被迫「退役」。阿米爾意識到自己經營多年的集團被粉碎後，開始反抗納賽爾，他呼籲擴大民主與出版自由，改革阿拉伯社會主義聯盟，建立反對黨，釋放政治犯和被捕軍官，停止強化社會主義改造，疏遠蘇聯……這直接導致 1967 年 9 月初他在家中被捕、軟禁，9 月 15 日在家中自縊。「1967 年後埃及既沒有經濟計劃也無具有責任感的政治組織……納賽爾的社會主義經濟實踐沒超過 5 年。」[2]總而言之，1956—1967 年埃及經歷的國家社會主義經濟改革的高潮，是在政府與軍隊的博弈中被掀起的，在

1　O' Brien, Patrick, *The revolution in Egypt's Economic System: From Private Enterprise to Socialism*, 1952-1966, London, Oxford University, 1966, p.130.

2　John Waterbury, *The Egypt of Nasser and Sadat: The Political Economy of Two Regimes*, Princeton University Press, 1983, p.332.

軍隊勢力被消除後，社會主義政治和經濟實踐逐漸停滯。

二、薩達特時期

薩達特時期的混合經濟改革制度設計受到來自國內和國外兩種勢力的影響。從國內看，薩達特政府必須通過與阿拉伯社會主義聯盟博弈，規制出既有利於延續政府統治，又能消除聯盟的政治威脅的改革制度安排；從國外看，政府必須和國外勢力博弈，設計出讓政府承擔最低風險，又能滿足援助國要求的改革制度安排。

（一）政府與阿拉伯社會主義聯盟博弈下的制度設計

埃及實施經濟開放政策之初，混合經濟改革制度設計粗糙，政府僅頒佈和修訂了外商投資法，以此擴大吸引外資，並放鬆了對進出口貿易的控制，為私營企業發展營造良好環境。但與美國和解的紅利並未在經濟開放初期釋放，且國有企業何去何從，政府也沒有明確的規劃。

1972 年支持阿拉伯社會主義聯盟的學生發起遊行，並引發系列風波，這讓政府更加警覺，並意識到必須通過改革削弱社會主義聯盟勢力，其中包括經濟改革。1972 年，由於薩達特在巴以問題上未能取得令人滿意的成果，學生走上街頭，抨擊薩達特的資本主義傾向、拋棄社會主義、限制政治自由，反對改革。學生們認為，政府應該將他們納入勞動力聯盟之中或成立學生組織。1972 年，政府驅逐了蘇聯軍事顧問，並將索迪格從軍隊免職，學生再次上街遊行。1973 年 1 月末到 3 月，時有學生遊行並與警察發生衝突，6 月 100 多名學生被捕。從 1973 年 2 月 1 日開始，阿拉伯社會主義聯盟利用學生事件對薩達特政府發動攻擊，報紙毫無掩飾地曝光了學生遊行和警察暴力清場。這是因為所有出版社都是阿拉伯社會主義聯盟的資產，且百餘名記者、（專欄）作家是聯盟成員。學生和報業在社會主義聯盟的操控下聯合對政府發動攻擊，煽動社會輿論，對政權和改革造成了挑戰。這些讓政府意識到，阿拉伯社會主義聯盟在埃及仍持有巨大權力，其勢力廣泛滲透到各行各業，政府必須干預，否則改革無法繼續。而混合經濟改革的目的之一是放鬆政府對經濟的控制，換言之就是放鬆納賽爾遺留勢力對經濟的控制，這本身就對阿拉伯社會主義聯盟有弱化作用，因此深化混合經濟改革才能取得成功。於是政府開始在國有企業鬆綁方面大做文章，以削弱聯盟對經濟的控制，縮小其控制領域。「改革是對納賽爾建制發起的『總攻』。」[1]

經濟領域博弈。薩達特為稀釋阿拉伯社會主義聯盟的權力，首先對公共部門進行了行政改革。這種改革既有現實意義，又有政治目的。從現實角度看國家企事業單位人員冗餘，工作效率偏低；從政治目的看，納賽爾舊部和軍隊控制了國企的重要管理崗位，且阿拉伯社會主義聯盟的「基本單位」在公共部門遍佈，因此公共部門仍延續了納賽爾的社會主義印記。薩達特以行政改革的方式進行去集權化，改革包含了經濟維度——減少政府對企業的干預，這是混合經濟改革的重要制度安排。改革廢除行業管理組織，消除了能統籌管理相似行業國企的集權機構，以國家投資銀行取而代之。國家投資銀行的介入讓企業運營走上市場化軌道，自主權也有所增加，可以根據自己的需求制訂發展計劃並向銀行貸款。如果想獲得更多的資金，企業須從銀行貸款，但如果績效不佳，就無法獲得貸款。改革後，國企自主運營、自負盈虧。這樣的制度安排既提高了國企的效率，又消除了經濟管理領域的集權，還能倒逼企業裁員，弱化「基本單位」。

政治領域博弈。去集權化還涉及地方政府自主權的增加，改革後地方政府由之前的中央政府統一決策，變為地方政府分散決策。政府先後頒佈了1971年第57號法和1975年第52號法規定了地方政府的相關職責和權利，1977年5月以去集權化為目的的行政改革達到高潮。所有地方長官均被提拔為部長級，直接受到對薩達特忠誠的總理領導，地方政府有法定的獨立決策權。「美國國際開發署（USAID）和世界銀行在改革中發揮了重要作用，他們

1 عادل حسين، العلاقات الاقتصادية بين مصر وإسرائيل، نيقوسيا، مؤسسة الدراسات الفلسطينية، عام 1984، ص 29.

資助了為地方政府提供財政支持的商業銀行和基金。」[1]引進來自西方的資金和援助是自由經濟改革的重要制度安排，這樣的制度安排除了受到 1973 年以後埃及的實際情況和薩達特的自身偏好影響，也是在薩達特和阿拉伯社會主義聯盟的博弈中被強化的，國際援助的必要性和政治重要性在博弈中進一步凸顯。地方政府的財政獨立給予地方官員更大的自主權，因此即便在巴以問題懸而未決的形勢下，以吸引資本主義國家資本為導向的經濟開放政策也能在政界得到廣泛的支持，因為地方官員是實在的受益者。

（二）政府與國際勢力博弈下的制度設計

埃及在國際貨幣基金組織的減補改革中，借助美國和國際貨幣基金組織反復博弈，最終極大地縮小了減補的數額，並獲得了大量的國際援助。

美國和埃及屬於恩庇侍從關係，「美國對埃及的經濟援助為敦促埃及完成援助背後的目標，而目標是政治的」[2]。美國希望埃及和以色列簽訂《戴維營協議》，且不給美國攫取中東石油製造麻煩。因此無論埃及是否改革、怎麼改，美國都會給予埃及援助。埃及明白美國的尷尬境地，並利用這一弱點制衡國際貨幣基金組織。如果美國在埃及拒絕履行國際貨幣基金組織條件時拋棄它，則會損害其樂善好施的形象和它與埃及的友誼，這麼做的政治成本極高。儘管美國意識到了埃及的策略，但依然謹慎行事，因為減補可能造成嚴重的社會動盪，如果薩達特政權被顛覆，美國苦心經營的埃美關係將付諸東流。

沒有一個美國官員希望兩國關係毀在自己手裏，因此最大限度地向援助集團施壓讓埃及免於執行改革要求。當國際金融機構要求埃及改革時，美國一方面同意它的政策，一方面又顧忌這樣做傷害美埃關係，於是只能表面上裝作理解埃及的處境，而在背地裏催促國際金融機構實施改革。1977 年 1

1　John Waterbury, *The Egypt of Nasser and Sadat: The Political Economy of Two Regimes*, Princeton University Press, 1983, p.378.

2　عادل حسين، العلاقات الاقتصادية بين مصر وإسرائيل، نيقوسيا، مؤسسة الدراسات الفلسطينية، عام 1984، ص 42.

月「麵包革命」高潮期間，埃及經濟學家哈立德·艾克拉姆曾問時任美國駐埃大使，如果埃及不按要求改革，美國是否將收回承諾的6億美元援助？大使委婉地說:「美國相信薩達特是推動中東現代化的力量，只要他一直如此，就值得美國支持。」換言之，只要埃及支持《戴維營協議》，改革與否都無所謂。

埃及利用地緣戰略優勢和美國對它的前期投入做籌碼與美國博弈，結果導致埃及不斷地獲得美國庇護，增加了埃及和援助集團的談判權力，為重新設計減補方案提供了有利條件。

恩庇國的存在讓埃及可以和援助集團打「美國牌」，因為美國集團中有很多國際金融機構的股東。「曾經有一些埃及和美國聯手對國際貨幣基金組織施壓的例子。」[1]埃及官員已經習慣了讓美國對國際貨幣基金組織施壓以緩和其條件。他們甚至認為不應該直接聽取國際貨幣基金組織的要求，如果無法向國際貨幣基金組織傳達自己的關切，埃及直接讓美國傳達改革可行的界限在何處。1977年「麵包革命」後，埃及更加認為援助集團的方案是「瘋狂的」，並堅決抵制，因為埃及明白美國站在自己這一邊，美國不會用埃及的中東政治換取國際貨幣基金組織的經濟方案。談判過程中，埃及曾表示將退出國際貨幣基金組織的協議，或忽視部分內容。美國不願看到埃及因減補出現社會動盪顛覆了自己政治和經濟投資已久的代理國。如果埃及政權更迭，《戴維營協議》和攫取石油計劃就無法實施，直接損害美國利益。美國作為國際貨幣基金組織最大的股東，要求國際貨幣基金組織放寬援助條件。

在20世紀70年代國外援助集團對埃及的大規模經濟援助中，世界銀行和國際貨幣基金組織對埃及的承諾援助金額為6000萬美元，而美國的承諾金額為6億美元，前者附帶經濟改革條件，而後者雖然附議國際貨幣基金組織的改革方案，但只要和以色列簽署《戴維營協議》，具體如何改革、改不改

---

1 Richard A.,「The political Economy of Dilatory Reform: Egypt in the 1980s」, *World Development*, 19(12), p.1721.

都不重要。這導致埃及對國際貨幣基金組織的條件更加有恃無恐，因為無論改革與否，埃及都有 6 億美元援助兜底。1976 年埃及半推半就地展開改革，很快在 1977 年引發大規模暴動。鑒於美國最不期望的事情發生了，美國果斷要求 G7 集團和世界銀行召開諮詢小組會議，並擴大援助國成員範圍，增加援助金額，最終埃及獲得了 34 億美元的援助。在 1977 年後，世界銀行每年組織一次諮詢小組會議，協商後續資助計劃。1979 年由於埃及不顧其他阿拉伯國家反對和以色列簽署了《戴維營協議》，世界銀行顧及自己在中東的立場不願再次召開會議。但美國認為這種行為將扼殺中東地區親西方的苗頭。美國的設想是，「通過援助埃及保證政治穩定，防止阿拉伯國家『冒險』傾向，在更長遠的角度上，政策將實現美國和中東所有國家的政治經濟關係發展」[1]。於是美國再次向世界銀行施壓，1979 年的諮詢小組會議於 12 月 20 日在阿斯旺召開。

事實上，在這輪改革中，人民幫助了埃及政府和國際勢力博弈。雖然「麵包革命」不期而至，但卻使改革制度安排的設計更加接近政府的希望。埃及原本計劃削減 2.8 億埃鎊開支，但暴動後實際只削減了 4500 萬埃鎊[2]，減補大幅下降。此外，援助集團為了彌補給埃及社會造成的動盪，同意向埃及提供大量資金援助。埃及以較小的改革舉動獲得了巨大的資金援助。在國際援助之下，「埃及經濟取得了前所未有的增長速度，足夠從海灣國家中斷援助中恢復過來」[3]。雖然國際貨幣基金組織的減補改革設計權不完全掌握在埃及政府手中，但埃及政府通過博弈重新界定了削減補貼的界限，也就是對該制度安排進行了重新設計。

1 عادل حسين، العلاقات الاقتصادية بين مصر وإسرائيل، نيقوسيا، مؤسسة الدراسات الفلسطينية، عام 1984، ص 42.

2 Khalid Ikram, *The Egyptian Economy, 1952-2000: Performance Policies and Issues*, New York, Routledge Press, 2006, p.33.

3 عادل حسين، العلاقات الاقتصادية بين مصر وإسرائيل، نيقوسيا، مؤسسة الدراسات الفلسطينية، عام 1984، ص 31.

三、穆巴拉克時期

（一）政府與援助集團博弈下的制度設計

自從薩達特時期起，西方國家就希望埃及經濟向自由經濟轉型。但正如前文所述，由於政府意志和國家資產階級的阻撓，薩達特時期埃及的經濟制度停留在國家資本主義和自由經濟的中間狀態——混合經濟。然而西方國家從來沒有停止過敦促埃及完成經濟轉型的嘗試。薩達特時期的「麵包革命」和埃及與以色列媾和後，西方給埃及的大量援助與贈款的目的就是將其作為埃及經濟改革的啟動資金，持續推進改革。向自由經濟轉型意味着，必須要減少政府對經濟的干預，這就觸及了埃及政府最厭惡的削減補貼。由於薩達特任期末，埃及剛收到大量的國際援助，且 20 世紀 80 年代油價大漲，這都使得穆巴拉克政府在初始階段的國際議價權力相對較強，有能力與西方博弈，有財力消化緩慢改革給國家帶來的經濟壓力。穆巴拉克在該問題上沒有採取薩達特時期的拖延與敷衍戰術，而是順勢而為，以「溫水煮青蛙」的方式逐步削減補貼，他改革的哲學是「越慢越好」。這就是穆巴拉克政府和西方博弈的手段，即同意實施改革，但政府掌控改革步伐，這能夠將改革帶來的政治風險降到最低，但改革效果卻乏善可陳。

1987—1991 年由於之前的經濟改革沒有解決埃及的結構性問題，在國際油價大跌的衝擊下，埃及再次陷入經濟危機，之前的改革模式也無法維持。埃及再次與國際金融組織召開會議，請求經濟援助。1990—1991 年的海灣戰爭恰逢其時，再次讓西方同意援助。西方本身就對穆巴拉克之前緩慢的改革步伐不滿，因此這次的態度格外強硬，如果埃及不滿足西方的經濟改革要求，就不能得到援助。國際貨幣基金組織和世界銀行牽頭設計了自由經濟改革的主要制度安排——經濟穩定計劃和結構性轉型計劃。其中經濟穩定計劃再次要求大幅度、廣口徑地削減補貼，這是政府不希望的。但此時的埃及由於債務危機迫在眉睫，沒有時間再博弈了。此外，埃及已經失去了和西方博弈的籌碼。因為薩達特時埃及和美國在以色列問題和石油問題達成協議後，已經滿足了美國對埃及的最主要訴求，並且埃及因此獲得了巨額援助。此後，埃及對美的戰略價值下降，美國對埃的援助力度隨之逐漸變小，要求逐漸增加。鑒於此，這次的援助機會來之不易，加上形勢緊迫，埃及選擇了接受西方設計的經濟改革制度安排。

穆巴拉克時期的自由經濟改革制度是在政府與西方援助集團的博弈下設計的。經濟穩定計劃和結構轉型計劃都是對埃及經濟大刀闊斧改革的制度安排，不是政府所期望的。但穆巴拉克上任後，一直以緩慢的改革方式和西方博弈，這導致經濟改革的周期過長，經濟韌性恢復的速度過慢。因此，脆弱的經濟沒有抵禦住國際油價下跌的衝擊，出現經濟危機。隨後，埃及受形勢所迫，只能同意以大刀闊斧的改革制度安排替代了之前溫和的改革制度安排。自由經濟改革的主要制度安排就此形成。

（二）政府與裙帶資本家博弈下的制度設計

有學者認為穆巴拉克時期的改革是「反革命」的，即在財富分配上，國家回到了前納賽爾時期。雖然納賽爾時期的改革在後續時期被逐漸拋棄，但前納賽爾時期的民生狀況是人民所不期望的。這種「反革命」來源於政府在和裙帶資本家的博弈中處於劣勢，導致商人階級的意志被強加於制度的設計中，而其他階層的利益連同社會契約一併被逐漸忽視。穆巴拉克時期的改革可以看作是政府的歷史制度和新商人階層的博弈。

裙帶資本家和政府博弈的手段是擴張自己在議會和其他委員會中的席位，以此排擠其他階層的代表，從而獲得更大的決策權。1987 年 450 名議員中的 80 名議員公開表示自己是商業高管。「政府必須遊說議會中的商人同意他們的計劃。」[1]20 世紀 80 年代開始，商人以人民利益為代價在議會為自己

1 Raymond A. Hinnebusch,「The Politics of Economic Reform in Egypt」, *Third World Quarterly*, Vol.14, No.1, 1993, p.166.

爭奪稅收優惠權力，他們先後獲得了免除利潤稅和資本利得稅的優惠政策。經濟部長穆斯塔法．賽義德因為無法同意免除資本利得稅而辭職。「能夠證明商人要求良好投資環境的案例是，政府為鼓勵私有部門投資，出台了僅徵收2% 的資本利得稅的新稅法草案。即便這個比例對投資者來說都太多了，他們威脅政府說這將讓他們被迫逃離。」[1]經濟部長抱怨免稅給中央財政帶來了幾十億埃鎊的損失，政府被迫出台削減補貼的制度安排，以填補缺口。

《雇主與佃農關係法》的出台也是商人利用議會的席位優勢出台的極端改革法律，它修訂了《1952 年土地改革法》對佃農的權利保護條款，雇主可以按照自己的意願，在支付賠償金的條件下隨時收回已出租的土地。雖然法律的出台符合法律程序，但「從薩達特時期起，被預留給農民的席位就被其中最富有的農民或者政界權威的侍從佔據了。從而導致 1992 年《雇主與佃農關係法》通過之時，委員會中沒有一個佃農」[2]。

裙帶資本家在國家推出市場干預後，迅速填補了政府的真空，憑藉既有的雄厚實力在經濟領域獲得更多特權。穩定計劃實施後，國家展開金融改革，政府拋售了在合資銀行的全部股份，將股權私有化。因為不良貸款比率高，國際金融組織認為埃及金融業投資環境不佳，政府必須有效降低不良貸款比例。2004 年起政府展開了成功的改革，不良貸款比例從 24% 下降到 15%。而降低不良貸款的手段是，銀行在選擇放貸對象上有更大的自主權。「這導致了放貸不透明，對大貸款人有利。雖然不是絕對的，但貸款總是流向公共和私營部門的大商人。」[3] 2006 年中，銀行向私營部門發放的 51% 的貸款流向了 0.19% 客戶。「銀行明確地傾向於放貸給少數大型企業，其中 30 家企業獲得了 40% 的銀行貸款。」[4]讓實力雄厚的大型企業壟斷貸款既能回應國

---

1 *Al-Ahram weekly*, 23-29 July 1992, p.4.

2 Saad, Reem,「gyptian Politics and the Tenancy Law」, *Counter-Revolution in Egypt's Countryside: Land and Farmers in the Era of Economic Reform*, London, Zed Books, 2002, p.106.

3 Roll, Stephan,「Finance Matters!」, T*he Influence of Financial Sector Reforms on the Development of the Entrepreneurial Elite in Egypt*, Mediterranean Politics, 15(3), pp.357-358.

4 Osman, Tarek, *Egypt on the Brink: From Nasser to Mubarak*, *New Haven*, CT, Yale University Press, 2010, pp.115-116.

際金融組織意見，又有利於新商人階層獲得絕對的競爭優勢，同時還符合市場規則。但這也意味着，政府撤出經濟干預後，也撤出了對市場公平性的保障，因為政府失去了和商人階級平等談判的權力。

四、後穆巴拉克時期

如果想考察後穆巴拉克時期的經濟制度設計過程，就必須理解兩個問題：第一，政治制度和經濟制度的關係；第二，最高軍事委員會在後穆巴拉克時期所發揮的作用。從政治制度和經濟制度的關係看，穆巴拉克時期政商融合相當嚴重，政治聯結就是裙帶資本家獲利的關鍵手段。因此，後穆巴拉克時期政治和經濟關係十分密切，政治上與統治集團的聯結相當於獲得了一攬子隱性的經濟特權政策，該時期的經濟制度高度依賴於政治制度，即通過政治制度矩陣獲得「聯結」的機會。政治制度取代經濟制度規定了資本合理的流向，政治聯結程度的改變顯著地改變了原有經濟制度矩陣下各利益集團的利益分配格局。從最高軍事委員會所發揮的作用看，「自從穆巴拉克政府倒台後，最高軍事委員會就愈發固執地以保護軍隊為名，捍衛自己的特殊地位和利益」[1]。穆罕默德・侯賽因・坦塔維（محمد حسين طنطاوي）領導的最高軍事委員會在穆巴拉克倒台後、穆爾西執政時及其倒台後都不停地通過立法手段鞏固軍隊與政權的聯結程度。與此同時穆兄會不斷追求政府穆兄會化，造成了軍隊和穆兄會「政治—經濟」聯動的衝突與博弈，而該階段的「政治—經濟改革制度」是在政治博弈下設計出的。塞西上任後，沒有其他強大的政治集團能和塞西博弈，但他必須從穆爾西的抗議中吸取教訓，充分考慮民意對政權穩定的威脅，因此該時期的經濟制度是在與人民博弈之下設計的，即以「贏得民心」為出發點編制經濟改革制度。

1　باسم القاسم وربيع الدنَان، مصر بين عهدي مرسي والسيسي: دراسة مقارنة، بيروت، مركز الزيتونة للدراسات والاستشارات، عام 2016، ص 213.

（一）最高軍事委員會和穆爾西政府博弈下的制度設計

軍事委員會從納賽爾時期起就不再直接參與國家政治治理，而 2011 年 2 月穆巴拉克政府倒台後，穆罕默德·坦塔維領導的最高軍事委員會獲得主持臨時政府事務的權力。它追求捍衛自己的政治和財政特權、社會地位，通過正式法律保護它的行為。[1]它首先界定自己對國防預算、美國軍事援助、軍隊企業及其承包的項目的絕對控制權，同時要求對其下屬機構的資產和產出資源的絕對支配權。此外，在保有其掌握的那部分國家經濟外，還致力於在更大程度上控制私營經濟和混合制經濟部門。最高軍事委員會這樣做的原因可歸結於，穆巴拉克統治時期，默許了它一系列權利，但穆巴拉克政府倒台後，它必須以制度化的方式延續這一權利。

2012 年 6 月 17 日，最高軍事委員會發表「修正憲法宣言（الإعلان الدستوري المكمّل）」，並頒佈了《新憲法》。《新憲法》規定了國家總統和議會的職權，允許進行新普選。但事實上，《新憲法》為最高軍事委員會保留了特權。這主要體現在，它有權修訂憲法內容，而議會選舉必須遵守最新《憲法》規定。新《憲法》頒佈後，最高軍事委員會決定重構國防委員會（مجلس الدفاع الوطني）。該委員會於納賽爾時期成立，1971 年版《憲法》規定了它作為統治手段的地位，然而並沒有規定其基本制度。最高軍事委員會希望將國防委員會作為保證自身獨立性的制度機制，既能擺脫行政官僚的控制，又能對行政官僚進行監管與干預。國防委員會的成立，標誌着軍隊享有了參與國際政治治理的合法化平台。

國防委員會是最高軍事委員會和穆爾西博弈的重要陣地。根據《憲法》，埃及總統應領導國防委員會。但最高軍事委員會頒佈的新《憲法》中還規定「委員會由 16～17 名委員組成，其中 10～12 名來自最高軍事委員會。委員會

1　يزيد صايغ، «فوق الدولة: جمهورية الضباط في مصر»، مركز كانيغي للشرق الأوسط، 2012.8.1، https://carnegie-mec.org/publications/?fa=48996#

必須在絕大多數委員到期後才能通過決議」[1]。通過國防委員會，最高軍事委員會有效地抵禦了被穆爾希政府邊緣化。

穆爾西倒台後，軍隊對國家經濟的影響力增加。例如，2014 年 1 月，軍隊下屬的「石油革命」公司獲得了艾哈利銀行（البنك الأهلي）2000 萬美元貸款，儘管該公司在 2011—2013 年很少有對政府的商業行為，但穆爾西下台後，該公司迅速獲得了經濟特權。此後，軍隊還加強國家經濟建設項目參與，先後拿下「新河谷」土地改良項目、蘇伊士運河擴建項目、補貼住房項目等。

（二）塞西政府與選民博弈下的制度設計

塞西政府上台後，充分吸取了穆爾西政權倒台的教訓，經濟承諾如不能很好地兌現會衝擊政權的合法性。當時的埃及不確定因素多，盲目地出台經濟政策或相關承諾很有可能無法兌現，最終招致人民不滿。因此，塞西的經濟制度設計的兩個基本點是：第一，在非必要的時候，不提經濟計劃；第二，在必要時刻，提出順應人民期待的經濟計劃。

埃及和阿拉伯世界著名時事評論員、前《金字塔報》主編穆罕默德・哈桑寧・海卡爾（محمد حسنين هيكل）曾在公開場合為塞西背書，他認為塞西沒有必要非得拿出選舉計劃，或克服經濟危機的計劃。在與埃及著名電視節目主持人萊米斯・哈迪迪（لميس الحديدي）的對話中，他說：「我不認為候選人阿卜杜勒・法塔赫・塞西應該有競選活動或者計劃。我認為，計劃本身就是危機。而他自己的品格就足以代表他自己——一個有能力應對眼下情形的人。他的計劃一定操之過急，這就是危機。我認為，他不需要別的什麼了。」[2]此外，他上任後沒有制訂「百日計劃」，以避免日後不必要的麻煩。塞西的做法是正確的，正如阿根廷著名政治學家吉列爾莫・奧唐納（Guillermo O' Donnell）所言：「政策……不一定和總統競選時承諾相符，他不就是被授權按照

1　باسم القاسم وربيع الدنّان، مصر بين عهدي مرسي والسيسي: دراسة مقارنة، بيروت، مركز الزيتونة للدراسات والاستشارات، عام 2016، ص 215.

2　http:// www. elwatannews.com/news/details/453395，訪問時間 2022-01-20。

自己認為最好的方式來統治的嗎？」[1] 塞西執政後，在經濟領域的決策上很謹慎，為保證「言必行」而不隨意做出承諾。

第三節　經濟改革制度合法化

制度安排合法化是經濟改革決策過程的最後一步，也就是讓被設計出的制度安排接受社會檢驗的過程。「如果該項制度安排改善了大多數人的福利，或者可能更為重要的是，統治者預先灌輸了一種能使這項制度安排充分合法化的意識形態，或者沒有某種反意識形態產生並強大到足以挑戰該項制度安排，那麼該項制度安排就會被合法化、穩定化以及複製。」[2]

結合埃及實際情況，這裏要指出兩個問題。第一，制度安排最終是否具有合法性，人民是最終的檢驗者。制度各方雖然比起人民對制度變遷更有影響力，但他們不會影響制度合法化過程。因為得不到他們的認可，制度無法平衡，也就無法被產出並接受檢驗，無法進入合法化過程。換言之，只要制度產出，它就獲得了制度各方的認可。第二，人民對某時期經濟改革變遷制度的不滿集中發泄在一個具體的制度安排上；人民對某一時期改革下的某一制度安排的不滿，同樣也會演變成嚴重的社會動盪，導致政府倒台，改革制度被全盤否定。

一、納賽爾時期成功合法化

納賽爾時期的經濟改革是成功的，儘管在制度設計的過程中受到了阻撓，但仍取得了卓越的成效。學者楊灝城和江淳認為，納賽爾的成就之一就

1　Guillermo A. O' Donell,「Delegative Democracy」, *Journal of Democracy 5:1* (January, 1994), p.60.
2　唐世平:《制度變遷的廣義理論》，65~66 頁，北京，北京大學出版社，2016。

是「發展國民經濟，振興埃及」[1]。這也是國家資本主義經濟改革帶來的成果。

正如第一章所述，納賽爾時期的經濟改革實際上是裝在經濟外殼裏的政治改革，改革中，新老殖民者被趕出埃及、大地主和大資本家等剝削階級不再發揮政治作用。與此同時，農民和工人階級的地位提升；國家扶植忠於國家的國家資產階級，他們是改革的擁護者和受益者。因此，納賽爾的改革不但使大多數人的福利增加，還樹立了強大而廣泛的支持改革的意識形態。

人民對納賽爾的支持在六·五戰爭失利後體現得尤為明顯。1967 年 6 月 9 日，納賽爾通過電視台向民眾宣讀了自己的辭職決議，以此負擔戰敗全部責任。隨後，「開羅數以百萬計的群眾，部分男女老幼，自發湧上街頭。有的無暇顧及自己的服飾，光着腳，穿着睡衣，離開家門。他們從四面八方湧向新開羅區，把納賽爾的宅邸圍得水泄不通，懇請他收回辭呈，留任總統。『納賽爾，納賽爾，不要離開我們，我們需要你』，『納賽爾，納賽爾，唯有你是我們的總統』等口號響徹雲霄，震耳欲聾，其間夾雜着人們悲戚的哭聲……它雖帶有濃厚的個人迷信色彩，卻真切地展示出人民群眾對納賽爾的真摯情愫……」[2]，人民之所以支持納賽爾，「實際上也是為了生存——為了埃及的生存，為了它的土地、人民和意志——而鬥爭的一種形式」[3]。而納賽爾時期的經濟改革也是鬥爭的一環，經濟改革的政治和經濟目的相互交融，因此自然而然地得到了廣泛的群眾支持，並獲得了合法性。

二、薩達特時期艱難合法化

混合經濟改革的合法化過程不甚成功，主要原因是經濟開放政策實施後，很多人利用投機倒把生意富起來，財富分配的社會公平性下降。而合法化失敗的導火索是實施國際貨幣基金組織以削減補貼為核心的改革制度安

1　楊灝城、江淳:《納賽爾和薩達特時期的埃及》，248 頁，北京，商務印書館，1997。

2　楊灝城、江淳:《納賽爾和薩達特時期的埃及》，228~229 頁，北京，商務印書館，1997。

3　أنوار السادات، البحث عن الذات، القاهرة، المكتب المصري الحديث، عام 1978، ص 192.

排。原因是諾斯提出的「適應性效率」低下。但因為該項制度安排在實施初期就引發了大規模動盪，也就是它還沒有給社會經濟結構帶來深遠影響前就被反對，所以政府有機會修補，最終在刪除減補制度安排後，混合經濟改革制度還是獲得了合法性。

國際貨幣基金組織的減補政策本身就存在固有缺陷，讓事情雪上加霜的是，埃及政府和國際貨幣基金組織在長期的「拉鋸戰」之後埃及經濟形勢惡化，政府不得不突然實施該制度安排。諾斯認為適應性效率在制度變遷中起着重要的作用，「根植於制度框架內的激勵帶動了『幹中學（Learning by Doing）』的過程以及默會知識的發展，從而引領個人在決策過程中逐漸演化出一個與他們起先所面對的不一樣的系統」[1]。這也就是說，制度變遷的過程就是在實踐中修正先前錯誤的認識，建立更為正確的制度，這一過程就是「適應過程」。如果適應性效率低下，制度就很難獲得合法性，因為基於不正確信息的改革不會導致報酬遞增，也無法改變大多數人的福利。

從制度設計本身看，它基於國際貨幣基金組織對埃及國情的部分錯誤認識。第一，它沒有估量削減補貼對埃及居民的實際影響。「據世界銀行的《消費與貧困調查》指出，民生補貼增加了最貧困群體收入的15%」[2]，因此削減補貼對他們的影響可想而知。第二，削減補貼對不同階層的人民影響不同，不該一刀切；上埃及和下埃及存在區域發展不平衡的問題，減補對上埃及人的影響尤為嚴重。第三，削減財政支出可以着眼於若干瑣碎的項目，應對補貼集中地大幅削減。但更糟糕的是，如果政府能積極和國際貨幣基金組織修正制度安排，或緩慢推進，則可以通過「幹中學」不斷修正制度安排。但政府在推諉中錯過了「幹中學」的時機，最終被迫冒進地實施錯誤的減補改革。可以說，制度安排的適應過程是缺失的。

改革在較大的範圍中激起了反意識形態。唐世平認為，制度不穩定的原

1 道格拉斯·C. 諾斯：《制度、制度變遷與經濟績效》，95~96頁，上海，格致出版社，2014。

2 Khalid Ikram, *The Political Economy of Reforms in Egypt: Issues and Policymaking since 1952*, The American University in Cairo Press, 2018, p.239.

因之一是，出現了針對特定制度安排的反意識形態。[1]減補不僅觸碰了下層階級的利益，還觸犯了中產階級的利益。雖然大餅補貼被保留了，但法棍、細麵粉、啤酒、白砂糖等已經成為中產階級的生活必需品。如法棍是他們製作午餐三明治的必要原料。「內閣部長承認，為了讓國際貨幣基金組織放貸而實施的減補是錯誤的。」[2]最初的抗議者是公務員和學生，隨後擴大到在經濟開放政策後淪為低收入階層的產業工人、國企員工等。「這次革命普遍被稱為『食品革命』，但實質是『不公的革命』，因為運動更加關注政策不公平的變遷，而不是變遷本身。」[3]由於低收入階層認為改革制度安排不公平，隨即激發了他們的反意識形態，反意識形態激勵人們推動制度安排繼續變遷，這使得政府放棄減補方案。

「麵包革命」後政府修正了混合經濟改革制度，國際貨幣基金組織不再強求政府減補，而政府也放棄了該制度安排。放棄削減補貼制度安排後，反改革意識形態減弱。雖然社會不公是不可逆的，但薩達特時期由於經濟開放政策實施不久，分配不公尚未成為社會的主要矛盾。此外，相較於納賽爾時期，埃及在薩達特的統治下人民物質生活更加豐富，從大體上說民生水平是提高的。因此，在廢止直接影響人民利益的補貼改革後混合經濟改革制度實現了合法性。

三、穆巴拉克時期合法化失敗

穆巴拉克時期自由經濟改革的合法化過程遭遇失敗，主要歸因於改革不但沒有保障大多數人的福利，反而損害了他們的利益，從而形成了強大的反

1　唐世平：《制度變遷的廣義理論》，67 頁，北京，北京大學出版社，2016。

2　Baker, R. W., *Egypt's Uncertain Revolution under Nasser and Sadat*, *Cambridge*, Harvard University Press, 1978, p.167.

3　Gutner, T., *The political Economy of Food Subsidy Reform in Egypt*, Washington, DC, International Food Policy Research Institute, 1999, p.18.

改革意識形態。這次改革的外部性並不來自某項特殊的制度安排，而是自薩達特時期經濟開始以來，到穆巴拉克時期實施自由經濟改革期間，不斷自由化的經濟導致社會不公加劇、民生凋敝。因此，2011 年的埃及劇變不是對某一個制度安排的反映，而是常年積壓的矛盾的集體釋放，這導致政府無法補救。最終，政府的合法性連同改革的合法性一併被否定。

穆巴拉克在改革制度的適應過程中下足了功夫，由於薩達特的前車之鑒，他選擇「溫水煮青蛙」式的緩慢改革，以避開人民最厭惡的改革制度安排，以保證社會穩定。2000 年以後罷工、遊行和其他的勞工運動勸說政府考慮私有化路徑是否正確。[1] 2008 年以後，相關部長們也認為私有化的經濟利益小於它的政治風險，於是考慮停止私有化改革。但社會不公的加劇並沒有因私有化改革的停止而停止。從某種意義上說，改革較高的適應性效率反而掩蓋了社會積壓的矛盾，導致這些矛盾最後一併爆發。

改革的外部性顯現緩慢，但影響巨大。首先，自由經濟改革導致了嚴重的失業問題。問題一方面來源於伴隨國有化改革的冗餘職工分流。政府雖然給予分流職工一定的補償，但隨着不斷加劇的通貨膨脹，補償金根本無法維持他們幾年的生活開銷。此外，政府和援助集團設立的社會基金雖然致力於幫扶分流職工創業，但據世界銀行統計，這些小微企業的表現普遍不佳，無法有效吸納勞動力。此外，那些臨近退休的勞動力根本沒法再就業。一方面，私有化引發失業問題，另一方面，被私有化的企業無法有效提供就業崗位，事態進一步惡化。因為被私有化的企業主要通過尋租盈利，因此這些企業不需要很多勞動力仍可維持運營。儘管經濟形勢好轉，2005 年就業增長趕不上勞動人口增長，「官方失業率為 12%」[2]。其次，自由經濟改革導致民生凋敝。大餅補貼的削減和不斷加劇的通貨膨脹嚴重影響了人民的生活。「穆巴拉

1 Benin, J., *Workers' Struggles under □socialism□ and □Neoliberalism□*, *El-Mahdi and Marfleet*, 2009, pp.68-86.

2 IMF, *Arabic Republic of Egypt: 2006 Article IV Consultation-Staff Report*, Washington, DC, IMF, 2006.

克時期埃及的教育和醫療也被私有化，國家減少了該領域投資。」[1]這意味着人民的生活開銷將進一步上漲。「2008 年年底，世界金融危機沉重打擊了埃及的『漂浮經濟』，使中產階級的生活更加艱難。」[2]於是 2011 年中產階級帶領埃及人民展開革命，穆巴拉克政府被推翻。

穆巴拉克時期的自由經濟改革最終沒有獲得合法性。戴曉琦教授認為，「2011 年的埃及劇變是階級革命」[3]。他認為，埃及劇變是中產階級對自薩達特時期以來其長期地位衰退的回應。因為在穆巴拉克時期，「中產階級——他們是社會的動力之源，也是推動社會進步的能量之源——受到了打壓與封鎖」[4]。反改革意識形態能激發出他們巨大的能量，這些能量足以挑戰當時的改革制度，最終改革的合法化失敗。

四、後穆巴拉克時期被軍隊主導的合法化

如果重新審視穆爾西時期和塞西時期與民生水平最息息相關的三個指標，或許會發現，人民在一定程度上是其經濟政策和政權合法性的最終檢驗者。

但人民對穆爾西的抨擊，除「獨裁」之外，主要聚焦於經濟治理。事實上，與其說穆爾西的政策禁不住人民的檢驗，不如說禁不住最高軍事委員會的檢驗。因為他在任時期積極和軍隊博弈，幾乎通過切斷政治聯結的方式，剝奪了軍隊及其企業的所有經濟利益。這與穆巴拉克下台後過渡時期掌權的最高軍事委員會的訴求背道而馳。

回顧穆巴拉克下台時的情形，他和穆爾西一樣，給予新商人階層過多的權力與利益，導致軍隊都被擠出核心利益圈。了解最高軍事委員會在埃及國

1　محمد حسنين هيكل، ((مبارك وزمانه: من المنصة إلى الميدان))، القاهرة، دار الشروق – مصر، عام 2012، ص 89.

2　戴曉琦：《阿拉伯社會分層研究——以埃及為例》，139 頁，銀川，寧夏人民出版社，2013。

3　戴曉琦：《阿拉伯社會分層研究——以埃及為例》，139 頁，銀川，寧夏人民出版社，2013。

4　محمد حسنين هيكل، ((مبارك وزمانه: ماذا جرى في مصر ولها؟))، القاهرة، دار الشروق، عام 2013، ص 273.

民經濟中的作用，就不難理解軍隊允許穆巴拉克倒台，但阻撓後穆巴拉克時期實質性的民主化進程了。[1]而塞西上台後，軍隊的經濟利益得到了鞏固與加強，雖然他出台的經濟政策在短期內導致民生水平下降，並引發人民抗議，這是經濟改革所帶來的陣痛。但軍隊始終站在政府一邊，維護塞西政權穩定。最終，塞西政府的經濟改革制度在軍隊的保護下，取得了合法性。

綜上，後穆巴拉克時期，如果經濟改革制度能保護軍隊的經濟利益，那麼該制度下的所有制度安排都能取得合法性，反之則經濟改革制度連同政府的合法性會被一同否定。

本章小結

埃及的經濟改革的決策過程可分為三個階段：經濟改革的主導權爭奪、經濟改革制度的設計和經濟改革制度的合法化。經濟改革的決策過程也是政權被建立或鞏固的過程，因為每任政府都為了建立和鞏固自己的新政權，而通過新的意識形態滲透的方式抹去舊政權殘留的印記與影響，以此獲得政權。獲得政權就意味着政府獲得了改革的主動權，政府隨即展開與之前所宣揚的意識形態相匹配的經濟改革，以期正向強化意識形態。在改革制度的設計過程中，涉及政府與政治對手和國外勢力的博弈。一方面，改革制度的設計過程是政治鬥爭的過程；另一方面，改革制度的設計是降低制度安排潛在政治風險的過程。最後一個過程是改革制度合法化過程，成功的經濟改革制度合法化也能保證新建政權的合法化。

納賽爾時期，自由軍官上台後首先發動了土地改革，削弱了大地主階級和大資產階級的勢力。1953 年起納賽爾通過建立帶有社會主義意識形態的社

1 Marshall, Shana, and Stacher, Joshua (2012),「Egypt's Generals and Transnational Capital,」*Middle East Research and Information Project (MERIP) Reports 262*, pp.12-18.

團傳播社會主義思想，1954 年他借助解放大會煽動的工人運動將納吉布趕下台，並成為第一任埃及總統。為加強社會主義意識形態的滲透，納賽爾取消了黨派制，建立了阿拉伯社會主義聯盟，並通過在社會建立分支廣泛動員人民加入。阿拉伯社會主義聯盟的成立意味着納賽爾已經獲得改革主動權，並已為改革做好了鋪墊。國家資本主義經濟改革的制度設計過程是納賽爾帶領阿拉伯社會主義聯盟與阿米爾領導的軍隊政治鬥爭的過程，其中既有合作也有博弈。從合作角度說，政府和軍隊都希望向蘇聯靠攏，從而獲得先進的武器裝備，因此在 20 世紀 60 年代展開了激進的社會主義經濟改革迎合蘇聯的偏好。從博弈的角度講，政府通過第二次土地改革和第二次國有化改革等激進的經濟改革制度安排，有效地對軍隊發動經濟打擊。經濟打擊配合政治打擊，軍政之間的博弈最終於 1967 年阿米爾在家中自縊告終。國家資本主義改革最終因為促進了經濟發展、提升了工人農民階級的地位、培育了忠於政府的國家資產階級而獲得廣泛的支持，改革和政權一併獲得了合法性。

薩達特時期，新任政府的主要政敵是納賽爾的遺產 —— 阿拉伯社會主義聯盟及其和社會主義思想一併滲透到社會的聯盟分支。1971 年薩達特發動修正運動反對納賽爾時期的社會主義思想，推廣自由化思想，爭取到曾被納賽爾迫害的中產階級的支持。初步獲得改革制度的設計權力後，他根據實際情況在以美國為首的西方資本主義國家展開了邁向自由化的混合經濟改革。過程中，為了遏制阿拉伯社會主義聯盟直接或間接的阻撓，薩達特設計了去國有化改革制度安排，通過賦予國企更多自主權來削弱阿拉伯社會主義聯盟對國企和國有經濟控制。他還利用國際援助，通過保證地方政府擁有獨立財政的方式，實現地方政府分散決策，削弱了阿拉伯社會主義聯盟對國家政治的控制。聯盟最終於 1978 年失去作用，政府通過經濟改革的制度設計消滅了政治對手。改革過程中還存在薩達特政府與援助集團的博弈，政府通過打美國牌軟化國際貨幣基金組織提出的以援助捆綁的經濟改革條件，以減少改革的潛在政治風險。但最終埃及未能拒絕國際貨幣基金組織的改革要求，實施了減補改革，最終引發了 1977 年的「麵包革命」。但該改革制度安排被廢止後，鑒於混合經濟改革對民生改善的積極作用，改革與新政權一併獲得了合法性。

穆巴拉克時期，雖然政府沒有政敵，但 20 世紀 80 年代的經濟危機迫使埃及需再次履行援助集團提出的自由經濟改革方案，從而獲得援助。由於「捐贈者疲勞」和美國外交政策的改變，埃及無法再次有效地利用「美國牌」從援助集團手中奪回經濟改革制度的設計權。在國內，裙帶資本家一方面通過智庫向社會傳播新自由主義意識形態，並論證西方經濟改革計劃的可行性；另一方面利用自身的經濟優勢和在議會中的地位進行「自我動員」，通過加強政治參與蠶食政府改革的主動權。最終，埃及在國外捐贈集團和國內裙帶資本家「裏應外合」地推動下，展開了自由經濟改革。隨後裙帶資本家遊說政府，讓改革向僅有利於裙帶資本家的方向發展，導致埃及失業率和生活成本驟增、社會不公增加。由於社會矛盾長期的累積和中產階級地位不斷衰退，「人民的失望逐漸累積和增長，失望變成明顯的躁動，再轉化為社會普遍憤怒」[1]。最終，埃及民眾走上街頭，埃及劇變席捲埃及，穆巴拉克政權的合法性連同自由經濟改革一併被否定。

後穆巴拉克時期，國家的政治與經濟的關聯達到了前所未有的高度，即與政權集團的關聯程度可「換算」成經濟利益的分享比例。因此，該時期的政治改革政策和經濟改革政策密不可分，政治權利實際上就決定了經濟權利。該時期的經濟改革制度可看作「政治—經濟改革制度」，是在最高軍事委員會和穆爾西政府的博弈下設計的。首先，最高軍事委員會利用權力真空的先機，通過制定政治制度，將自己原先被默許的利益制度化；其次，在穆爾西上台後，通過建立國防委員會疏通軍隊對國家政治、經濟治理的合法途徑。在穆爾西政府致力於國家「穆兄會化」的背景下，人民廣泛抗議，最終推翻了其統治。第二次政治真空之際，最高軍事委員會再次通過立法強化軍隊在經濟領域的特權。這樣一來，由軍隊代表的政府，取代穆巴拉克時期的新商人階層，成為國家經濟最大的控制者，完成了從自由經濟向軍隊底色的

1　محمد حسنين هيكل، ((مبارك وزمانه: ماذا جرى في مصر ولها؟))، القاهرة، دار الشروق، عام 2013، ص 273.

混合經濟轉型。由於軍隊的勢力太強，他們既是政策的設計者，又是檢驗者，這導致了穆爾西政府的經濟政策由於不符合軍方的意願，其政策連同政權一併被推翻。而塞西的經濟政策與軍隊的利益一脈相承，因此軍隊幫助政府度過了經濟改革陣痛期，兩者都成功地獲得了合法性。

回顧當代埃及經濟改革的過程可得到以下結論。分析經濟改革的主導權爭奪階段可知，經濟改革制度都是服務於加強傳播新任政府的執政意識形態的傳播。但除穆巴拉克時期的新自由主義思想外，其餘時期的執政意識形態的選擇都不是出於經濟目的的。因此，經濟改革的指導意識形態在一定程度上影響了經濟改革制度的效率。此外，從納賽爾時期到穆巴拉克時期，政府在經濟改革上的主動權愈發減少，導致新經濟改革制度愈發與埃及的國情不符、與人民大眾的利益不符。通過分析經濟改革制度的設計階段可發現，納賽爾和薩達特時期、後穆巴拉克時期的經濟改革制度設計的過程實質上是政治鬥爭的過程，而穆巴拉克時期的設計過程是利益重新分配的過程。由於設計過程缺乏對經濟增長的實質性考量，產出的經濟改革制度的效率也會受此影響。通過分析合法化的階段可發現，社會即人民的力量在最終檢驗新經濟改革制度中發揮了巨大的作用。因此，即便改革制度有利於優化經濟結構、修正核心問題，但只要它損害了社會福利，也會遭到社會反彈。由於薩達特和穆巴拉克時期真正能觸及經濟結構性問題的改革制度安排都同時損害社會福利，這樣的改革制度安排或被政府主動廢止，或被人民連同政府一併推翻。這最終導致經濟改革制度都沒能有效地解決經濟的結構性問題。塞西的經濟改革方案也觸及經濟的結構性問題，並通過削減補貼修正支出過大的缺陷。雖然該制度短期內對民生造成衝擊，但由於擁有軍隊的支持，社會穩定性依然保持良好，制度獲得合法性。

第六章

當代埃及經濟治理與經濟困境

通過分析 1952—2016 年埃及的經濟改革制度變遷可知，經濟改革制度變遷的動力、方式和改革的決策過程中都存在導致制度缺陷的因素，而制度缺陷會導致制度效率低下。經濟改革制度不完善導致改革過程中經濟績效無法改善。

本章將首先運用制度變遷理論下制度效率範式從信息反饋過程、制度下交易成本和制度構建的激勵機制三個角度評價經濟改革制度效率，指出改革效率低下的原因。然後運用制度變遷理論下的經濟績效範式分析經濟改革制度與埃及經濟衰退的關係。

第一節　經濟改革制度不完善及其原因

政府通過經濟制度實現國家的經濟治理。經濟治理的不完善，體現在編制的經濟改革制度的不完善。埃及的經濟改革在短期內都取得了一定的成就，解決了當時最為突出的經濟問題。但從長遠角度看，改革制度都沒能修正經濟運行中的根本問題，促進經濟持續穩定增長。這是經濟改革的制度效率不高導致的。在制度的設計過程中，信息反饋不完善、激勵機制不完善、交易成本高等都是導致制度效率低的原因。

通過第三至第五章的分析可知，政府、第二行動集團和人民共同參與了經濟改革制度的規制，三股力量交織，共同導致了改革制度的變遷。政府作為第一行動集團，是經濟改革制度變遷的主導力量，領導人主觀的偏好及其對制度變遷方式的選擇，導致了經濟改革有時偏離經濟發展這一根本目標。

第二行動集團是經濟改革制度變遷的輔助力量，政府在選擇制度變遷方式時，必須考慮他們的利益增長；同時，隨着第二行動集團力量的不斷壯大，他們在每個時期通過博弈，影響制度的設計。因此，第二行動集團的影響導致改革制度有時偏離既定的目標，且傾向於服務他們的利益。人民雖然不能主動參與改革制度設計，但因為他們關乎埃及社會穩定，所以政府推行改革的動因和改革制度變遷方式的選擇中都存在對人民利益的考量。此外，人民是每次新經濟改革制度的檢驗者，決定制度能否合法化。人民的力量導致政府因顧忌社會契約而遲疑，不願展開結構性改革，或人民直接推翻損害他們利益的結構性改革。這三股力量的相互作用導致了最終產出的經濟改革制度信息反饋不完善、激勵機制不完善、交易成本高、制度效率低。

一、政府影響下的信息反饋不完善

設計制度時的信息基礎是決定制度是否有效的關鍵。雖然存在「幹中學」這種信息回饋過程，它能夠匡正那些不正確的模型，懲罰那些偏離的行為，從而引導制度設計者獲得正確的模型。但是，「如果行為人擁有的信息是不完全的，他們憑藉他們的主觀模型來引導選擇，即使通過信息回饋也只能極不完整地更正他們的模型」[1]。決策信息反饋不完善和經濟信息反饋不完善是現當代埃及經濟改革制度設計缺陷的根源之一，直接導致了產出的經濟改革制度效率低下。而政府的行為則是導致上述兩種信息反饋不完善的關鍵。

（一）總統個人偏好導致決策信息回饋不足

決策信息是決策團體在制度設計過程中納入考慮的信息。在埃及，決策信息的回饋往往是不完善的。這可能是無意識的，如領導人獨斷設計制度、制度設計者經驗或知識不足。但「政治市場的特徵才是理解市場不完美問題

1　道格拉斯．C. 諾斯:《制度、制度變遷與經濟績效》，128 頁，上海，上海人民出版社，2014。

的關鍵」[1]。決策信息回饋不完善歸根結底是有限進入秩序導致的。制度的設計出自某一利益集團之手，甚至總統一人之手，必然會導致信息不完善。

分散決策可以讓社會發掘解決問題的有效途徑，因為組織或個人的決策失誤可能是非或然的，而是系統性的，「意識形態可能恰恰使人們更偏好那些與適應性效率相背離的解決方案」[2]。但令人遺憾的是，這在埃及社會是無法實現的。自從納賽爾通過阿拉伯社會主義聯盟限制政敵政治參與後，「消耗了國家累積的人力和有形資本的有限進入秩序持續了 60 年，它也是國家發展的根本桎梏」[3]。因此在有限進入秩序下，小團體設計的改革制度安排往往無法照顧制度各方的利益，甚至可能是沒有實施依據的空想，根本無法發揮作用。

第一，總統根據個人偏好決策導致信息反饋不完善。這是因為決策極其容易受到總統一人的意識形態影響，從而脫離實際，效率低下。其中最突出的案例是納賽爾時期第一個中央經濟計劃的規制。時任規劃部長的希勒米·阿卜杜·拉赫曼（Hilmi Abdel Rahman）領導一批技術人員於 1959—1960 年起草了經濟發展計劃，他們的建議是，在 20 年內讓埃及 GNP 增長一倍，在初期 GNP 增長率為 3%～4%，而計劃中後期增長率上升到 6%～7%。但納賽爾認為這個計劃過於保守，他要求在 10 年內將埃及 GNP 翻一番，且增長率保持在 7%。希勒米·阿卜杜·拉赫曼因反對他的意見被調離崗位。納賽爾說：「那些設計計劃的人說這不可能。他們說需要 18 年，但我們堅持要 10 年。他們說 15 年，我們再次說 10 年，他們說 12 年，我們又說了 10 年。我們要不是那麼堅持，或者沒以那樣的方式應對，一切努力就都白費了。」[4]此外，為了阿拉伯民族的共同事業，納賽爾在一定程度上也犧牲了埃及的經濟利益，埃及於 1962 年參與了也門戰爭，由於巨大的軍費開支，完整的十年經

1 道格拉斯·C. 諾斯：《制度、制度變遷與經濟績效》，129 頁，上海，上海人民出版社，2014。
2 道格拉斯·C. 諾斯：《制度、制度變遷與經濟績效》，96 頁，上海，上海人民出版社，2014。
3 Robert Springborg，*Egypt*，New York，Polity Press，2018，p.71.
4 Baker, R. W., *Egypt's Uncertain Revolution under Nasser and Sadat*. Cambridge, Harvard University Press, 1978, p.63.

濟計劃不得已被分成兩個五年計劃。而第二個五年計劃期間，埃及於 1967 年和以色列發生戰爭，最終導致計劃由於缺乏資金而失敗。

希勒米於 1975 年表示，「他明白把目標定得略高的重要性，這能鼓勵國家付出更大的努力；但目標像總統要求的那樣，就只能是一個計劃，然後變為神話」[1]。計劃最後失敗了，因為它只制定了目標，沒有指出如何實現。更高的增長率需要更高的投資來支撐，但計劃沒有指出該如何獲得投資。計劃執行期間，各領域產出的不足主要歸因於投資不足。「各領域的淨投資不足計劃的 2/3。」[2]第一個中央經濟計劃是國家資本主義改革下的重要經濟發展制度。過程中納賽爾受到社會主義思想影響，想盡快完成經濟的社會主義改造。雖然政府在計劃實施後，也通過「幹中學」在一定程度上修正了制度，把它拆分成兩個「五年計劃」，但鑒於資金來源和資金動員等方面的信息不足，導致最終修正過的制度仍不正確，改革制度安排的適應性效率持續低下，計劃以失敗告終。該計劃本應該是促進國民經濟發展的關鍵步驟，但由於和現實脫節，過大的目標和過高的成本給國家造成了巨大的資金缺口，最後目標非但沒有實現，反而給未來的財政平衡埋下了巨大的隱患，限制了繼任總統經濟治理的餘地。

第二，較頻繁地任免官員導致信息回饋不完善。納賽爾和薩達特時期，由於官員們頻繁任免，他們在設計制度時往往剛履職不久，工作經驗欠缺，對改革對象和其他關鍵因素的了解十分有限。在信息回饋不足的基礎上設計的制度，效率必然低下。納賽爾時期，在 18 年之中一共重新組建過 18 次內閣，期間更換了 131 名議員，負責經濟事務的副總理也隨內閣一併更換。1973 年至 1980 年，埃及更換了 7 次財政部長、7 次規劃部長、5 次經濟部長

1　Khalid Ikram, *The Egyptian Economy, 1952-2000: Performance Policies and Issues*, New York, Routledge Press, 2006, p.178.

2　Hasen, B.,「Planning and Economic Growth in the UAR (Egypt), 1960-1965」, *Egypt since the Revolution*, London, George Allen and Unwin, p.302.

和 4 次國際貿易部長。「部長平均 6 個月換一次，總理一年換一次。」[1] 官員極其缺乏經驗，有時信息回饋嚴重不足，導致根本無法決策。薩達特時期，國際貨幣基金組織認為埃及的開銷過大，政府需要縮減支出恢復國家的財政平衡，但由於頻繁更換官員，埃及沒有一個經驗豐富的部長能拿出合理的削減開支的方案。政府只能再和國際貨幣基金組織進行協商，要求它放鬆給予援助的條件。協商和拖延讓埃及失去了規制削減開支制度的主動權，政府被迫接受了國際貨幣基金組織單邊規制的「激進」減補方案。但由於方案的制定過程考慮不周全，效率低下，最終導致了「麵包革命」。

官員職位的穩定性較弱導致他們傾向於保守，不願反饋有效的決策信息。在每任總統時期，結構性調整都是一個重大議題，但又頻頻被否定。結構性調整的制度安排幾乎沒有出現在埃及自行規制的經濟改革制度中。因為結構性調整的制度安排往往需要一個消化期，效用在遠期才能折現。就像「J 曲線效應」所指出的那樣，政策在初期會遭到社會的反彈，但效果在 3～5 年才慢慢顯現。美國經濟學家阿倫・克魯格（Alan Krueger）曾指出，成功的改革一般需要若干年，時間是要素之一。但埃及部長們遇到的問題是，他們想從一而終地推進改革，卻往往無法看到改革的終點。因為結構性調整意味着可能遭受來自社會的反彈，部長隨即被撤職。因此，政治激勵刺激官員「不作為」。但結構性調整能夠讓埃及財政恢復平衡，促進經濟發展。經濟激勵刺激官員推動改革，但鑒於結構性調整的提議給他們政治生涯造成的高風險，在該問題上他們緘默不語。如 1981 年內閣負責經濟事務的副總理阿卜杜勒・納吉布（عبد النجيب）在議會上提出了關於匯率、消費品和補貼、虧損企業重組、激發金融行業活力等議題，出乎他意料的是，竟然沒人同意。他說：「每個人都想上天堂，而不是死亡……如果部長們對改革的認識建立於未來的選舉結果和總統的容忍之上，那麼改革將沒有贏家。」[2] 很有可能現任官員的改

1 Weiss, D., *International Obstacles to Reform Polices: A Case Study of Egypt*, *Economist 47*, p.66.

2 Helmy, *Empowering the People*, *Al-Ahram Weekly*, September 3, 2004.

革成果被下一任官員享用。上述分析和例證都說明，最能改善埃及經濟狀況的結構性調整制度安排始終沒有被提出，因為它的政治激勵強於經濟激勵。而這種制度安排的確導致市場自身的不兼容，激勵始終無法被制度修正，經濟改革制度安排的效率始終不高。

第三，總統根據特定的意識形態決策導致決策信息反饋不完善。穆爾西執政時期，國家意識形態並沒有像穆爾西上台前表現出的世俗化，而是強調宗教價值觀，面對當時存在的社會不公和結構性問題時沒有真正地開展結構性改革。因此，該時期雖然穆爾西口頭強調削減補貼，但落到實處的改革少之又少。這可歸因於，宗教的價值觀更多強調通過慈善幫扶等「輸血」方式幫扶窮人，而不是「破舊立新」，通過經濟結構性改革，「造血式」地解決貧困問題。但埃及的貧困和貧富差距問題實際上正是由經濟的結構性問題所致：除了政治聯結影響分配之外，長期的財政失衡導致投資不足，經濟增長乏力。如果能拉動經濟增長，把「蛋糕」做大，必然會抵消一部分分配不公帶來的影響。

塞西執政時期，政府沒有首先着眼於克服貧富差距問題，而是通過支出、擴大投資的結構性改革，使財政平衡狀況和經濟增速共同向好發展。但穆爾西時期，國家堅持宗教價值觀，而該價值觀對國家宏觀經濟發展的關注較少，對個人福利的關注較多，政策設計的出發點和落腳點均存在偏差，無法消除經濟困境的根本誘因。且「穆兄會化」的政府結構，導致有些思路正確的經濟學家、官員沒有發言權。決策參考信息質量不足，導致了決策失誤，這既沒有解決財富分配問題，又沒有解決國家的宏觀經濟問題。

（二）政治博弈與制度變遷方式的選擇導致經濟信息回饋不完善

經濟信息回饋是指對國內經濟情況的信息回饋，它是制度設計者在制度設計過程中的重要參考依據。經濟信息回饋不完善同樣也會導致制度效率低下。因為政府在這種情況下不了解國家的真實經濟狀況，看不到存在的經濟問題，所以制度設計缺乏針對性。

第一，政治博弈產出的垂直官僚結構導致信息交換不暢。埃及的官僚結構屬於垂直結構，換言之，部委之間是分離的，沒有交集。一貫制培養天然地隔離了部委之間的聯繫，一名學生在成為公務員之前，他所在的學校已經指明了他未來的職業生涯，如金融學校的學生畢業後直接在財政部工作。這是從納賽爾時期政府就採用的「分而治之」的行政管理手段，目的是防止顛覆政權。但這導致了各個部委之間的規劃協調和經濟信息交換的低效。該問題在制定埃及的第一個五年規劃時尤為突出，「每個部委都有自己的五年規劃、十年規劃，規制時從不溝通」[1]。部委之間的溝通不暢導致政府無法知曉經濟發展最迫切的目標，最終導致計劃目標過多，但資金遠遠無法支撐那些項目計劃，出現顧此失彼的情況，計劃目標普遍完成不佳。結果反映了制度效率較低。

第二，戰略租遞增的制度變遷方式選擇導致埃及人才流失嚴重、經濟治理水平不足，經濟信息統計方法錯誤或不全面。從薩達特時期開始，為了盡可能讓國家從石油和僑匯租受益，埃及鼓勵大量埃及勞動力赴海外務工。由於海外務工的收入有時可達國內工資收入的數倍，這導致許多高層次人才定居海外，埃及國內出現人才匱乏的困境。久而久之，人才缺口限制了埃及經濟研究和質量水平發展。穆巴拉克時期，在經歷了多年的計劃經濟後，埃及高級官員中能夠通過間接手段管理市場經濟的官員少之又少。這導致官員在設計制度時缺乏必要的理論依據。哈立德・艾克拉姆曾舉過這樣的例子。「埃及政府曾向世界銀行諮詢：『如果經濟越來越市場化，當情況惡化，我們該怎麼控制？』『相關部長應該對私有制經濟活動施加何種程度的直接控制，以確保投資流向重點領域？』」官員們提出的都是市場經濟領域最基礎的問題，足見他們的知識儲備不足。知識缺乏導致他們訴諸聽從受裙帶資本家資助的智庫及知識分子的建議。然而，在智庫和知識分子處獲得信息是片面的、有傾向性的，仍不足以匡正自由經濟改革下低效的制度。

人才匱乏導致經濟治理實踐出現了嚴重問題。長期以來埃及出口部門數

1 سعد التائه، مصر بين عهدين، القاهرة، دار النضال، عام 1987، ص 121.

據的統計與分析不細緻，導致出口產品單一、不符合國際市場需求等問題持續存在，一直得不到糾正。其中農業領域最為嚴重。農業出口產品單一的問題由來已久，早在穆罕默德·阿里（محمد علي）時期（1805—1848 年），埃及就變成了「單一產品出口經濟體」的典範，它主要生產並出口棉花。[1]由於問題的長期持續，埃及產品在國際市場的份額逐漸減少，從 1950 年每 100 美元中佔 1 美元跌至 1965 年每 100 美元中只佔 37 美分，此後其市場份額仍不斷減少。問題直到 20 世紀 90 年代穆巴拉克政府實施的農業經濟自由化改革時才被部分修正。

數據統計時不夠嚴密導致本已尖銳的社會問題被模糊化。如基尼系數的統計，基尼系數是用以衡量一個國家或地區居民收入差距的常用指標，根據中央公眾動員和統計機構統計，2009 年埃及的基尼系數是 51.8，而世界銀行研究員、荷蘭學者範·德·韋德（van der Weide）等人在 2017 年發表的調查報告中公佈了他們重新統計的結果是 38.5。[2]之前統計數據不準確的原因是，埃及的上層階級多不接受調查，而相對富裕的階級樂於低報自己的開銷以隱瞞漏稅的事實，此外，非工資收入也難以統計。由於統計數據不準確，尖銳的社會問題被低估和柔化，未被政府重視。世界銀行認為，當平均工資上漲，且分配不公保持或縮小時，窮人從增長中受益；而當分配不公加劇時收入將會大量流入富人手中。

另一個統計問題出現在城市貧困率上。一般來講，隨着城市的擴張，在圍繞城市核心的周邊地區會出現流動人口搭建的貧民窟，如開羅周邊棚戶區（مدينة الصفيحة）。按照通行的定義，這片區域也會被劃歸到「城市」當中。但在埃及，「城市」是一個行政區劃的術語，因此只包括城市本體，不包含周邊的棚戶區，這導致中央公眾動員和統計機構統計時將那裏的貧民排除在外，

1 نادية رمسيس فرح، ((التنمية وأزمة التحول السياسي))، المنار، العدد 6، يونيو عام 1985، ص 61-49.

2 van der Weide, R., C. Laker, and E. Ianchovichina,「Is Inequity Underestimated in Egypt? Evidence from House Price」, back ground paper entitled「Inequality, Uprising and Conflict」, Office of the Chief Economist, Middle East and North Africa Region, Washington, DC, 2017.

使得城市貧困人口比例偏低。實際上，截至 2010 年，埃及的城市貧困率已經達到 65%，但政府由於統計失誤而沒有發現。世界銀行於 2014 年發佈報告《IGE 世界銀行支持國家減貧項目的評估記錄：埃及案例分析》（IGE Evaluation of the World bank's Record on Supporting Poverty Reduction in Country Programs: Egypt Country Case Study）指出，可能由於定義和統計方法的原因，埃及的城市貧困率在一定程度上被低估了。

由於經濟信息回饋的不準確、不完善，政府沒有察覺到 2011 年埃及劇變的潛在風險，因此也沒有對此前的私有化改革及其相關制度進行修正。2009 年後雖然政府已經考慮停止私有化，但嚴重傾向於裙帶資本家、不利於民眾的改革制度依然在延續。因為錯誤的信息反饋沒讓政府意識到先前制度的低效和外部性，以及修正錯誤的必要性和緊迫性。2009 年以後，雖然政府放慢了私有化步伐，但由於新改革制度姍姍來遲，社會矛盾在尚未解決前，國家就迎來了革命。當 2013 年塞西上任後，首先切斷了裙帶資本家和政府的聯繫，使社會公平性回升。這是因為革命給予政府正確而深刻的信息回饋，指明了未來經濟改革需要解決的問題。但不幸的是，由於穆巴拉克時期經濟信息的回饋質量低下，政府設計的經濟改革制度效率普遍偏低，持續破壞國家經濟，最終引發動盪。

二、第二行動集團影響下的高交易成本

經濟交換存在成本，衡量成本和實施成本一起決定交易的費用。而制度為交換提供結構，決定了這種成本。交易成本越高，交換越不順暢，因此，如果不能降低交易成本，制度則不利於交換，其制度效率就是低的。埃及的經濟改革制度是低效的，這在很大程度上要歸因於制度下的交易成本高。

（一）裙帶資本家尋租導致衡量成本高

產權是交易的基礎。無效產權導致衡量成本升高，因為當商品的產權

無效時，即產權不明晰時，由於無法界定它的歸屬權，交易存在風險和不確定性。在這種情況下，交易雙方必須為界定其產權付出代價。如果一個制度下的產權不明晰，交易成本會隨着衡量成本增加而增加，制度效率低下。

土地是商業活動的基礎，土地產權界定不明是阻礙埃及商業發展的重要因素。納賽爾時期的兩次土地改革後，國家的農業耕地均為國家所有。但私自使用、買賣國家耕地的現象嚴重，私人在土地上建築房屋做住宅或商鋪使用。國家為了維繫社會契約，對此容忍遷就。據統計「埃及 92% 的房產主實際不掌握房屋產權」[1]。這導致出現了一大批產權無效的建築。所有者無法用這些房產做貸款的抵押或投資，也無法公開交易房屋。據估計，「在埃及這樣的『死資產』價值共計 2400 億美元，相當於開羅證交所證券總值的 30 倍」[2]。一方面，無效產權導致國家和個人都無法動用資產，資金被地產鎖住。另一方面，無效產權阻礙了利用這些房屋運營的中小型企業融資。死資產雖不能用於正規銀行的貸款抵押，但可用於私人或黑市銀行的抵押貸款，前者的利率是 12%～15%，而後者可能高達 100%。非正式銀行的貸款利率高、期限短、可靠性差，導致中小企業獲得資金困難，經營成本高。

土地是私有制經濟發展的關鍵要素，穆巴拉克時期的自由經濟改革雖然鼓勵私有制經濟發展，但並沒有給予私有制企業土地保障。由於穆巴拉克時期裙帶關係嚴重，為照顧裙帶資本家的利益，土地產權流轉往往不透明，這導致了被國有化土地產權的再次流轉過程不透明。政府為了安撫民眾對裙帶關係的不滿，對他們私自佔有國家土地的行為置之不理，最終導致了土地產權不明晰，阻礙了私有制經濟發展。大量無效土地產權的存在反映了私有化改革及其配套制度效率低下。

1　Helmy, *Empowering the People*, *Al-Ahram Weekly*, September 3, 2004.

2　Khalid Ikram, *The Egyptian Economy, 1952-2000: Performance Policies and Issues*, New York, Routledge Press, 2006, p.178.

（二）官員尋租實施成本高

實施成本是執行制度安排所付出的代價。公共選擇理論認為，官員不一定總是追求經濟利益最大化，他們也追求閑暇，因此部分政府機構存在官僚主義現象，行政效率欠佳，導致制度實施成本較高。傑拉勒·艾敏（جلال أمين）曾指出，雖然成為正式企業能獲得很多好處，但很多私企仍傾向於成為非正式企業。因為「在現在的行政框架下，『正規化』會使企業家每年損失近 1.5 萬埃鎊」[1]。市場進入、運營和退出都涉及額外費用。如註冊一個獨資公司需要 91 個步驟，涉及 48 個單位，成本超過 8000 埃鎊。破產程序的實施成本也很高，一共需要 635 天、53 個步驟和 14 個單位，行政收費為 9000 埃鎊。[2]「如果將所有非正式企業『正規化』，將產生 65 億埃鎊實施成本，這約合埃及年 GDP 的 1%。」[3]土地獲得中的實施成本也不容小視。按照埃及現行政策，獲得農業用地的時間為 6～11 年。在沙漠上獲得土地需要至少 77 道手續，涉及 31 個公共或私人機構，耗時 5～14 年。

官僚制的存在導致制度的執行成本很高，不利於商業發展。裙帶資本家能夠通過特權獲得行政手續的簡化，而中小型企業由於無法獲得特權，長期被排斥在法律之外，在半地下狀態運營。世界銀行也曾指出埃及營商環境差的問題。但從薩達特到穆巴拉克時期的經濟改革制度中都沒有行政改革的相關制度安排，導致營商的交易成本持續較高，營商環境不良。這反映了經濟改革低效。

---

1 Galal Amin, *The Economics of Formalization: Potential Winners and Losers from Formalization in Egypt*, Egyptian Center for Economic Studies, ECES, p.20.

2 Khalid Ikram, *The Egyptian Economy, 1952-2000: Performance Policies and Issues*, New York, Routledge Press, 2006, p.290.

3 Galal Amin, *The Economics of Formalization: Potential Winners and Losers from Formalization in Egypt*, Egyptian Center for Economic Studies, Cairo, ECES, p.21.

三、政府和第二行動集團共同影響下的激勵機制不健全

激勵是制度的重要功能。「制度構造了人們在政治、社會或經濟方面發生交往的激勵結構……市場作為一種激勵機制還有漏洞，為此社會不得不設計新的機制來調和個人利益與公共利益的矛盾，重新建立激勵機制。」[1]因此，經濟改革制度的重要作用之一就是通過修正市場的激勵機制漏洞，引導促進國民經濟增長的活動。制度設計的目標是實現諾斯所指出的「個人收益率和社會收益率趨於接近」。但如果制度設計不合理，可能無法修補市場激勵機制的漏洞，或帶來「搭便車」和「激勵機制不兼容」的情況，導致效率低下，無法促進國家經濟發展和社會福利增加。

（一）第二行動集團「搭便車」行為的克服程度低

「搭便車」的行為就是不勞而獲的行為，實質上就是經濟主體付出的成本與收益脫鉤，收益遠遠小於其付出的成本。「搭便車」的行為是產權界定不明晰導致的。在埃及，這種現象往往出現在各類補貼和福利制度中。由於這些補貼和福利制度的針對性差、口徑廣，受益群體不明確，社會中的上層階級也能享受到國家的保障性福利制度，而且他們往往能夠利用手中的權力獲得比最需要這些福利的群體更多的收益，而政府是福利開支的承擔者。長期以來，福利和保障制度導致赤字的加劇和外資的增加，但中上層階級人群也在保障範圍內，可見該制度效率低下。

第一，埃及精英階層搭普通大眾便車的現象嚴重。該問題的存在導致政府財政開支的增長和社會福利的增加不相稱。因為對於上層階級來講，他們所獲得的福利對生活水平的影響不大，但卻給國家造成巨大的經濟負擔。薩達特時期，國際貨幣基金組織和世界銀行分別對埃及存在的民生補貼問題進行了診斷，其中世界銀行對補貼的受益人群提出質疑。銀行認為，針對富裕

1　楊龍：《新政治經濟學導論》，83 頁，北京，中國人民大學出版社，2010。

階層的民生補貼在總補貼中的比例不合理，如果能削減這部分補貼，對埃及的財政平衡大有裨益。銀行認為，諸如甜點、火車一等座和飛機頭等艙的補貼和高級官員的津貼都是不合理的。這類補貼的削減可以節約 1.85 億美元預算，在 1977 年 23 億美元的補貼總額中佔 8%。[1]在這樣的補貼政策下，富裕階層的收益率跟社會的收益率相去甚遠，因為政府付出了沉重的財政支出代價，換來的只是給他們的生活錦上添花。當政府不堪重負時，被迫削減全社會的民生補助以減輕財政負擔。在這一過程中，富裕階層的收益率幾乎不會因為福利的存在或削減而發生變化，但社會對減補的反應極其敏感，蒙受了巨大的損失。

就業保障制度是納賽爾時期國家資本主義經濟改革之下提高社會平等的重要經濟改革制度。該制度安排與高等教育免費制度相銜接，凡是高校畢業生就能被分配到對口的部委工作。該制度同樣存在受益群體不明的問題：首先，政府沒有限定能獲得免費教育的社會階層；其次，政府沒有限定能保障就業的畢業生的業務水平。最終導致任何人都能免費接受高等教育，畢業後都能成為公務員。政策導致政府部門不斷擴大。1975 年人力資源部長曾諮詢農業部所需的用人指標，農業部長表示需要 261 名大學畢業生和 495 名農業高等學校畢業生。但事實上，當年大約有 8000 名大學畢業生和 11000 名農業高等學校畢業生，政府無奈地吸納了全部畢業生。政府的擴張導致工資支出增加。「在 1961—1971 年公務員工資開支在全國總工資支出中的佔比由 28% 上升到 38%，在 1971—1979 年以 25% 的增速上漲。」[2]「國家在吸納畢業生就業領域發揮的作用越來越大，把它當作平息階級矛盾、維護社會團結的手段，這是政府重要的政治社會職能之一。」[3]

制度安排在短期內發揮了良好的效果，保證了社會各階級受教育的權

1　Khalid Ikram, *The Egyptian Economy, 1952-2000: Performance Policies and Issues*, New York, Routledge Press, 2006, p.251.

2　黃超：《20 世紀下葉埃及高等教育擴張：原因與影響》，載《阿拉伯研究論叢》，2019（1）。

3　غنيم، ((النموذج المصري لرأسمالية الدولة التابعة))، القاهرة، دار المستقبل العربي، عام 1986، ص235.

利，也給國家培養了大批人才。但從長遠的角度看，制度沒有隨時代變化而修正，導致了富裕階層搭便車情況越發嚴重。他們利用財富優勢給子女補習，富人的孩子更容易就讀於高就業率、高收入的自然科學專業。相對地，隨着高等教育擴張，政府財政不堪重負，就業難但開銷低的文科專業成為招生的主力軍，中下階層的子女往往被錄取到這些專業中。保障就業時期，富裕階層利用大學和政府天然的聯繫向子女傳遞自己的階級；保障就業制度廢除後，中下階級子女由於專業不對口或專業無用，被富裕階層子弟從就業市場擠出。在整個過程中，富裕階層的收益率提升，而政府和社會的收益率都在下降，因此該經濟改革制度安排效率低。

第二，裙帶資本家搭中小企業家便車。該問題在穆巴拉克時期的私有化改革及其配套制度安排的設計中體現得最為明顯。私有化改革及其配套制度設計的目標是通過將國有企業私有化，提高企業的資本利用效率，並鼓勵私有制經濟成為引領國民經濟增長的主要動力。想實現這個目標，就必須推動所有私企發展，要發展大型企業，還有中小型企業。然而，制度的設計顯然無法實現該目標，因為相關制度安排的設計權掌握在裙帶資本家手中，他們也是大型企業的擁有者。「中小企業家缺少政治參與，因為大企業家更懂得如何建立裙帶關係，如資助或加入執政黨，或通過選舉進議會。」[1]曾有人指出：「將 100 萬埃鎊投入競選，獲得議會席位後，候選人將能通過腐敗獲得數百萬埃鎊。」[2]限制進入秩序下的埃及精英團體決策的目的就是通過賦予某利益集團特權的方式降低市場競爭，他們賦予自己最大的特權是獲得貸款的特權，這也是他們將中小企業擠出市場的關鍵優勢。國際發展中心的前任主任、委內瑞拉經濟學家里卡多．豪斯曼等（Ricardo Hausmann）曾在《增長診

1　Khalid Ikram, *The Egyptian Economy, 1952-2000: Performance Policies and Issues*, New York, Routledge Press, 2006, p.304.

2　آن م. ليش، تركيز القوة يودي إلى الفساد، القمع ثم المقاومة، ((الربيع العربي في مصر: ثورة وما بعدها))، القاهرة، دار نشر الجامعة الأمريكية بالقاهرة، عام 2012، ص 75.

斷》（*Growth Diagnostics*）[1]中指出，1999年後埃及經濟增長最大的桎梏不是沒有資金，而是融資成本高。在企業總數中佔比95%的中小型企業獲得的貸款極少。

據統計，在私有化改革實施後的幾年中，中小型企業多數都沒有發展，反而破產或被吞併。「埃及的企業之所以大是因為它初始規模就大，或者通過吞併或收購壯大……中小型企業很難擴大規模。」[2]決策集團的封閉不但將部分利益相關方排擠在外，甚至還排擠了技術人員。這導致制度不但缺乏代表性，且缺乏科學性。如對裙帶資本家有利的關稅保護和匯率低估導致了國家外債負擔加重和市場競爭不充分，都不利於經濟發展。而針對裙帶資產家的免稅政策，則是直接將他們的稅費轉嫁到人民肩上。

在商業補貼方面，裙帶資本家也侵佔了本該屬於中小企業家的福利。政府實施私有化改革後，私營企業發展仍不樂觀，無法填補公共部門撤出後投資的真空，這主要歸因於改革只能解決小部分結構性問題，營商環境難以在短期內得到改善。隨後政府轉而通過私營企業補貼和優惠政策的方式刺激其發展。但由於受益群體不明確，且補貼和優惠都是在交易過程中體現的，政策的受益方大都是大型企業，而中小企業獲得的福利極少。但中小型企業在私企數量中佔主體地位，發展私有制經濟必須激發這些企業的活力。但該政策顯然沒有發揮這一作用，甚至增強了大企業的競爭力，有助於他們將中小型企業擠出市場。結果是，私有制經濟發展始終不理想，政府的稅收收入增加緩慢，財政缺口難以填補，就業市場持續蕭條。制度的低效導致大型私企收益率提升而社會的收益率下降。

總而言之，在決策層面上，裙帶資本家所擁有的私有化改革及其配套制度設計權，合法性來源於國家和社會對私有制經濟在經濟增長中發揮更大作用的期待。想實現該目標，就必須通過扶持、引導等做法激活中小型企業在

---

1 Hausmann, R., D., Rodrik, and A. Velasco,「Growth Diagnostics」, *John F. Kennedy School of Government.* Harvard University, 2005.

2 Hart, P. E., and N. Oulton,「The Growth and Size of Firms」, *Economic Journal*, 106(3), pp.1242-1252.

經濟增長中的作用，因為中小型企業才是私有制經濟的主體。換言之，私有化改革及其配套制度產出的出發點與歸宿就是振興中小企業。該目標也是裙帶資本家制度設計權合法性的來源。但遺憾的是，他們打着中小企業發展的幌子，實則設計出僅服務於本階層利益的制度，而制度原定受益群體的利益被無視。因此，搭便車的行為導致產出的制度效率低下，最終造成「一贏多輸」的局面，即埃及的精英獲益，而人民和國家都是輸家，這樣的經濟改革制度無法服務於國民經濟的增長和人民福利的增加，制度效率低下。

（二）政府行為產出不相容激勵

「相容激勵」是指一種制度安排，使行為人追求個人利益的行為，正好與企業實現集體價值最大化的目標相吻合。不相容激勵就是制度所包含的激勵機制無法激勵經濟主體實現制度目標。現當代埃及的經濟改革過程中，存在經濟改革制度安排和目標不相容的情況，即通過實施某一制度根本無法實現目標，甚至南轅北轍。原因可歸結為制度本身不完善，也可歸結為政治和經濟的不相容。但無論如何，產出不相容激勵的制度是低效制度。

第一，戰略租遞增的制度變遷方式導致制度安排與目標不兼容。經濟開放制度安排和目標不相容。經濟開放的目標之一是引進外國資本和先進技術，進一步發展埃及工業。但事實上，薩達特政府實施經濟開放政策，在很大程度上是出於獲取戰略租的考量。因此導致產出的制度安排質量較低，無法實現其既定目標。經濟開放政策下，雖然政府頒佈了《關於阿拉伯與外國投資和自由區第 43 號法》，外商投資仍不會主動響應政府投資號召。因為政策中沒有包含任何能降低交易成本的制度安排，也就是鼓勵經濟向市場化發展的結構性改革制度安排。時任財政部長阿卜杜勒．阿齊茲．希賈茲曾指出，埃及商貿司法體系建設緩慢、稅收體系的不確定性、勞工受教育程度低、壟斷嚴重、競爭有限等原因導致外商投資面臨巨大的潛在風險。

由於埃及營商環境欠佳，一些總統顧問表示，「經濟開放政策的政治環境和激勵機制鼓勵那些短期、高收益的投資」[1]。外資在這種不相容激勵下大量流入金融業和消費品行業。前者對前期投入要求低，且無法被國有化；後者則受到高進口關稅保護，收益率高。此外，還有輕工業、食品行業、旅遊、醫療和諮詢行業等服務業、輕工業和收益快的行業。[2]從結果來看，資金主要流向了商業領域而不是工業。埃及著名經濟學家伊斯瑪儀・阿卜杜拉（إسماعيل عبد الله）曾表示，他擔憂如果在不提升製造業生產效率的前提下盲目引進國際市場競爭，埃及將會迎來「去工業化」。因為埃及國內的製造業都處於起步階段，成本較高，受政府補貼運營，過度的開放會導致它們面臨巨大的衝擊。而事實上經濟開放政策不但沒有實現發展工業化的目標，反而導致了埃及的「去工業化」。經濟改革制度與目標背道而馳。

經濟改革與結構調整下的部分制度安排也不能很好地服務制度目標。經濟改革與結構調整是自由經濟改革的重要內容，但其中的第一步穩定計劃給私有部門傳導了錯位的激勵，不利於刺激他們投資，這與自由經濟改革的大目標不符。穩定計劃下的金融改革制度安排旨在通過提高銀行存款利率鼓勵儲蓄，使國家財政平衡得到改善。但這要求銀行的實際利率是正值，名義利率也要隨之上升。20 世紀 90 年代中期埃及的通貨膨脹率達到 20%，當時的名義利率被上調至 22%。但是通貨膨脹率下降後，名義利率需要時間響應前者變化，這導致在那一時期內銀行存款和國債的真實利率超過 10%，且利息收益不需交稅。

在這種不相容激勵下，私營部門投資者傾向於把錢存到銀行，因為他們不花費機會成本就能獲得高額利息，他們從中獲得的淨資本收益率比實際投資要高，因為市場存在不確定性和風險，且他們還必須要和雇工、稅務打交道。在那一時期世界銀行的調查顯示，鑒於高交易成本，埃及官僚制嚴重、投資可能暴露於新的資本形成的風險等原因，商人們預期的投資淨收益率是

1　أمين، جلال أحمد، ((المشرق العربي والغرب: بحث في دور المؤثرات الخارجية في تطور النظام الاقتصادي العربي والعلاقات الاقتصادية العربية))، بيروت، مركز دراسات الوحدة العربية، عام 1979، ص 91.

2　غنيم، ((النموذج المصر لرأسمالية الدولة التابعة، القاهرة))، دار المستقبل العربي، عام 1986، ص 79-73.

25%，否則他們將不會投資，即名義利潤率達 35%～40% 或更高。但事實上沒有多少投資項目能匹配投資者的心理預期，因此他們更樂意將資本存入銀行。由於經濟開放政策和經濟改革與結構調整計劃存在不相容激勵，改革目標沒能全部實現。

第二，對特定意識形態的偏好導致政治目標和經濟目標不相容。如前文所述，埃及的很多經濟改革都蘊藏着強烈的政治目的，而經濟屈從於政治。政治目標和經濟目標釋放的刺激往往不相容，導致經濟目標無法實現。政治和經濟的不相容激勵突出表現在土地改革和結構性調整的制度安排上。

納賽爾時期的土地改革和工業化改革具有連貫性，政府通過控制農村和農田，引導農業資產流向工業。因此土地改革不僅是打擊大地主階級和資本家，扶植第二行動集團的政治兼經濟改革，也是工業化改革的鋪墊與準備。雖然土地改革能有效阻止大地主階級繼續購買耕地，但沒法實現為工業化鋪墊的目標，因為大工業家和大地主往往是跨階層的，他們同時擁有兩重身份，打擊了大地主的同時也打擊了大工業家。「12000 個擁有 50% 耕地的大地主家庭中，有 11000 名是企業的大股東，他們持有公司 40% 的股份。」[1]但他們的土地依據《土地改革法》被沒收後，更加擔心自己的工廠也被國有化，因此越發不願將資本投向工業。「多數人都認為《土地改革法》未能成功地實現這一目標，資本沒有流向工業，而是流向了高收入群體的住宅公寓。」[2]據統計，「從農業轉移的 4500 萬埃鎊資產中只有 600 萬流向工業，其他的都流向了房地產行業」[3]。在土地改革中打擊大地主和大資產階級的政治目標和引導資本向工業流轉的目標所釋放的激勵不相容。前者刺激資本流向政府難以沒收的房地產行業，後者刺激投資流向有較高被沒收風險的工業。鑒於前者的回報率更高，後者的風險更高，投資者選擇將資本投向房地產行業。因此，農業改革由於不相容激勵的存在而未能實現其全部的制度目標，效率不高。

1　Farah, N. R., *Egypt's Political Economy*, Cairo, American University in Cairo Press, 2009, p.31.

2　Kandil Haleem, *Soldiers, Spies, and Statesmen: Egypt's Road to Revolt*, London, Verso, 2012, p.63.

3　Issawi, Charles, *Egypt in Revolution: An economic Analysis*, London, Oxford University Press, 1963, p.163.

進口替代工業化也存在政治目標和經濟目標不相容的問題。進口替代工業化的初衷是將埃及打造成現代化強國，因此他曾不惜代價地追求工業品完全自給自足。但工業化的另一個目標是促進埃及經濟換擋提速。政治和經濟目標不兼容，因為發展民族工業必須實行關稅保護、高估匯率等措施。但關稅保護助長了國內製造業產品出口轉內銷的勢頭，因為生產廠可以在關稅保護下以高於國際市場的價格將自己的產品內銷，而高估匯率會導致出口商品的競爭力下降。因此，發展民族工業從一定程度上講，損害了國家的出口收入。但由於納賽爾對政治目標的堅持，經濟目標只能退居次位。

納賽爾時期阿斯旺大壩的修建也映射了政治目標淩駕於經濟目標之上。修建阿斯旺大壩的出發點是解決農業灌溉用水問題，最終實現擴大作物種植面積，並通過農作物出口擴大累積外匯。但從結果來看，大壩並沒有很好地實現作物增產的目標。除去像前文指出的那樣，工程給國家財政帶來了巨大的負擔，大壩並沒有消除制約埃及農業發展的最根本因素——排水問題。當灌溉水源充足但排水不利時，土壤中鹽分堆積導致鹽堿化，土地肥力下降，影響作物產量。鹽堿化問題出現於埃及 2/3 的耕地上。綜上，大壩雖然解決了灌溉水源問題，但沒能真正促進農作物增產。從根本上講，阿斯旺大壩被看作國家工業進程的里程碑，而非農業與灌溉設施，因此其產生的經濟效益較差。

20 世紀 80 年代之前的農產品價格機制同樣反映了該問題。農村的農產品定價機制是通過農村合作社制度保障的，即農民以低於國際市場的價格將棉花、小麥、大米、甘蔗、蠶豆、洋蔥出售給受到國家控制的合作社。此舉可視為變相從種植這些作物的農民身上徵收重稅，目的是在出口主導型經濟下通過作物出口賺取外匯，以農養工。但農業經濟向工業經濟轉型的目標雖明確但具體的制度安排卻模糊，導致產生反向激勵，最終結果事與願違。由於園藝作物（水果和蔬菜）均不受定價機制約束，多數農民轉向種植苜蓿。這一方面導致棉花出口減少，另一方面導致小麥減產；棉花出口減少導致進口非小麥糧食的外匯不足，埃及糧食安全嚴重受損。直到 1995 年後，定價機制的適用範圍縮小到只剩棉花和甘蔗，糧食種植的行為才真正被有效激勵，1980—2012 年埃及糧食產量幾乎翻了一倍。

第二節　改革步伐緩慢，經濟問題發酵

經濟制度中存在的缺陷及其產生的後果就是埃及經濟發展的制約因素，埃及必須通過改革將其消除，「制度在社會中具有更為基礎的作用，它是決定長期經濟績效的根本因素」[1]。低效的制度可能無法達到其預設的目標，甚至有可能減損社會福利、阻礙經濟發展。在現實中，低效的制度往往由於受到特定利益集團的擁護而長期無法被修正，而新的制度形成速度緩慢，這導致低效制度逐漸蠶食國家的經濟健康。因此，國家的經濟困境在一定程度上可以歸因於經濟改革制度低效。

一、有效經濟改革步伐緩慢

低效舊制度的穩定和高效新制度的產生緩慢是造成埃及經濟困境的制度原因，這與經濟改革制度變遷的方式密切相關。「路徑依賴是分析和理解長期經濟變遷的關鍵。路徑依賴一旦走上某個特定路徑就能強化這一方向的報酬遞增機制。」[2]既得利益集團為了保護他們能從舊制度中不斷獲得利益，不斷阻撓經濟改革，希望原有的制度框架能夠一直延續。而國外逼迫埃及政府改革的壓力不足以保證新的經濟改革制度快速產出，最終導致新老經濟改革制度交替緩慢，經濟問題無法得到及時糾正，這對經濟造成了深遠的負面影響。

從 20 世紀 50 年代開始，低效的經濟改革制度就已形成。經濟改革制度

1　道格拉斯·C. 諾斯:《制度、制度變遷與經濟績效》，127 頁，上海，上海人民出版社，2014。
2　道格拉斯·C. 諾斯:《制度、制度變遷與經濟績效》，133 頁，上海，上海人民出版社，2014。

在設計過程中就產出了政治和經濟不相容激勵，而政治總凌駕於政治，產生效率相對較低的國家資本主義經濟改革制度。改革雖然在短期內實現了經濟高速增長和社會福利增加，但也給國家埋下了債務負擔的種子。20 世紀 60 年代中後期債務負擔逐漸加重，1973 年埃及經濟進入「零點」，債務危機首次爆發。從 1973 年起，債務問題始終成為限制埃及經濟發展的最大桎梏。債務問題的延續進一步損害國家經濟：由於政府每年不得不從財政預算中劃撥出大量外匯償還到期債務，可用作投資的儲蓄比例嚴重下降，且外匯儲備始終處於較低水平。技術是促進經濟增長的重要因素，而外匯不足限制了先進技術向埃及轉移，再合併投資不足，導致經濟增長乏力。經濟增長乏力進一步減少清償債務的可能性，從而產生惡性循環。如果想打破這個怪圈，必須實施新一輪經濟改革，對經濟制度和經濟結構從根本上進行調整。但「儘管很多行為體渴望某些改變，我們看到的卻幾乎總是（相對）更多的穩定。」[1]

（一）低效經濟改革制度穩定

制度一旦產生，就會受到從該制度矩陣中受益的利益集團保護，從而得以延續，長期保持穩定。因此，只要利益集團的力量足夠強大，低效的制度也能保持穩定。如前文所述，納賽爾時期的國家資本主義改革雖然有預設的經濟目標，但它的設計過程是政治的，即政治博弈或政治鬥爭。制度的政治和經濟目標是不兼容的，而政治目標凌駕於經濟目標，導致制度效率整體較低。1967 年納賽爾就發現了經濟的效率低，但「1967 年以後埃及既沒有經濟計劃又沒有具有使命感的政治組織」[2]。因為「政治、經濟和軍事組織的形式以及其最大化的取向，是從制度結構所提供的機會集合中衍生出來的，同時，制度結構本身也在漸進地演化」[3]，所以 1967 年阿拉伯社會主義聯盟取得了政

1 唐世平：《制度變遷的廣義理論》，70 頁，北京，北京大學出版社，2016。

2 John Waterbury, *The Egypt of Nasser and Sadat: The Political Economy of Two Regimes*, Princeton University Press, 1983, p.332.

3 道格拉斯 · C. 諾斯：《制度、制度變遷與經濟績效》，141 頁，上海，上海人民出版社，2014。

治合法性，作為鬥爭工具的國家資本主義改革制度設計停止。而在 1965—1967 年，由於納賽爾懼怕阿拉伯社會主義聯盟反叛，他已通過人員遣散和庇護關係把該聯盟變成了鬆散的組織。[1]結果一方面修正經濟改革制度漏洞的動力不足，另一方面既得利益的各方奮力守護和發展現有的制度，讓自己的利益最大化。因此，國家資本主義改革制度變得穩定。

薩達特時期，雖然在美國的要求下埃及放鬆了對經濟的控制，政府實施了混合經濟改革，旨在讓經濟向更偏向新自由主義的方向發展，「但是，由於制度變遷的實際過程是很費力的，所以即使很多行為體想要改變，他們也不會真正投入推動制度變遷的實際過程中去」[2]。自由經濟改革「絕不該被認為產出了埃及經濟輪廓的構造性改變」[3]，因為它只是對西方渴望看到埃及向自由市場經濟轉型的回應。混合經濟改革開始後，政府越發懷疑開放的市場經濟會對社會和諧造成損害，「政府在 20 世紀 70 年代末期一發現自己擁有了新的流入資金，施加在公共部門之上的改革壓力就消失了」[4]。制度變遷於是停止。

薩達特時期最能觸及經濟結構改革的制度安排是國際貨幣基金組織主導的補貼改革。民生補貼制度雖然產生於薩達特時期，但卻是納賽爾時期國家資本主義經濟下的福利制度的延續，也是造成國家財政嚴重失衡的重要原因之一。但改革於 1977 年迫於「麵包革命」的壓力被廢止。此後雖然西方又提出了更加合理的《繆勒方案》，但由於該方案涉及部委權力的重新分配，觸碰了太多官僚的利益，在薩達特和內閣的反對下無疾而終。

此後，制度變遷進入長期休眠，自由經濟改革制度長期穩定，直到 1991 年經濟改革和結構調整計劃才得以重啟。可以說，納賽爾時期於 1967 年設計

---

1 John Waterbury, *The Egypt of Nasser and Sadat: The Political Economy of Two Regimes*, Princeton University Press, 1983, p.332.

2 唐世平：《制度變遷的廣義理論》，70 頁，北京，北京大學出版社，2016。

3 Khalid Ikram, *The Egyptian Economy, 1952-2000: Performance Policies and Issues*, New York, Routledge Press, 2006, p.211.

4 Owen, Pamuk, *A History of Middle East Economies in the Twentieth Century*, London. I.B. Tauris, 1998, p.137.

完成的低效經濟改革制度，經歷了 25 年的基本穩定，直到 1991 年才真正發生顯著變遷。「儘管穩定性或許是複雜的人類互動的一個必要條件，但顯然，它非有效率的充分條件。」[1]在 1991 年之前的經濟改革都是對舊制度非結構性的修補、調整，無法從根本上提高制度效率並解決制度缺陷，而是放任結構性問題持續阻礙經濟發展，破壞經濟。

（二）高效經濟改革制度形成緩慢

利益集團對舊制度的保護使他們忽視了經濟結構性改革的重要性與迫切性，加上 20 世紀 60 年代末以後埃及政權更迭、區域問題頻發，經濟結構性改革的進程一再被拖延。1968 年納賽爾就開始思考埃及經濟自由化，但自由經濟改革制度的出現是在 1991 年。「制度變化是緩慢的，因為有多種因素使制度保持穩定，且改變整個系統本來就是困難的。」[2]埃及的經濟改革制度變遷是漸變的，漸變背後的機制是「從適應到修補到擴散」[3]。從 1968 年提出設想到 1991 年經濟穩定計劃協議簽署，歷經了 25 年。1991 年之前的漸變下的修補幾乎沒有解決任何經濟的結構性問題。雖然經濟開放給埃及帶來了大量的資金流，但其中 2/3 屬於經濟租，不能反映經濟恢復健康；改革結束後，公有制經濟仍是國民經濟的主體，經濟結構沒有發生改變；導致財政失衡的諸多因素也持續存在。直到 1991 年在西方施壓下實施穩定計劃後，埃及才內源性地緩解了財政失衡的問題，私有化改革後私有制經濟才真正成為國民經濟的主體。

從國家資本主義經濟改革到自由經濟改革共歷經了 25 年。在 1967 年的喀土穆峰會上，納賽爾在也門戰爭後改變了對沙特和科威特的看法和立場，同意接受他們的資金支持。這為經濟開放創造了必要條件。希賈茲曾表示，經濟開放的目的之一就是敞開門戶吸納來自阿拉伯國家的投資。由於國家

1　唐世平:《制度變遷的廣義理論》，99 頁，北京，北京大學出版社，2016。
2　唐世平:《制度變遷的廣義理論》，71 頁，北京，北京大學出版社，2016。
3　唐世平:《制度變遷的廣義理論》，71 頁，北京，北京大學出版社，2016。

資本主義經濟無法完成國家期待的目標，埃及頒佈了《1968 年 3 月 30 日文件》。納賽爾從那時起就在認真思索如何實現經濟自由化。1969 年他諮詢希賈茲國有企業的表現問題，也曾思考如何讓國有企業和私營企業融合發展，讓它們兼具前者的社會目標和後者的效率。但由於 1970 年納賽爾病故，埃及政權更迭，經濟改革被擱置，直到 1974 年才被重啟。1974 年的改革，旨在讓經濟更加混合，也就是更加偏向自由經濟，但仍然未達到自由經濟的中間狀態。由於政府對自由經濟改革帶來的潛在風險的顧慮和 1977 年「麵包革命」的警示，這一中間狀態持續了 8 年。從結果來看，混合經濟改革沒有解決國家資本主義經濟改革遺留的問題。直到 1991 年自由經濟改革的實施才使得困擾埃及經濟的結構性問題得以緩解。在這一過程中，國家資本主義改革和自由經濟改革當作制度變遷的兩段，作為中間狀態的混合經濟改革不算是全新的改革制度，因為它只是對國家資本主義制度的簡單的修補與粉飾，而不能真正解決經濟問題，只起到暫時緩解經濟問題的作用。因此，新的經濟制度的變遷和出現是漸進的、緩慢的，而在真正能解決問題的新制度出現並代替舊制度之前，舊制度會持續阻礙經濟增長。

綜上所述，可以說埃及真正的經濟改革始於 1991 年，中間的混合經濟改革可看作過渡，也可看作國家資本主義改革的延續。埃及作家、評論家穆罕默德・海凱爾（محمد هيكل）也指出：「在我看來，埃及在 20 世紀上葉發生了很多重要的事，但實際上，它們都是 19 世紀事件的延續。」[1]由於混合經濟改革制度的穩定，直到 1991 年在西方強大的壓力下，改革制度才真正有效地變遷，產出新的改革制度。因此，新老經濟制度更替的周期長達 25 年，這一期間經濟的惡性循環一直延續。在此需要指出，雖然自由經濟改革制度仍存在漏洞，且效率不高，但它確實着眼於解決經濟的結構性問題。

1 محمد حسنين هيكل، ((مبارك وزمانه: ماذا جرى في مصر ولها؟))، القاهرة، دار الشروق، عام 2013، ص 359.

二、既有制度缺陷持續破壞經濟健康發展

「制度是理解政治與經濟之間的關係以及這種互相關係對經濟成長（或停滯、衰退）之影響的關鍵。」[1]由於低效的經濟改革制度長期穩定，埃及的經濟健康受到損害，經濟困境逐漸顯現。從經濟本身來講，低效制度逐漸蠶食經濟增長引擎，導致引擎缺位；從政府角度講，財政失衡常年難以恢復；從社會角度講，失業率、通貨膨脹率雙高導致民生凋敝。

（一）經濟增長引擎缺位

投資、出口和消費是拉動經濟增長的三駕馬車，通過對埃及的歷史經濟改革制度分析發現，改革對投資和出口都造成了消極影響。出口和投資又是互相關聯的。一方面，出口為國家賺取外匯收入，是構成國家儲蓄的一個組成部分，而國內投資來源於國家儲蓄；因此出口收入決定了投資水平的上限。另一方面，出口收入不足導致外債難以清償，政府必須從儲蓄中拿出更多資金償債，留給投資的餘額減少。

出口對經濟增長的貢獻不足。關稅保護和非關稅措施是阻礙出口的原因之一。自納賽爾時期以來，國家長期奉行的進口替代工業化道路要求以高關稅的方法保護幼稚的民族產業。此外，比起出口，納賽爾更傾向於內銷工業產品。「納賽爾堅持反對建設新的出口產品工廠，堅持讓埃及人民從國家工業產品中受益。」[2]但正如美國諾貝爾經濟學獎得主羅伯特・蒙代爾（Robert A. Mundell）所言：「對進口徵稅相當於對出口徵稅。」因為在關稅保護下，國內該產品或相似產品的生產者可以以高於國際市場的價格在國內出售該商品，這導致出口下降。而這種影響將持續很長一段時間。在其影響期內，內銷的高額利潤導致資本從現實的或潛在的出口部門流出，出口商品的產量下降。

---

1 道格拉斯・C. 諾斯：《制度、制度變遷與經濟績效》，140 頁，上海，上海人民出版社，2014。

2 إسماعيل صبري عبد الله، ثورة يوليو/ تموز والتنمية المستقلة، ((ثورة 23 يوليو/ تموز: قضايا الحاضر وتحديات المستقبل))، القاهرة، دار المستقبل العربي، عام 2009، ص 269.

1965年至2011年進口關稅是埃及稅收來源的重要組成部分，佔總稅收的四分之一。國家資本主義經濟改革下的經濟計劃和社會福利制度導致財政收支長期失衡，政府一直不願降低關稅。國家對關稅的堅持給市場傳遞了錯誤的信號，給製造業企業家創造了尋租的機會。20世紀90年代的自由經濟改革下，裙帶資本家遊說政府增加關稅保護和非關稅措施，讓他們產業內銷的利潤最大化。據美國經濟顧問公司內森組織（Nathan Associates）統計，「20世紀90年代中期埃及製造行業的平均關稅有效保護率達34%，在一些行業中最高可達80%」[1]。製造商更傾向於內銷商品，而不是出口。研究表明，製造商將同一種商品內銷獲得的利潤比出口高21.7%。除了直接關稅保護，還有非關稅措施保護民族產業，如質量檢測。即通過抽樣檢測的方式以質量標準設限，阻止進口產品進入市場。「質量保護導致進出口降低了9%～12%，總額約合GDP的1%。」[2]

阻礙出口的另一個原因是匯率被高估。高估匯率的主要原因是服務於進口替代工業ISI，以更低的價格進口工業化生產所需的原材料，高估的匯率可以降低進口替代工業生產成本。從國家資本主義改革時期開始，匯率被高估後就持續保持穩定。薩達特時期，在經濟開放政策下，政府必須通過保持匯率穩定吸引外商投資。埃及領導人總認為國際市場對埃及產品的需求不會因為埃鎊對美元貶值而上升，因此對高估匯率的危害認識不足。事實上，匯率貶值確實能有效改善國際收支平衡。埃及在2000年初匯率貶值後，出口年平均增長率由原先1990—2000年的5.6%上升到2000—2011年的11%，幾乎翻了一倍。這是因為成功的促進出口政策必須包含一個激勵信號，讓企業家知道增加出口可以獲得利潤。包括亞洲部分國家在內的許多成功的出口國家都以匯率做武器，通過供給有競爭力的匯率引導投資流向出口行業。但埃及卻否認該武器，最終高估匯率損害出口，加劇了長期以來外匯不足的局面。而

1　Nathan Associates, *Enhancing Egypt's Export*, Cairo, USAID, 1998, p.i.
2　Nathan Associates, *Enhancing Egypt's Export*, Cairo, USAID, 1998, p.ii.

保持高估的匯率也沒能有效吸引外商投資，因為他們明白保護性的匯率存在風險，即保持匯率穩定需要消耗大量外匯，而埃及央行的外匯儲備有限，該做法不可持續。

投資對經濟增長的貢獻不足。經濟增長是通過一系列投資被驅動的。國家投資資金來源於國家儲蓄。1947—1957 年的固定投資總額持續較低，僅佔 GDP 的 12%～13%；1957—1964 年該比例上升到 19%。[1]但從 1964 年起，由於抑制通貨膨脹和改善收支平衡，政府削減了投資支出。1967 年的第三次中東戰爭加劇了投資下降，20 世紀 60 年代末期，投資在 GDP 中佔比回到了 1947—1957 年的水平。因為在薩達特和穆巴拉克時期，西方援助集團都要求當時政府削減開支，以此為條件獲得經濟援助。但由於補貼難以削減，政府只能轉向削減投資。統計數據指出，1965—2016 年埃及的投資在 GDP 中佔比低於 20%，而亞洲部分國家在此期間的投資率為 35%，其中，中國可達 40%～45%。[2]

投資率低要歸因於埃及國家儲蓄不斷下降。上文所指出的出口蕭條是導致儲蓄下降的原因之一。在過去的 50 年中，投資在 GDP 中佔比 20.2%，而國內儲蓄在 GDP 中佔比 13.5%，這意味着 6.7% 的缺口都是由僑匯填補的。這種儲蓄結構給埃及的投資增加了很多不確定因素，因為僑匯容易受到用工國的經濟環境和對埃態度影響。如薩達特訪問以色列後、20 世紀 80 年代中期石油價格暴跌時、兩次海灣戰爭期間、1977 年埃及和利比亞衝突期間和埃及劇變後，用工國都出於主觀或客觀原因，減少了埃及勞工的人數。埃及劇變後埃及僑民因埃鎊貶值，不願將存款寄回國內。薩達特時期過度依賴僑匯加劇了這種不確定性，使國家的投資率容易受到國外形勢影響。

由於埃及無法動員足夠的國內存款用於投資，政府只能轉向國際借貸或

1 Khalid Ikram, *The Political Economy of Reforms in Egypt*, Issue and Policymaking since 1952, Cairo, American University in Cairo Press, 2018, p.87.

2 Khalid Ikram, *The Political Economy of Reforms in Egypt*, Issue and Policymaking since 1952, Cairo, American University in Cairo Press, 2018, p.88.

援助，這也使得投資極大程度取決於援助國的意願。1965—2016 年，國際援助在埃及 GDP 中佔比 20%，其中用於投資的金額佔 GDP 的 15%。[1]這表明，來自國內的投資僅佔 GDP 的 5%。換言之，埃及的投資率和負債率在一定程度上呈正比。

（二）財政失衡

「長期以來，埃及財政的一大弊端是總需求大於總供給，投資、消費、積累三者關係失調，致使財政缺口逐年增大，赤字連年不斷。」[2]財政赤字問題在 1965 年執行第一個五年計劃時初露端倪，因為國家對進口替代工業的成本回收周期預估過於樂觀。據當時錯誤的估計，1965 年國家不但能收回成本，而且能獲得在當時 GDP 佔比 2% 的盈餘。但實際上 1965 年進口替代工業造成了在 GDP 佔比 4% 的財政赤字。從 20 世紀 60 年代末開始，赤字問題越發嚴重，這是由國有企業的虧損、免費教育和公務員工資開支增加等綜合因素造成的，而也門戰爭和多次與以色列的戰爭讓財政困境雪上加霜。1973 年財政赤字高達 18.3%。薩達特訴諸的混合經濟改革，僅僅讓國家獲得了大量的貸款和投資，沒有從根本上修正經濟的結構性問題，因此效果不可持續。這一時期改革的消費性開放讓財政赤字緩慢擴大，1981 年赤字擴大到佔 GDP 近 20%。穆巴拉克時期，儘管經濟穩定計劃有效地改善了財政平衡，但「穆巴拉克時期（1981—2011 年）赤字仍然很高，在 GDP 中佔比超過 8%……微觀經濟的最大弱點都是財政赤字造成的」[3]。

埃及政府用借貸的方式彌補財政赤字。1960—1965 年第一個五年計劃期間，由於計劃內的項目超出了埃及的支付能力，30% 的項目融資都是以借

1　Khalid Ikram, *The Egyptian Economy, 1952-2000: Performance Policies and Issues*, New York, Routledge Press, 2006, p.121.

2　楊灝城、許林根:《列國志：埃及》，276 頁，北京，社會科學文獻出版社，2006。

3　Khalid Ikram, *The Egyptian Economy, 1952-2000: Performance Policies and Issues*, New York, Routledge Press, 2006, p.273.

貸的方式完成的。1965 年埃及獲得美國和蘇聯的貸款共 15.16 億美元，還有 1.03 億美元的短期商業貸款。由於商業貸款期限較短，1969—1974 年，埃及需要償還貸款總額的 74%，國家陷入債務危機。薩達特展開混合經濟改革後，國際援助在經濟開放政策的框架下流入埃及。但援助並不都是贈款，其中包括了大量的中長期貸款和短期貸款。由於政府不斷地通過西方的國際援助抵沖財政赤字，1975—1980 年埃及外債不斷攀升，1980 年外債達 190 億美元，佔 GDP 的 80%，相當於當時出口收入的 2.7 倍。[1]穆巴拉克執政初期，埃及只能「以貸養貸」，20 世紀 80 年代間外債總額與國民生產總值之比徘徊於 100%～150%。[2]1991 年後，西方援助集團因埃及在海灣戰爭中發揮了作用，為其減免了大量債務。埃及在國外援助資金的推動下，展開了自由經濟改革，改革使得外債大幅度縮減，1997—2004 年外債下降率可達 70%。2000 年埃及的外債在 GDP 中佔比 29.3%，2010 年降至 16.6%[3]，逐漸降至國際警戒線之下。

內部的財政赤字和外部的欠債是埃及經濟的最大弱點，也是埃及經濟發展的最大桎梏。

（三）民生凋敝

經濟改革導致的失業率和通貨膨脹率雙高造成民生凋敝。埃及青年的失業問題和就業質量低的問題在 20 世紀 90 年代的私有化改革後顯現。私有化改革後，被私有化的國企員工因勞動力冗餘被裁員。由於被私有化企業所有者的裙帶關係，這些企業有很強的市場競爭力，從而擠出了非中小型企業。小微企業很難有所發展，「6～10 人規模的公司中，只有 3.3% 的公司在 2007

---

1 Khalid Ikram, *The Political Economy of Reforms in Egypt*, Issue and Policymaking since 1952, Cairo, American University in Cairo Press, 2018, p.126.

2 Khalid Ikram, *The Political Economy of Reforms in Egypt*, Issue and Policymaking since 1952, Cairo, American University in Cairo Press, 2018, p.127.

3 آن م. ليش، تركيز القوة يودي إلى الفساد، القمع ثم المقاومة، ((الربيع العربي في مصر: ثورة وما بعدها))، القاهرة، دار نشر الجامعة الأمريكية بالقاهرة، عام 2012، ص 65.

年至 2011 年發展成了 20 人規模的公司」[1]。小型企業難以發展，就無法有效吸納就業。雖然在大型公司擴張過程中，員工數量增加，但這些公司擴張的途徑是吞併和收購。這意味着這些公司只是將已經就業的勞動人口轉移到自己的公司，而並未實際增加就業人口。1992 年後，埃及的失業率長期處於較高水平，1992 年為 8.9%，2011 年上升到 11.8%。除了就業數量的降低，就業質量也有所下滑。[2]據統計，2007 年至 2013 年，埃及就業結構也發生了改變：國企就業人數從 1998 年的 34% 降至 2013 年的 27%；正式私營企業的就業人數基本不變，1998 年為 13%，2013 年為 13.5%，基本持平；非正式私營企業就業人數增加，從 1998 年的 31% 上升到 40%。[3]「GDP 增長率的下降不反映失業率提高，而反映勞動力流向工資更低的非正式部門，在這裏勞動權益幾乎得不到保障。」[4]

經濟改革還引發了通貨膨脹。1974 年開始大量資金以援助、投資、僑匯等形式流入埃及，造成了通貨膨脹。1974 年通貨膨脹率為 10%，到 1977 年「麵包革命」時，一貫的消費性開放，導致了債務攀升，通脹率一度飆升至 12.7%。[5]2000 年以後，政府為了加速恢復財政平衡，開始調整埃鎊匯率。希望通過刺激出口增加收入。但匯率貶值導致進口商品價格升高，通貨膨脹再次加劇。通脹率由 2000 年最低的 2.2% 飆升到 2008 年的 18%，直到 2011 年還保持在 10%。[6]居高不下的通貨膨脹率，加上私有化後居民日益增加的自費開銷項目（如醫療、教育等），導致人民生活水平急劇下降。

1 World Bank, *More Jobs, Better Jobs: A Priority for Egypt*. Washington, DC, World Bank, 2014, p.10.

2 World Bank, *More Jobs, Better Jobs: A Priority for Egypt*. Washington, DC, World Bank, 2014, p.8.

3 http://databank.shihang.org/data/reports.aspx?source=2&country=EGY#，訪問時間 2022-01-20。

4 World Bank, *More Jobs, Better Jobs: A Priority for Egypt*. Washington, DC, World Bank, 2014, p.2.

5 https://data.worldbank.org/indicator/FP.CPI.TOTL.ZG?locations=EG，訪問時間 2022-01-20。

6 https://data.worldbank.org/indicator/FP.CPI.TOTL.ZG?locations=EG，訪問時間 2022-01-20。

本章小結

埃及當代的經濟改革普遍短期效果良好但中遠期效果欠佳。雖然改革的成績不容質疑，但復盤時仍能發現不完美之處。在制度設計過程中，信息反饋不完善、激勵機制不完善、制度下交易成本高等都導致了制度效率低下，從而阻礙埃及經濟的長遠發展。

納賽爾時期的改革制度低效主要歸因於信息反饋不完善和激勵機制不完善。在十年發展計劃規制時，孤膽的決策模式和調研數據的支撐不足導致計劃目標與現實存在差距。此外，決策過程中部委之間溝通不暢，導致計劃目標失焦。上述原因最終導致計劃的資金缺口越來越大，計劃被迫拆分成兩個五年計劃，而第二個五年計劃最終未被落實。該時期的免費教育和就業保障制度無法克服「搭便車」的問題，導致政府承擔高額的財政支出為富裕階層的子女提供免費教育和就業保障。一方面，政府付出巨大代價為他們提供了不必要的福利；另一方面，富裕階層利用福利進一步擴大自己的利益，讓子女繼承他們的階級。從長遠來講，制度讓富人受益，而無法保證窮人的利益。該時期的土地改革制度，由於兼具消除大地主階級和發展工業的政治和經濟雙重目標，產出了不相容激勵機制。因為大地主多數也是大工廠主，因此沒收他們的土地造成了他們對自己的工廠產權安全的擔憂，於是紛紛把資產從工業領域撤出，投入房地產。進口替代工業化和經濟增長的目標也無法兼容，因為進口替代工業化需要關稅和非關稅措施保護，以及低估匯率控制原材料成本，但這些措施都不鼓勵出口貿易，導致國家外匯收入減少。納賽爾時期的低效經濟改革制度導致政府未能實現全部的改革目標，且財政平衡嚴重受損，被迫對外舉債以維持平衡。

薩達特時期的經濟改革政策低效也主要歸因於信息反饋不完善和激勵機制不完善。該時期的民生補貼制度導致了富人搭窮人便車，因為政府對部分非生活必需品也實施了補貼，這導致了政府的財政支出擴大，但部分受補貼的消費品受益面極其窄。因此，政府的付出和社會的所得不成正比。經濟開放政策由於產出不相容激勵，制度效率低。該制度設計的初衷是通過對外開放，吸引西方技術和資金，進一步發展工業。然而埃及產權安全性低、交易成本高，導致投資都流向了成本低且無法被國有化的製造業和金融業等，鮮有流入重工業。此外，對外開放意味着國內競爭力低的產品逐漸被進口產品替代，導致「去工業化」。信息反饋不完善也是該時期制度效率低的原因，如20世紀70年代頻繁的人事調動，導致在任官員經驗不足，無法提出可行的補貼削減計劃，最終導致1976年政府執行了國際貨幣基金組織設計的不符合埃及國情的減補方案，引起「麵包革命」。薩達特時期的低效改革制度導致埃及外債不斷攀升，且經濟的結構性問題無法得到矯正。合理的補貼削減是扭轉財政失衡的重要手段，但當時埃及錯失了修補經濟機構性問題的良機。

穆巴拉克時期的低效經濟改革制度歸因於信息反饋不完善、激勵機制不完善、制度下交易成本高。該時期的經濟穩定計劃產出了與促進私有部門投資所不相容的激勵。經濟穩定計劃旨在提高存款利率，吸納更多的居民儲蓄，用於恢復國家收支平衡。但這一做法導致投資商直接將投資資本存入銀行，獲得低風險的高回報。此外，私有化改革及其配套制度設計權受到了部分政治和商業精英意志影響，使得他們擁有的企業享有較多優惠和特權。而普通的中小型企業受到融資難、手續煩瑣、運營成本高等高交易成本的問題困擾。最終出現大型企業蓬勃發展、中小型企業生產艱難、私有制經濟沒有真正得到發展的情況。該時期經濟信息反饋不善，導致政府沒有意識到國家的貧困問題和貧富差距問題，以及這些問題將帶來的潛在風險，因此政府也沒有設計應對和修正的經濟制度，最終導致了埃及劇變。

後穆巴拉克時期，穆爾西政府追求國家「穆兄會化」，並以宗教價值觀治理國家經濟，導致決策時宏觀經濟治理信息反饋不暢，經濟政策針對性差，不能解決當時突出的經濟問題。塞西上任後通過積極的經濟改革措施修補之前的經濟問題。

由於埃及的低效經濟改革制度長期穩定，較高效經濟改革制度變遷緩慢，新老制度交替過程漫長，經濟健康逐漸被低效制度蠶食，經濟增長引擎缺位、財政失衡和民生凋敝等經濟困境逐漸顯現。其中經濟增長引擎缺位、財政失衡互為因果，互相強化；民生凋敝是兩者產出的必然結果。納賽爾時期的進口替代工業化政策下的關稅保護和匯率高估，導致埃及出口行業持續低迷，出口收入不足導致國家失去了重要的收入來源。埃及偷稅漏稅嚴重，稅收長期無法如數徵收。戰爭、福利制度、經濟計劃下的工業項目的消耗巨大。這些原因導致國家財政失衡越發嚴重，最終政府必須靠借貸維持平衡。赤字和外債的攀升導致政府可用於投資的儲蓄持續減少，經濟增長乏力。據計算，如果 GDP 增長率不足 7%，埃及就無法實現充分就業。但穆巴拉克時期一方面 GDP 增速不足，另一方面私有化改革導致大型企業對勞動力需求減小，中小型企業無法有效吸納勞動力，就業狀況進一步惡化。2000 年以後國家為恢復財政平衡，貶值了埃鎊對美元匯率，以期刺激出口，增加收入。但此舉引發了埃及大幅度的通貨膨脹，物價飛漲，加上私有化後政府取消了在多項民生事業中的補貼，埃及生活成本急劇升高。由於民生狀況不斷惡化，最終於 2011 年爆發了埃及劇變。

結　語

未來埃及的經濟發展

本書梳理了現代埃及經濟改革制度變遷的路徑；分析了經濟改革制度變遷的動力、方式和經濟改革的決策過程，並指出上述三方面中導致經濟改革制度缺陷的因素；分析了埃及經濟改革制度的低效及其原因，指出了制度低效導致了埃及的經濟困境。研究認為，雖然 1952—2016 年埃及經濟改革持續展開，但制度效率持續低下，導致納賽爾時期經濟改革所致的國家經濟結構不合理的問題持續未被修正，國家經濟健康被不斷損害。因此，反觀 1952—2016 年的埃及可見，經濟改革不止，但經濟—社會困境一直持續。

結語部分將在之前得到的結論上進行延伸，概括現代埃及經濟改革制度的變遷歷程，總結當代埃及經濟改革對經濟發展的影響，最後結合塞西的經濟治理實踐與四小龍國家的發展經驗，展望埃及經濟未來的發展方向。

一、改革貫穿當代埃及經濟發展

1952 年至 2016 年埃及先後展開了四次經濟改革，每次經濟改革都實現了經濟制度變化，且直到當下改革一直在持續。過去 60 年中埃及屢次的改革雖都取得了短期的成就，但改革成果都未能長期延續，無法實現經濟的長足發展。該結果與經濟改革制度變遷的動力、方式和過程息息相關。從改革的動力看，經濟增長不總是改革的首要目標，導致改革本末倒置。從改革的過程看，在國內外勢力和人民意志的影響下，最終形成的改革制度偏離設計初衷，導致改革失焦。從變遷的方式看，一方面，報酬遞增的變遷方式進一步加重了改革制度的本末倒置與失焦，另一方面，在路徑依賴的變遷方式下，利益集團試圖保護有益於他們的制度，所以低效的制度長期穩定、延續。總之，各時期的經濟改革制度在設計過程中摻雜了太多有關意識形態、政治鬥爭、利益平衡等方面的考量，而經濟發展這一目標始終被放在次要位置，因此經濟改革制度效率低下，長期效果不佳。由於低效制度的延續，旨在修正經濟問題、提高制度效率的改革持續不止。

納賽爾時期國家資本主義經濟改革的政治、經濟目標互相交織。一方面，國家追求傳統農業經濟向現代化工業經濟轉型，讓經濟發展換擋提速。另一方面，土地改革、國有化改革等制度安排又蘊含着傳播社會主義意識形態、向蘇聯靠攏、打擊大地主和大資本家、打壓軍隊勢力等政治目標。免費教育、就業保障、工人福利等制度為政府扶植了強大的政治根基。十年經濟計劃是納賽爾在民族主義影響下建立現代化強國的抱負的體現。細數埃及國家資本主義經濟改革下的具體制度安排，真正有助於經濟增長的不多，多數都是服務於政治目標。最終經濟改革取得了短期成效，但也導致了政府財政失衡，埃及從此揹負了沉重的債務。債務危機是納賽爾留給他的繼任者薩達特的經濟挑戰。

薩達特時期的混合經濟改革實際算不上真正的改革。一方面，改革只做表面文章，用細則不明的制度安排迎合西方，從而獲得貸款和投資緩解當時的債務危機，沒有真正改變埃及的經濟結構。另一方面，改革的「自由主義」意識形態是薩達特鏟除納賽爾遺留勢力的思想工具，但不反映政府希望的經濟發展方向。綜上所述，混合經濟改革是對納賽爾時期改革的修補和對當時經濟突出問題的應激反應，也是肅清阿拉伯社會主義聯盟遺留勢力的手段，但沒有從根本上改變經濟結構。事實上，政府也不希望改變經濟結構，因為經濟結構一旦改變，國家資產階級和人民的利益就無法被有效保證，這必將對政權穩定造成威脅。1976 年政府在國際貨幣基金組織施壓下實施的減補改革雖然觸及了經濟結構調整，但很快就因 1977 年「麵包革命」被廢止。混合經濟改革以西方援助集團無奈支付巨額援助款告終。雖然改革解決了埃及的燃眉之急，但它對經濟結構問題幾乎沒起到修正作用，埃及的外債不斷增長，經濟健康持續被不合理的經濟結構蠶食。薩達特在任內未能解決外債問題，而是移交給了其繼任者——穆巴拉克。

穆巴拉克時期的自由經濟改革是在債務危機的倒逼下展開的。改革是西方支付資金援助的先決條件。該時期的經濟自由化和國企私有化等改革制度真正觸及了經濟的結構性問題，確立了私有制經濟在國民經濟中的主體地位。但在該時期官商勾結的政治環境中，有限進入秩序對新商人階層（或稱裙帶資本家）敞開門戶，讓他們獲得了全部政策優惠和商業特權。裙帶資本家從而可以通過尋租盈利，回報遠高於付出。裙帶關係的存在破壞了私有制經濟發展，最終導致了私有制經濟成為國民經濟主體後，沒有拉動國民經濟增長。該時期的改革思路是正確的，國家本想通過激活私有制經濟的活力，撤出政府對經濟的過度干預，讓私有部門替代政府投資。這樣做一方面能使埃及經濟市場化，有利於它融入全球經濟；另一方面通過減少政府辦社會的職能來減少財政支出，有助於恢復財政平衡，而私有企業代替政府以市場化的形式向人民提供原先的服務。但裙帶資本家的貪婪導致了自由經濟改革下一贏多輸的局面。也就是裙帶資本家獲得了大量財富，但並沒有承擔社會責任。最終民生凋敝，政權的合法性被人民抹殺。

後穆巴拉克時期，尤其是塞西時期，國家進行了軍隊底色的混合經濟改革，即在穆巴拉克自由經濟制度的基礎上，向薩達特時期的混合經濟制度「致敬」，加強國家對經濟的控制，而不再放任私營部門主導國民經濟的發展。但塞西時期的經濟制度與薩達特時期的不同之處在於，塞西時期軍政關係融洽，軍隊協助國家把握經濟治理的主導權。因此，該時期混合經濟中的國家資本主義成分實際上是軍隊控制的國家資本。此舉看似調整了政府和市場在經濟運行中作用的對比關係，但並未解決穆巴拉克時期因公共服務事業私有化導致的民生凋敝問題。從根本上說，在該時期的經濟制度中，國家資本主義要素增強，目的是讓軍隊重拾被先前裙帶資本家奪走的經濟利益，而不是加強國家對福利和公共服務領域的干預，保障民生。事實也是如此，當軍隊成功控制國家經濟後，塞西政府又復用了穆巴拉克時期的裙帶資本家。一方面是為了嘉獎他們在推翻穆爾西政府時做的貢獻；另一方面讓他們代替政府經營福利和公共服務部門，給國家減負。而民生問題，仍未成為國家的核心考量。

綜上所述，國家資本主義經濟改革反而導致國家經濟結構不合理，催生了嚴重的經濟問題。混合經濟改革是針對第一次改革制度的修補，但因為它沒有觸及經濟的結構性問題，所以只緩解了當時的債務困境，無法從根本上解決問題。自由經濟改革雖然思路正確，也在一定程度上修正了經濟的結構性問題，但它強烈的外部性引發了 2011 年埃及劇變，改革的合法性連同政權的合法性一同被否定。1952—2016 年埃及經濟改革不止，且自由經濟改革也絕不是埃及的最後一次經濟改革，目前塞西政府的經濟改革證明了這一點。經濟改革不止的原因是改革制度的效率低下，這導致經濟的結構性問題始終未被完全修正，經濟始終沒有恢復健康。

二、經濟—社會困境延續

誠然，埃及的經濟困境不能完全歸因於經濟改革，戰爭的消耗、人口的不斷增長都給國家的經濟造成了巨大挑戰，成了國家赤字和外債的一個誘因。但 1952—2013 年的經濟改革沒能使國家長久地擺脫經濟困境。改革改變了埃及的經濟結構。薩達特時期的改革導致「去工業化」，削弱了內生的經濟增長動力，直到當下，工業化這一經濟增長的引擎仍沒有復位。穆巴拉克時期的改革一方面有利於收支平衡，另一方面為埃及贏得了債務減免，外債在 GDP 中的佔比下降。但私有化改革導致產權流轉到私人手中的原大型國企「恃強淩弱」，打壓中小型私企發展，造成競爭補充的局面，影響經濟效率。兩次經濟結構的調整都導致經濟發展動力受損，無助於擺脫經濟困境，反而使之加劇。另外，改革本身需要經濟成本，這也使得赤字和外債問題加劇。由於經濟改革屢次無法修正經濟的結構性問題，長此以往，埃及陷入了經濟—社會困境。困境表現為埃及的財政收入種類和數量都十分有限，但維持政權穩定的開支巨大，最終導致基礎設施和人力資源投資均不足，經濟發展乏力。

1952 年開始，自由軍官在政變下建立了軍政府，國家政治呈有限進入秩序，國家用社會契約交換人民對威權政府的認可。鑒於稅收是社會契約的組成部分之一，政府從納賽爾時期就對偷稅漏稅的行為睜一隻眼閉一隻眼，因此徵稅十分困難，稅收收入很少。1980 年經濟自由化之後稅收更加困難。因為穆巴拉克時期私有制經濟在 GDP 中所佔比重達到約 70%，其中大型私企由於裙帶關係，享有稅收優惠，甚至是免稅政策；而在私企總數中約佔 95% 的中小型企業為非正式註冊公司，處於地下運營狀態，政府難以監管，再加上私企對銀行服務使用率低，即便監管正式註冊的公司的資金流，難度也較大。由於大型企業免稅、中小型企業偷稅漏稅，自 20 世紀 80 年代起埃及的稅收收入在 GDP 中的比重逐年減少，2011 年稅收僅佔 GDP 的 12.5%。該比例低於其他中東國家，如「土耳其是 32.5%，摩洛哥為 22.3%」[1]。從納賽爾到穆巴拉克時期，稅收在 GDP 中的比重逐漸下降，另外，隨着私有化的不斷深入，私有制經濟所佔比例不斷上升，最終導致了政府可動員的國內資本越來越少。

從一個角度看，經濟—社會困境是經濟因素造成的。困境之下，政府收入少支出多。基礎設施和人力資源發展投資都被經常項目開支擠佔。1991 年以後公務員工資、補貼和國債利息等支出在 GDP 中的比重不斷上升，2016 年超過 GDP 的 100%。與此同時，投資不斷下降，從 1975—1985 年的在 GDP 中佔比 30%，跌至 2004 年的 22%，而 2014 年為 12%。儘管投資是經濟增長的根本動力，但政府仍必須將經常項目支出置於首位。因為私有化之後，政府更需要鞏固和公務員、國企員工等支持政府的集團，尤其是他們中的國家資產階級，他們是國家治理的根基。但即便如此，中產階級的地位和生活水平仍在不斷下降。

自由經濟改革完成後，私有制經濟雖然在國民經濟中佔主導地位，但卻沒有彌補政府撤出後的投資真空。2008—2009 年度投資總額首創新低，僅為 358 億美元，但 2011—2012 年度投資額低至不到前者的一半。在這樣的狀

1　Robert Springborg, *Egypt*, New York, Polity Press, 2018, p.45.

況下，以私企替代國企無法拉動國家經濟增長。原因有兩個。第一，由於技術和基礎設施領域投資不足，埃及經濟在經濟全球化中競爭力薄弱，無法有效創造充足的高收入工作；在人力發展領域投資不足導致技術人才和管理人才的匱乏，國家的市場經濟缺乏智力基礎；最終，自由經濟改革和市場經濟曲高而和寡。第二，私有化改革後，經濟治理的決策權被裙帶資本家壟斷，政策受益面狹窄。此外，優惠政策向裙帶企業傾斜，導致這些企業能輕鬆將中小型企業擠出市場。裙帶企業通過尋租獲得超額利潤，而不是靠競爭。結果是裙帶企業既不能擴大就業，又不能激發私有制經濟活力。這些企業競爭力太強，不需要太多員工就能盈利，且擠出了絕大多數私有制經濟的重要組成單位 —— 中小型私企。在上述原因的作用下，「由於無法回頭依靠公共部門，也無法繼續依靠私有部門，穆巴拉克政府倒台，讓軍隊收拾殘局」[1]。

從另一個角度看，經濟—社會困境也是政治因素引發的。政治結構決定經濟結構，從納賽爾政府到穆巴拉克政府，限制進入秩序一直延續，埃及精英壟斷了經濟治理的決策權。而人民的經濟治理權則被社會契約換走，在利益分配中越發邊緣化。此外，由於政府和社會之間的隔閡，政府在經濟危機時無法有效地動員社會資本渡過難關。最終，不斷惡化的民生水平讓埃及人民忍無可忍，革命爆發。

三、未來經濟發展方向展望

2011—2013 年埃及社會持續動盪，政權連續更迭，經濟改革一度停滯。2013 年 6 月 3 日塞西總統上台後埃及政治、經濟、社會形勢逐步趨穩。但由於多年動盪，埃及經濟蕭條，新一輪經濟改革迫在眉睫。2016 年國家頒佈了《埃及 2030 願景》，標誌着擱置了數年的經濟改革被重新啟動。從經濟改革

1 Robert Springborg, *Egypt*, New York, Polity Press, 2018, p.47.

的具體制度安排看，改革仍秉持經濟自由化的大方向，是穆巴拉克時期的自由經濟改革的延續。改革既包含促進恢復財政平衡的金融和財政改革制度安排，又有刺激基礎設施建設和外商投資的制度安排。和穆巴拉克時期的自由經濟改革相比，新一輪改革中「軍隊被賦予了更多經濟任務」[1]，因此軍隊底色更強。此外，人民在經濟治理中的作用也更加受到重視。因為振興蘇伊士運河和棉花產業、開羅新都計劃都是對埃及傳統支柱產業的振興，有利於讓改革承襲歷史傳統中的合法性，獲得人民支持。這或使民間投資更容易被動員。

由於塞西的經濟改革開展時間不長，尚未形成清晰的改革路徑，很難對其效率進行評價。但無論如何，改革成功的關鍵是能糾正經濟問題，真正促進經濟增長。未來的經濟改革或將向以下三個方向發展。

第一，重返工業化道路。從 20 世紀 60 年代起埃及走上了進口替代工業化的道路。但由於進口替代工業化初期投資大、收益低，政府需要投入大量資金保護幼稚產業。但那一時期頻繁的戰爭消耗了國家大量資金，讓國家揹負沉重外債，因此國家愈發難以維繫工業化進程。70 年代薩達特上台後，工業化道路被拋棄，石油、僑匯、旅遊收入、蘇伊士運河收費、外商投資成為國家收入的主要來源。但這些經濟來源很容易受到國內外形勢和國際關係的影響，給經濟增長帶來了巨大的不確定性。1991 年自由經濟改革後，埃及經濟結構發生了改變，但工業化這一經濟增長的引擎卻沒有復位。目前，埃及產業結構層級低、產業體系不健全、缺乏主導產業，經濟增長動力不足。

埃及亟待重返工業化道路，而現實也允許政府重啟工業化進程。從國內角度看，自由經濟實施後，私有制經濟的主體地位被確定，政府財政負擔減小，國家培育民族工業的能力增強。隨着工業化不斷深化，幼稚產業成熟後將為國家帶來巨大收益，反哺國家財政。從國際角度看，埃及是我國「一帶一路」倡議中重要的支點國家，中國企業在技術上支持埃及重啟工業化進程符合「設施聯通」「中國企業走出去」等倡議的原則與政策。絲路基金可為埃

1 Robert Springborg, *Egypt*, New York, Polity Press, 2018, p.177.

及的工業化提供資金支持。鑒於中埃深厚的傳統友誼、密切的中埃全面戰略合作夥伴關係，加上塞西總統借鑒中國智慧的意願，「一帶一路」倡議下的中埃合作愈發緊密，這為埃及重返工業化道路提供了可能性。綜上，工業化在埃及具有迫切性和可能性，重返工業化道路是埃及經濟的未來發展方向。

第二，更加妥善處理政府和市場的關係。政府不能過度干預經濟，但也不能完全放任經濟在市場化下運行。研究表明，東亞經濟成功的原因在於，讓市場在資源配置中發揮決定性作用，同時要引導私營部門服務社會。穆巴拉克時期私有化改革後私有制經濟在國民經濟中佔主導地位，經濟發展必然不以社會服務為導向。因此，過度依賴私有制經濟必然導致兩種結果。第一，缺乏競爭、無法克服外部性、信息不完善等導致經濟信號扭曲，最終造成財富集中在少數人手中的不利局面；第二，私營部門的擴大導致政府對經濟的控制減弱，決策主體的增加導致經濟政策需要更長的時間才能凝聚共識，從而導致對經濟問題的反應和糾正速度遲緩。

政府要引導私企服務於國家經濟目標。聖盧西亞經濟學家威廉·阿瑟·劉易斯（William Arthur Lewis）認為指示性計劃（indicative plan）對私營部門十分重要，它反映了政府的期望與意志。「指示性計劃可以提出目標，但絕不能強制私營部門執行。目標通過一系列獎懲結合的政策激勵被實現。」[1]李在熙時期的韓國就使用了指示性計劃策略。如果私企滿足了國家的經濟發展目標就能獲得稀缺資源，如土地、外匯、貸款、稅務優惠等；如果不能滿足國家的目標，則無法獲得貸款等被政府壟斷的資源。顯然穆巴拉克時期的做法與指示性計劃背道而馳：私企，尤其是裙帶企業，無論顧及國家和社會目標與否，都可以無條件地獲得特權和優惠。

政府不但要引導私有制經濟發展，還要為它營造良好的發展環境。當下埃及複雜的行政程序與低效的官僚制導致交易成本高，普通私企的投入和回

1 William Arthur Lewis, *Development Planning: The Essentials of Economic Policy*, London, Allen and Unwin, 1966, p.21.

報不成正比。因此政府需要通過行政改革保證投資的回報率。

第三，更加注重人力資源的開發與投入。埃及的教育投入不足導致勞動力素質較低，這既不利於經濟發展又不利於吸引外資。重視教育是亞洲國家成功的關鍵因素。以韓國為例，韓國目前的成人識字率為 100%。從教育支出看，韓國的教育支出由政府和家庭共同承擔，2014 年政府支出佔比不到 GDP 總量的 5%，家庭投入佔 GDP 總量的 2.8%。而埃及的教育投入主要依靠政府，「2012 年埃及的政府教育投入在 GDP 總量中佔 3.8%」[1]。政府的教育支出直接影響了 GDP 增長關鍵因素 —— 全要素生產率（TFP），「政府教育支出增長 10 個百分點會提高 TFP 年增長率 2.78 個百分點」[2]。「1960—2005 年，韓國有形資產增加對 GDP 的增長貢獻率為 40%，勞動力增加對 GDP 增長的貢獻率為 30%，TFP 的增長對 GDP 增長的貢獻率為 30%」[3]，而埃及的 GDP 增長主要依靠有形資產和勞動力投入，「1961—2004 年 TFP 對 GDP 增長的貢獻率僅為 0.9%」[4]。換言之，「結果來自汗水而不是智慧」[5]。更糟的是，1960—2000 年埃及的 TFP 的增長率是一個負值，也就是說，同等的有形資產和勞動力投入的產出越來越少。如果不設法有效提高 TFP，埃及未來的單位 GDP 增長需要消耗更多的有形資本和人力資本，這是不現實的。TPF 持續下降導致埃及宏觀國際競爭力在 148 個參與排名的國家中由 2007 年的第 115 位下滑至 2014 年的第 140 位。

總而言之，從 1952 年至今，經濟改革貫穿當代埃及發展的始終，一直沒有停止。但由於改革制度的效率問題，埃及的經濟結構失衡，且長期沒有得到修複，因此埃及始終沒能實現較好的經濟發展。目前，塞西總統的經濟改革舉措越發能觸及埃及經濟的結構性問題，這或將促進埃及經濟在未來實現復興。

1　World Bank,「*World Development Indicators 2013*」, Washington, D.C, World Bank, 2013.

2　丹尼斯・C. 繆勒:《公共選擇理論（第 3 版）》，593 頁，北京，中國社會科學出版社，2017。

3　Khalid Ikram, *The Political Economy of Reforms in Egypt: Issues and Policymaking since 1952*, The American University in Cairo Press, 2018, p.9.

4　IMF, *Arab Republic of Egypt: 2014 Article IV Consultation-Staff Report*, Washington, D.C, IMF, 2015.

5　Krugman, P., *Whatever Happened to the Asian Miracle?*, *Fortune*, 13(4), p.26.

主要參考文獻

中文

著作

1. 阿庫斯：《在納賽爾總統領導下的新埃及》，北京，中國埃及友好協會，1958。
2. 布坎南：《經濟學家應該做什麼》，成都，西南財經大學出版社，1988。
3. 布坎南：《自由、市場和國家》，北京，北京經濟學院出版社，1988。
4. 丹尼斯·C. 繆勒：《公共選擇理論》，北京，社會科學文獻出版社，2017。
5. 道格拉斯·C. 諾斯：《經濟史上的結構與變遷》，北京，商務印書館，1992。
6. 道格拉斯·C. 諾斯：《制度、制度變遷與經濟績效》，上海，上海人民出版社，2014。
7. 戴曉琦：《阿拉伯社會分層研究——以埃及為例》，銀川，寧夏人民出版社，2013。
8. 方連慶、劉炳元、劉金質：《國際關係史（戰後卷）》（上、下冊），北京，北京大學出版社，2012。
9. 樊亢、宋則行：《外國經濟史（近代現代）》（第二冊），北京，人民出版社，1981。
10. 樊亢、宋則行：《外國經濟史（近代現代）》（第三冊），北京，人民出版社，1981。

11. 高爾東諾夫：《埃及：經濟地理概況》，北京，生活・讀書・新知三聯書店，1956。
12. 哈全安：《中東史（上下冊）》，天津，天津人民出版社，2010。
13. 侯賽因等：《埃及簡史》，北京，生活・讀書・新知三聯書店，1958。
14. 拉西德・阿里・巴拉維、穆哈穆德・哈姆查・烏烈士：《近代埃及的經濟發展》，北京，三聯書屋，1957。
15. 劉金質：《冷戰史（上冊）》，北京，世界知識出版社，2003。
16. 劉金質：《冷戰史（中冊）》，北京，世界知識出版社，2003。
17. 劉金質：《冷戰史（下冊）》，北京，世界知識出版社，2003。
18. 盧現祥：《西方新制度經濟學》，北京，中國發展出版社，2003。
19. 馬克思・韋伯：《經濟與社會（第一卷）》，上海，上海人民出版社，2010。
20. 馬克思・韋伯：《經濟與社會（第二卷上冊）》，上海，上海人民出版社，2010。
21. 馬克思・韋伯：《經濟與社會（第二卷下冊）》，上海，上海人民出版社，2010。
22. 納忠：《埃及近現代簡史》，北京，三聯書屋，1963。
23. 塞繆爾・亨廷頓：《軍人與國家》，北京，中國政法大學出版社，2017。
24. 薩米爾・阿明：《人民的春天：阿拉伯革命的未來》，北京，社會科學文獻出版社，2017。
25. 索因：《談蘇伊士運河問題》，南京，江蘇人民出版社，1956。
26. 王逸舟：《國際政治概論》，北京，北京大學出版社，2012。
27. 王聯：《中東政治與社會》，北京，北京大學出版社，2009。
28. 威廉・伊力特利：《威權政治》，北京，中信出版集團，2016。
29. 楊龍：《政治經濟學導論》，北京，中國人民大學出版社，2010。
30. 楊灝城、江淳：《納賽爾和薩達特時期的埃及》，北京，商務印書館，1997。

31. 楊灝城、許林根：《列國志——埃及》，北京，社會科學文獻出版社，2006。
32. 朱文莉：《國際政治經濟學》，北京，北京大學出版社，2009。
33. 朱天飆：《比較政治經濟學》，北京，北京大學出版社，2015。

期刊論文

1. 安維華：《埃及的經濟發展與社會問題探析》，載《西亞非洲》，2011(3)。
2. 安維華：《埃及政治變局與經濟因素》，載《熱點透視》，2011（6）。
3. 畢健康：《1998 年埃及經濟回顧與展望》，載《西亞非洲》，1999（2）。
4. 陳萬里：《埃及經濟開發的基本構想》，載《國際觀察》，2000（3）。
5. 曹芳：《埃及經濟發展透視》，上海外國語大學碩士論文，2004。
6. 陳瑜：《埃及經濟轉型期的會計改革及其借鑒》，載《會計研究》，2002（7）。
7. 陳佩明：《埃及調整經濟政策的努力與困難》，載《現代國際關係》，1986（3）。
8. 戴曉琦：《埃及社會保障制度的出現及特徵（上）》，載《阿拉伯世界》，2003（1）。
9. 戴曉琦：《埃及社會保障制度的出現及特徵（下）》，載《阿拉伯世界》，2003（2）。
10. 韓繼雲：《埃及穆巴拉克政府經濟改革分析》，載《改革與戰略》，1995（3）。
11. 胡要武：《開羅的住房問題》，載《阿拉伯世界》，1984（1）。
12. 金欣：《埃及經濟發展現狀及中埃經貿合作前景展望》，載《對外經貿》，2014（9）。
13. 李榮：《海灣戰爭後埃及加快經濟改革步伐》，載《現代國際關係》，1993（9）。
14. 李國發：《埃及經濟改革縱橫談》，載《阿拉伯世界》，1996（2）。

15. 木匾：《埃及經濟中的外國資本》，載《阿拉伯世界》，1981（4）。
16. 孫鯤、李堯豐:《埃及的經濟開放政策》，載《現代國際關係》，1983(3)。
17. 唐宇華：《埃及的經濟開放政策及調整》，載《西亞非洲》，1988（2）。
18. 陶曉星：《外部援助與埃及經濟轉型探析（1956—1981）》，河北師範大學碩士論文，2010。
19. 王維周：《埃及經濟改革起步》，載《阿拉伯世界》，1989（3）。
20. 王泰：《埃及經濟發展戰略及發展模式的歷史考量》，載《西亞非洲》，2011。
21. 王寶孚：《埃及經濟改革開放的成就：難題和前景》，載《當代國際關係》，1996。
22. 徐德豐：《埃及經濟形勢及展望》，載《國際經濟合作》，1989（3）。
23. 楊映輝：《埃及棉花產業發展經驗》，載《農業世界》，2002（3）。
24. 姚宇珍：《埃及經濟發展戰略初探》，載《西北大學學報》，1986（2）。
25. 張文貞：《埃及實行經濟開放政策採取的措施及其效果》，載《世界歷史》，1979（4）。
26. 詹小洪：《戰後埃及經濟體制的沿革》，載《經濟社會體制比較》，1991（3）。
27. 仲冬：《埃及「經濟開放政策」一瞥》，載《阿拉伯世界》，1985（3）。
28. 周順賢：《埃及經濟初露崢嶸》，載《阿拉伯世界》，1998（1）。

阿文

著作

1- إبراهيم، سعد الدين، مصر تراجع نفسها، القاهرة، دار المستقبل العربي، 1983.
2- إبراهيم، سعد الدين، المجتمع والدولة في الوطن العربي، بيروت، مركز دراسات الوحدة العربية، 1988.

3- أحمد النجار، مصر والعرب مبادرة الحزام والطريق، القاهرة، دار ابن رشد للنشر والتوزيع – مصر، 2018.

4- أمين، جلال أحمد، المشرق العربي والغرب: بحث في دور المؤثرات الخارجية في تطور النظام الاقتصادي العربي والعلاقات الاقتصادية العربية، بيروت، مركز دراسات الوحدة العربية، 1979.

5- أمين، سمير، علاقة التاريخ الرأسمالي بالفكر الإيديولوجي العربي: رؤية نقدية، بيروت، دار الحداثة للطبع والنشر، 1985.

6- باسم القاسم، ربيع الدنان، مصر بين عهدين: مرسي والسيسي، بيروت، مركز الزيتونة للدراسات والاستشارات، 2016.

7- بركات، علي، روية علي مبارك لتاريخ مصر الاجتماعي، القاهرة، مركز الدراسات السياسية والاستراتيجية بالأهرام، 1982.

8- ثناء عبد الله، مستقبل الديمقراطية في مصر، بيروت، مركز دراسات الوحدة العربية، 2005.

9- جلال أمين، مصر والمصريون في عهد مبارك، القاهرة، دار ميريت، 2009.

10- جلال أمين، مبادئ التحليل الاقتصادي، القاهرة، مكتبة سيد وهبة، 1968.

11- جلال أمين، الاقتصاد والسياسة والمجتمع في عصر الانفتاح، القاهرة، مكتبة مدبولي، 1984.

12- جلال أمين، وصف مصر في نهاية القرن العشرين، القاهرة، دار الشروق، 2009.

13- جلال أمين، خرافة التقدم والتخلف، القاهرة، دار الشروق، 2009.

14- حسين، عادل، الاقتصاد المصري من الاستقلال الي التبعية، 1979-1974، القاهرة، دار الثقافة، 1981.

15- خالد، كمال، رجال عبد الناصر والسادات، القاهرة، دار العدالة، 1986.

16- درويش، عبد الكريم، البيروقراطية والاشتراكية، القاهرة، مكتبة الأنجلو المصرية، 1965.

17- سعد التائه، مصر بين عهدين، القاهرة، دار النضال، 1987.

18- شريف الشوباشي، مستقبل مصر بعد الثورة، القاهرة، مكتبة مدبولي، 2011.

19- عبد العظيم رمضان، مصر في عصر السادات، القاهرة، مكتبة مدبولي، 1986.

20- عادل حسين، العلاقات الاقتصادية بين مصر وإسرائيل، القدس، مؤسسة الدراسات الفلسطينية، 1984.

21- عروبة مصر وامتحان التاريخ، غالي شكري، القاهرة، دار الآفاق الجديدة، 1981.

22- غنيم، ((النموذج المصري لرأسمالية الدولة التابعة))، القاهرة، دار المستقبل العربي، عام 1986.

23- علي السلمي، مصر والديموقراطية، القاهرة، سما للنشر والتوزيع، 2017.

24- فؤاد مطر، زلازل مصر السياسية، بيروت، المؤسسة العربية للدراسات والنشر، 1999.

25- كمال الجنزوري، مصر والتنمية، القاهرة، دار الشروق، 2013.

26- محمد هيكل، مبارك وزمانه: ماذا جرى في مصر ولها؟، القاهرة، دار الشروق – مصر، 2012.
27- محمد هيكل، مبارك وزمانه: من المنصة إلى الميدان، القاهرة، دار الشروق – مصر، 2012.
28- مصطفى كبري، السيسي الطريق إلى بناء الدولة، القاهرة، الدار المصرية اللبنانية، 2015.
29- مصطفى كبري، السيسي الطريق إلى إعادة الدولة، القاهرة، الدار المصرية اللبنانية، 2013.
30- نزيه الأيوبي، الدولة المركزية في مصر، بيروت، مركز دراسات الوحدة العربية، 1998.
31- الهراوي، عبد السميع سالم، لغة الإدارة العامة في مصر في القرن التاسع عشر، القاهرة، مكتبة نهضة الشرق، 1977.

論文

1- نادية رمسيس فرح، ((التنمية وأزمة التحول السياسي))، المنار، العدد 6، يونيو عام 1985.

英文

著作

1. Abdel-Malek, Anouar, *Egypt: Military Society*, New York, Vintage Books, 1968.
2. Alan Richards and John Waterbury and Melani Cammett and Ishac Diwan, *A Political Economy of The Middle East*, Boulder, Westview Press, 2015.
3. Barry Clark. *Political Economy: A Comparative Approach.* Santa Barbara, Praeger, 2016.
4. Barry R. Weingast, Donald A. Wittman, *The Oxford Handbook of Political Economy*. Oxford, Oxford University Press, 2008.
5. Douglas A. Phillips, *America's Role in A Changing World*, New York, Chelsea House, 2010.

6. Ethan Bueno de Mesquita, *Political Economy for Public Policy*, Princeton, Princeton University Press, 2016.

7. Hansen, *Egypt and Turkey: The Political Economy of Poverty, Equity, and Growth*, London, Oxford University Press, 1991.

8. Hopwood, *Egypt: Politics and Society, 1945-1990*, London, HarperCollins, 1991.

9. Ishac Diwan, *Understanding the Political Economy of the Arab Uprisings*, London, World Scientific Pub Co Inc, 2017.

10. Issawi, Charles, *Egypt in Revolution: An economic Analysis*, London, Oxford University Press, 1963.

11. John Waterbury, *The Egypt of Nasser and Sadat: The Political Economy of Two Regimes*, Princeton Univ Press, 1983.

12. Jack Shenke, *The Egyptians: A Radical History of Egyptians Unfinished Revolution*, The New Press, 2017.

13. James A, Caporaso, *Theories of Political Economy*, Cambridge, Cambridge University Press, 1993.

14. Kandil Haleem, *Soldiers, Spies, and Statesmen: Egypt's Road to Revolt*, London, Verso, 2012.

15. Khalid Ikram, *The Political Economy of Reforms in Egypt: Issues and Policymaking since 1952*, The American University in Cairo Press, 2018.

16. Khalid Ikram, *The Egyptian Economy, 1952-2000: Performance Policies and Issues*, New York, Routledge Press, 2006.

17. Michael N. Barnett, *Confronting the Costs of War Military Power, State, and Society in Egypt and Israel*, Princeton, Princeton University Press, 1993.

18. Mark N. Cooper, *The Transformation of Egypt*, Baltimore, MD, Johns Hopkins University Press, 1982.

19. Muhammad Naguib, *Egypt's Destiny: A personal Statement*, New York, Doubleday, 1955.

20. Naiem A. Sherbiny, Omanima M.Hatem, *State and Entrepreneurs in Egypt Economic Development since 1805*, New York, Palgrave Macmillan, 2015.

21. Raymond William Baker, *Egypt's uncertain Revolution under Nasser and Sadat*, Cambridge, MA, Harvard University Press, 1978.

22. Robert Springborg, *Egypt*, New York, Polity Press, 2018.

23. Roger Owen, *State, Power and Politics in the Making of the Modern Middle East*, New York, Routledge, 2004.

24. Robert Mabro, *The Egyptian Economy, 1952-1972*, London: Oxford University Press, 1974.

25. Robert Mabro, Smir Radwan, *The Industrialization of Egypt 1939–1973: Policy and Performance*, New York, Oxford University Press, 1976.

26. Roberto Roccu, *The political Economy of the Egypt Revolution: Mubarak, Economic Reforms and Failed Hegemony*, New York, Palgrave Macmillan, 2013.

27. Vatikiotis P. J., *The Egyptian Army in Politics*, Bloomington, Indiana University Press, 1961.

論文

1. David Aviel, Economic Implications of the Peace Treaty between Egypt and Israel, *Case Western Reserve Journal of International Law*, Vol.12, No.1, 1980.

2. Denis J. Sullivan, The Political Economy of Reform in Egypt, *International Journal of Middle East Studies*, Vol.22, No.3, 1990.

3. Marvin G. Weinbaum, Dependent Development and U.S. Economic Aid to

Egypt, *International Journal of Middle East Studies*, Vol. 18, No.2, 1986.

4. Ray Bush, Politics, Power and Poverty: Twenty Years of Agricultural Reform and Market Liberalization in Egypt, *Third World Quarterly*, Market-Led Agrarian Reform: Trajectories and Contestations, 2007.
5. Raymond A. Hinnebusch, The Politics of Economic Reform in Egypt, *Third World Quarterly*, Vol.14, No.1, 1993.
6. Simon Bromley and Ray Bush, Adjustment in Egypt? The Political Economy of Reform, *Review of African Political Economy*, Vol.21, No.60, 1994.

困境與改革：當代埃及的經濟發展

黃　超　著

責任編輯　劉　華
裝幀設計　高　林
排　　版　黎　浪
印　　務　劉漢舉

出版　開明書店
香港北角英皇道 499 號北角工業大廈一樓 B
電話：（852）2137 2338　傳真：（852）2713 8202
電子郵件：info@chunghwabook.com.hk
網址：http://www.chunghwabook.com.hk

發行　香港聯合書刊物流有限公司
香港新界荃灣德士古道 220-248 號
荃灣工業中心 16 樓
電話：（852）2150 2100　傳真：（852）2407 3062
電子郵件：info@suplogistics.com.hk

版次　2024 年 6 月初版

規格　16 開（240mm×170mm）

ISBN　978-962-459-353-2